高等教育における
eラーニング
国際事例の評価と戦略

OECD教育研究革新センター 編著
清水康敬 監訳
慶應義塾大学DMC機構 訳
伊藤健二・福原美三・田村恭久・寺田佳子・堂下恵

経済協力開発機構（OECD）について

　OECD（Organisation for Economic Co-operation and Development）は，30か国の民主主義を原則とする先進諸国が集まるユニークな国際機関であり，グローバル化時代の経済，社会，環境に関する諸問題に取り組んでいる。OECDはまた，コーポレート・ガバナンスや情報経済，高齢化などの新たな課題に先頭に立って取り組み，各国政府の新たな状況への対応を支援している。OECDは，各国政府がこれまでの政策を比較し，共通の課題に対する解決策を模索し，グッドプラクティスを明確にし，国内および国際政策の調和を実現する場を提供している。

　OECD加盟国は，オーストラリア，オーストリア，ベルギー，カナダ，チェコ共和国，デンマーク，フィンランド，フランス，ドイツ，ギリシャ，ハンガリー，アイスランド，アイルランド，イタリア，日本，韓国，ルクセンブルク，メキシコ，オランダ，ニュージーランド，ノルウェー，ポーランド，ポルトガル，スロバキア共和国，スペイン，スウェーデン，スイス，トルコ，英国，および米国である。欧州共同体委員会もOECDの活動に参加している。

　OECDが収集した統計や，経済，社会，環境の諸問題に関する研究成果は，加盟各国の合意に基づく条約，指標，原則と同様に，OECDの出版物として広く公開されている。

　本書はOECD事務総長の責任のもとに発行されている。本書に表明されている意見や主張は，必ずしもOECDまたは加盟各国の公式見解を反映するものではない。

Originally published by the OECD in English and in French under the titles:
E-learning in Tertiary Education: Where Do We Stand?
La cyberformation dans l'enseignement supérieur: État des lieux
© 2005, Organisation for Economic Co-operation and Development (OECD), Paris.
All rights reserved.

For the Japanese edition
© 2006, Research Institute for Digital Media and Content, Keio University, Japan
Published by arrangement with the OECD, Paris.
The quality of the Japanese translation and its coherence with the original text is the responsibility of Research Institute for Digital Media and Content, Keio University, Japan. This book is edited and printed through Tokyo Denki University Press, Japan.

監訳者まえがき foreword

　日本の高等教育におけるeラーニングは，米国等の諸外国に比べて導入が遅れていたが，最近多くの大学でeラーニング・コースの開発が始められている。

　このように多くの大学でeラーニングが推進し始めるようになった理由として挙げられるのが，文部科学省が実施している「現代的教育ニーズ取組支援プログラム（現代GP）」のひとつである「ニーズに基づく人材育成を目指した e-Learning Program の開発」による支援である。この公募型の支援プログラムには毎年多数の大学から申請があり，審査の結果，15大学等が2004年度から3年間，14大学等が2005年度から3年間，そして13大学等が2006年度から3年間，文部科学省の支援を受けてeラーニング開発に取り組んでいる。また，この現代GP（グッドプラクティス）が契機となって，多くの大学等でeラーニングに対する関心が高くなっている。

　また，日本の18歳人口の減少が深刻となっており，それに伴って大学の進学率が向上し，大学入学者の学力低下が起きている。そのため，大学へ入学した学生が大学教育に必要な基礎学力が不足していることが問題となっている。そこで大学では，高等学校までの学習内容に関するリメディアル教育（学力補償教育）が必要となっている。しかし，この教育をそれぞれの大学が独自に実施することは容易でないため，各大学が連携協力したeラーニング・コンテンツの開発と運用が求められている。

　このような状況の中で，2006年1月に政府のIT戦略本部から「IT新改革戦略」が出され，「インターネットを用いた遠隔教育等を活用した特色ある取組を支援し，各大学間の競争的環境を醸成するなど，2010年度までにインターネット等を用いた遠隔教育を行う学部・研究科の割合を2倍以上にすることを目指す」と記述されている。このことは今後日本の高等教育におけるeラーニングがさらに推進されることを意味している。

　一方，独立行政法人メディア教育開発センターが2005年に実施した大学を対象にした調査によると，eラーニングを実施する際に解決しなければならない課題も多い。例えば，「教員のスキルが不十分」，「教育効果に対し教職員の理解が不十分」と回答した大学の割合をみると，導入していない大学は39.7％，32.1％であるのに対して，導入をしている大学は61.9％，49.7％と非常に大きな値となっている。これはeラーニングを実施して始めてわかるたいへんさを感じることを示している。「システム開発のノウハウが不足している」ことに関しても同様で，導入していない大学が38.3％であるのに対して，導入している大学は50.0％がノウハウの不足を実感している。

　日本におけるeラーニングがこのような状況である中で，このたび本書が翻訳出版さ

れた意義は非常に大きい。本書は，世界的レベルの教育の実態に関して多くの成果を上げてきた OECD 教育研究革新センター（OECD / CERI）が調査結果に基づいてまとめたものであり，日本における e ラーニングをさらに推進する際に非常に役立つと考える。特に本書では，日本を含む 13 か国の e ラーニング実施機関を対象にした調査結果であり，e ラーニングに関する多数のグッドプラクティスが紹介されている。また，e ラーニングに関する国際的なトレンドを理解することができる。

　本書の内容を簡単に紹介すると，本書ではまず，e ラーニングの特徴を整理して説明するとともに，調査実施機関における e ラーニングの導入，登録学生数，e ラーニング戦略を述べている。そして，ほとんどの機関では戦略を持っており，e ラーニングは大学の授業をはじめ教育そのものを改善し，革新的に変える可能性が大きいことを説明している。また，ICT（情報コミュニケーション技術）は高等教育において有効に活用されているが，まだ全学的に導入されてはおらず，授業の教授法を根本的に変えるところまでにはいたっていない。これは，e ラーニングに必要な学習管理システム（LMS）の機能が不十分であるか，あるいは教授法上の限界であると受け止められている。そこで，教員と学生が既存の技術的機能を活かして，革新的にまた効果的に利用できるようにすることが今後の課題であると述べており，コスト削減についても説明している。

　そして最後に，e ラーニングをさらに発展させるための政策として，①成功事例であるグッドプラクティスを広く公開すること，②教職員と組織を対象とした研修を実施すること，③革新的な教育に関する研究開発を支援すること，④ e ラーニングに関する知的財産に関する問題を解決すること，⑤合理的なコストとなるための IT プロバイダと教育機関の対話と官民連携を促進することを挙げている。

　なお，本書は 300 ページを超える大作であるので，ここで十分に紹介ができないが，本書によって多くの知見を得ることができ，e ラーニングに関する今後の展開を検討する際に非常に役立つと期待している次第である。

　最後に，本書を翻訳出版するにあたり，本書出版に御尽力いただいた OECD の田熊美保さん，東京電機大学出版局の植村八潮さんならびに松崎真理さんに感謝する。

2006 年 7 月

独立行政法人メディア教育開発センター理事長
清水康敬

訳者を代表して

　本書は，OECD教育研究革新センター（OECD / CERI）「E-learning in Tertiary Education: Where Do We Stand?」の翻訳である。OECD / CERIによるケーススタディに関する定性的な分析とOBHE（ボーダーレス高等教育研究所）による定量的な分析で組み合わされている。

　独立行政法人メディア教育開発センター（NIME）の「全国高等教育機関IT利用実態調査」や「eラーニング等のITを活用した教育に関する調査」などや経済産業省や先進学習基盤協議会（ALIC）の「eラーニング白書」以降，eラーニング市場に関する定点観測が行われ，さまざまなeラーニングとしての取り組みが高等教育，企業内教育，生涯学習において展開されてきた。その中で，文部科学省では「現代的教育ニーズ取組支援プログラム（現代GP）」のひとつとしてe-Learningを活用した施策が平成16，17，18年度と3年にわたって展開されており，3年で42件のグッドプラクティス（GP）が実施されている。NIMEの2005年の調査では，ウェブコースウェアが80.1％と高い比率となっているなど，eラーニングは多くの高等教育機関が何らかの取り組みを行っているが，その過程でさまざまな課題が浮き彫りにされてきている。2006年1月に政府のIT戦略本部が提示した「IT新改革戦略」では，「インターネット等を用いた遠隔教育を行う学部・研究科の割合を2倍以上にすることを目指す」という目標が提示された。高等教育機関がeラーニングの利用を面的に広げ，定常化していくにあたって，これまでの取り組みを評価し，今後に向けた戦略を立案するターニングポイントの時期ともいえる。

　本書は，42件のグッドプラクティスをはじめ高等教育でのeラーニングのさまざまな実践を分析・評価し，ベストプラクティスに向けた成功要因を抽出することにおいて，参考になるものと考えている。高等教育でのeラーニングの次なる実践において，ベストプラクティスをうみだすひとつのトリガーになるとともに，延いてはeラーニングが大学運営における定常的な位置づけとなることに貢献することを願っている。

　本書は，慶應義塾大学DMC機構のeラーニングに関する活動の一環として，さまざまな人の共同作業により翻訳した。最初に各訳者がそれぞれの章を担当し，全員で対訳

表を共有することなどにより訳語の調整を行うとともに，他の関連する章のクロスチェックも行った。最終段階として，全体を通して不明な点は原文を確認するとともに，監訳くださっている清水先生からも訳語のレベルでの御指摘も頂戴し，適切な表現になるように心がけた。しかし，各ケーススタディに精通している人には不適切な訳語が残っていることもあるかもしれない。御指摘いただければ幸いである。

　最後に，原稿執筆，校正において時間を費やし，出版が遅れてしまい，監訳くださった清水先生ならびに出版社に御心配をおかけしたことをお詫びするとともに，本書出版に御尽力くださったOECDの田熊美保さん，上智大学の今泉真知子さん，金井雅子さん，慶應大学DMC機構の松田岳士さん，東京電機大学出版局の植村八潮さんならびに松崎真理さんに対して，心からの感謝の意を表したい。

2006年7月

訳者を代表して
伊藤健二

日本語版にあたって

『高等教育におけるeラーニング（E-learning in Tertiary Education: Where Do We Stand?）』の日本語版の出版は，何よりの喜びであります。今日，日本は，2010年までの達成を目安に，e-Japanからu-Japanへの展開を目指した綿密な政府主導戦略を掲げ，第4世代携帯電話技術やより高速な接続が可能なインターネットなど，情報コミュニケーション技術（ICT）分野での技術革新においてリードし続けています。

ブロードバンド時代の恩恵として，ICTの発展が単なるインフラの整備に留まらず，経済成長，生産性の向上，そしてクオリティ・オブ・ライフ（質の高い生活）の達成に繋がるかどうかは明るい展望があるとはいえ，確実ではありません。特に，教育および訓練の分野においては，いかに先進技術を普及し，そして，実際にいかにそれを活用していくか，という問題があります。

そのために，効果的な政策ならびに戦略，そして目に見える努力が必要なのです。本書内には，高等教育におけるeラーニングに関し，対象13か国の19にのぼる教育機関からのケーススタディが紹介されています。これらケーススタディは，eラーニングの戦略的計画を，組織マネージメント，コスト，教授法そしてパートナーシップなどを考慮したうえで策定していく際に，政策決定者の参考になることでしょう。上記のケーススタディには，京都大学，青山学院大学からの例も紹介されています。

今回のプロジェクト以外にも，日本は，数々のOECD教育局の事業に，意欲的な貢献をしてくれました。その例としては，『図表で見る教育（Educational at Glance）』，『生徒の学習到達度調査（PISA）』，『国境を超えた高等教育の質保証に関するUNESCO／OCEDガイドライン（UNESCO／OECD Guidelnies for Quality Provision in Cross-border Hihger Education）』，『高等教育に関する評価（Tertiary Education Review）』，『生涯学習枠組みにおける国家資格の役割に関する調査（The Role of National Qualifications to Promote Lifelong Learning）』，そして『教員訓練（Teacher Training）』が挙げられます。このeラーニングプロジェクトのフォローアップとして，『OER（Open Educational Resources）』の調査が現在行われていますが，これは，日本の方々にも高い興味を持っていただけるのではないでしょうか。

OECD 教育局のすべての事業が日本語に訳されているわけではありません。しかしながら OECD / Japan セミナーなどの共同イベントの実施を通して，我々は友好的な共同作業関係を築いています。上記のセミナーでは，日本の教育政策への関連性が高く，なおかつ他の OECD メンバー国にとってもタイムリーなテーマが扱われています。

　今後，ますます OECD 教育局の研究成果が日本語で紹介されることにより，日本の政策決定者，調査研究者，教育現場の実践者に広められていくことを願っています。そして，それが，日本の教育訓練において調査に基づいた政策策定および質の高い教育の促進へと繋がることを重ねて願っております。

Barbara Ischinger
経済協力開発機構（OECD）教育局長

まえがき foreword

　eラーニングは，高等教育においてますます目を引く存在になってきている。eラーニングが成長している論理的な根拠は，多岐にわたっていて，複雑であり，しかも議論が分かれるところであるが，その根拠には，高等教育へのアクセスの拡大，キャンパスにおける教授法の革新，遠隔学習の充実，組織の変化，知識共有，新たな収入源の創出などが含まれている。

　OECD教育研究革新センター（OECD／CERI）は，これまでにも前述のような課題に取り組んできた。その成果は，例えば，The Partnership Challenge (2001) やInternationalisation and Trade in Higher Education – Opportunities and Challenges (2004) において報告されている。本書では，eラーニングによって提起されるガバナンスと協働の新しい形態という課題について検討する。

　本書では新たな成果として，eラーニングの発達段階全体にわたって分布している19校の高等教育機関の実践を対象にした詳細な調査が含まれている。これらの高等教育機関のなかには，国際的にも最先端に位置しているものがある一方，別の機関は一般的な位置にあり，初期段階に属する教育機関もある。

　本調査は，グッドプラクティスおよび，より一般的な国際的なトレンドを解明するために設計されている。調査対象校は，13か国から選出された。その内訳は，アジア・太平洋（オーストラリア，日本，ニュージーランド，タイ），欧州（フランス，ドイツ，スペイン，スイス，英国），中南米（メキシコ，ブラジル），北米（カナダ，米国）である。参加機関との協定によって，しばしば教育機関は実名表記されている。

　この調査では，教育機関の戦略と活動に関して，これまでほとんどデータ収集をされたことのない情報を探ったが，これはeラーニングの導入理由，開発段階，開発の推進要素と阻害要素について，より正確に理解する目的があったからである。

　調査は，次に述べるような広範な疑問点を扱っている。なぜ異なる種類の高等教育機関がeラーニングに取り組み，また，どのようなタイプの取り組みが好ましいのであろうか。教育機関は，さまざまな種類のeラーニングに対して，何が教育方法上のインパクトになると考えているのか。教育機関は，eラーニングのコストをどのような方法で理解し，これは課金にどのような影響を与えているのであろうか。eラーニングの影響は，人材配置や人材育成に対してどのように及ぶのだろうか。どのようなタイプの学生（例えば，性差，学習の様式，居住地，学問分野など）がeラーニングを好むのであろうか。

　ケーススタディから決定的な結論が導かれるわけではないが，ケーススタディは，e

ラーニングの受講機会を提供しようと切望している教育機関や政府にとって，考慮しなければならない重要な一般的論点を指摘し，さらに将来の課題も示している。また，CERI 自体は，関連する OER（Open Educational Resources）の活動に興味を持っている。OER の調査活動について 2006 年には結果が入手可能になる。さらに，CERI はボーダーレス高等教育研究所（OBHE）と連携した。OBHE は，英連邦諸国の大学におけるオンライン学習に関する大規模調査を 2004 年に実施し，その調査項目の一部は CERI の調査と重複していた。OBHE 調査の量的データは，OECD / CERI 調査を補完するために活用されている。

　本プロジェクトは Kurt Larsen によって開始され，Stéphan Vincent-Lancrin の指導のもと進行した。田熊美保は，調査に参加した教育機関の連絡業務責任者であった。本報告書を主に執筆したのは，Richard Garrett である。田熊美保は，第 1 章，第 6 章，第 8 章，付録 1，付録 4 を担当した。Stéphan Vincent-Lancrin は結論の草稿を執筆し，Fionnuala Canning, Delphine Grandrieux, 田熊美保の協力とその他の同僚，とりわけ Tom Schuller の助言によって全原稿を校正した。本調査はヒューレット財団の助成金による支援を受けた。深く感謝する。本書は OECD 事務総長の責任により発行されるものである。

Barry McGaw
Director for Education（OECD 教育局長）

謝辞 acknowledgemens

　本調査は，参加教育機関の多大な貢献がなければ成立しませんでした。本調査には，各教育機関の献身的な専門家からの広範なデータが寄せられました。また彼らは，分析結果を追跡調査し，常に熱心にコメントや意見をよせてくれました。ここに，次の方々の貴重な貢献に対して感謝の意を表します（敬称略）。

- Yoni Ryan，Monash University，オーストラリア
- Bruce Kind，University of South Australia，オーストラリア
- Carlos Alberto Barbosa Dantas，University of Sao Paulo，ブラジル
- Michelle Lamberson，Tony Bates and Neil Guppy，University of British Columbia，カナダ
- Christiane Guillard，University of Paris X-Nanterre，フランス
- Ulrich Schmid，Multimedia Kontor Hamburg，ドイツ
- Thomas Berkel and Andrea Haferburg，FernUniversität，ドイツ
- 美濃導彦，京都大学，日本
- 伊藤文雄，中里宗敬，清水康司，青山学院大学，日本
- Jose Escamilla de los Santos，Tecnológico de Monterrey，メキシコ
- Ken Udas，The Open Polytechnic of New Zealand，ニュージーランド
- Andreu Bellot Urbano，Sylvia Gonzalez and Emma Kiselyova，Open University of Catalunya，スペイン
- Eva Seiler Schiedt，University of Zurich，スイス
- Jean-Phillippe Thouard，Asian Institute of Technology，タイ
- Richard Lewis and Paul Clark，The Open University，英国
- Joel Smith，Carnegie Mellon University，米国
- Robert Lapiner，University of California，Los Angeles，Extension，米国
- Robert Jerome，University of Maryland University College，米国
- Gary Matkin，University of California，Irvine，米国

　OECD教育研究革新センター（OECD／CERI）調査のアンケートは，2003年にTony Bates氏，Svava Bjarnason氏，Richard Garrett氏の助力を得た事務局が作成しました。アンケート作成のもとになったのは，高等教育機関の管理運営に関するOECDプログラム（IMHE）と国際的な専門家の共同会合でした。各高等教育機関からの回答の最初の分析結果は，2004年3月パリで開催された会合で，参加教育機関と専門家に

よって検討されました。本書は，これらの会合における討論を活用しています。我々は，前述した方々をはじめ，次の方々に感謝します（敬称略）。Susan D'Antoni（IIEP / UNESCO），Monika Lütke-Entrup（Bertelsmann Stiftung；ドイツ），Robin Middlehurst（University of Surrey，英国），籾井圭子（OECD / CERI），John Rose（UNESCO），Jacqueline Smith（OECD / IMHE），Zeynep Varoglu（UNESCO），Richard Yelland（OECD / IMHE）

　最後に，本調査の計画に対する有益なコメントを与えてくださり，一貫して本調査を支援してくださったヒューレット財団の Mike Smith 氏と Catherine Casserly 氏に心から感謝いたします。

| 目次 | CONTENTS |

要旨　　　　　　　　　　　　　　　　　　　　　　　　　　　1
序章　はじめに　　　　　　　　　　　　　　　　　　　　　　11

第I部　活動と戦略

第1章　eラーニングの学習機会提供と登録学生数　　　　　　24

    1.1　オンライン利用度の種類/規模　　25
    1.2　オンライン利用度とプログラム提供 ― OBHEの調査結果より　　31
    1.3　「オンライン」学生数　　37
    1.4　異なる学問分野におけるeラーニングでの学習機会提供　　41
    1.5　学生のレベルと種類　　48
    1.6　国境を超えた学生　　52
    1.7　国境を超えたeラーニングの提供　　54
    1.8　結論　　59
    引用文献　　61

第2章　eラーニング戦略とその原理　　　　　　　　　　　　62

    2.1　eラーニング戦略の諸形態　　62
    2.2　eラーニング戦略の開発と修正のプロセス　　71
    2.3　教育機関のeラーニング戦略の原理　　73
    2.4　結論　　82
    引用文献　　83

第II部　教育法，技術，組織

第3章　教育と学習への影響　　　　　　　　　　　　　　　　86

    3.1　教育への影響　　86
    3.2　eラーニング教育を決定する人物　　97

3.3　eラーニングに関する学生の指導　100
3.4　教材と学習オブジェクト　102
3.5　知的財産　111
3.6　結論　113
引用文献　113

第4章　ITインフラストラクチャ：学習管理システム（LMS）とほかのアプリケーションの利用状況　115

4.1　LMSの利用　116
4.2　LMSの課題　125
4.3　ITネットワーク　132
4.4　ポータル　134
4.5　その他の教育・学習関連アプリケーションの利用　136
4.6　学務管理のためのオンラインアプリケーション　138
4.7　教育と学務管理システムの統合　140
4.8　教育と学生のためのコンピュータネットワークアクセス　143
4.9　eジャーナルとeブックに関する戦略　149
4.10　結論　152
引用文献　154

第5章　連携とネットワーク　155

5.1　eラーニングと協議会　155
5.2　第三者による利用計画　162
5.3　アウトソーシング　163
5.4　結論　166
引用文献　167

第6章　SD（スタッフデベロップメント）と組織改革　168

6.1　組織改革の背景　169
6.2　組織改革の形式　170
6.3　eラーニング発展の障害　174
6.4　人的資源の開発　177
6.5　SDモデル　181
6.6　結論　184
引用文献　185

第III部 コスト効率と資金調達

第7章 資金調達，コスト，価格 ... 188
- 7.1 資金調達　189
- 7.2 コストと価格設定　195
- 7.3 結論　202
- 引用文献　202

第8章 現在の政府の役割：資金援助とそれ以外の支援 ... 204
- 8.1 現在の政府の役割　204
- 8.2 政府とその資金の役割　205
- 8.3 政府の資金提供以外の役割　209
- 8.4 結論　211
- 引用文献　212

結論 ... 213

付録
- 付録1　OECD / CERI 調査の回答教育機関の組織　224
- 付録2　OECD / CERI 調査アンケート　228
- 付録3　OBHE survey, 2004　244
- 付録4　政府主導によるeラーニング推進の概要　256

- 索引　297
- 監訳者紹介　302
- 訳者紹介　302

表一覧

表 0.1　OECD / CERI 調査　参加教育機関　15
表 0.2　OBHE 調査に対する国別・大陸別の回答機関数　18
表 0.3　地域カテゴリ別にみた回答教育機関　19
表 1.1　調査対象機関における「オンライン利用度」の重み付け　30
表 1.2　以下のようにオンライン利用度を分類すると，御機関で提供されているプログラム / コースはそれぞれどのような割合（%）になると思われますか？　32
表 1.3　主要なカリキュラムにおける主なオンライン構成要素　35
表 1.4　オンラインで提供されるモジュール / プログラムの学生（2004）　40
表 1.5　異なる学問分野での e ラーニング学習機会提供　43
表 1.6　学問分野による適切なオンライン学習提供　45
表 1.7　海外の学生数と国境を超えた学習提供の分類　53
表 2.1　全学的な「オンライン学習戦略」かそれに相当するものを持つ教育機関　69
表 2.2　e ラーニング開発の戦略原理　76
表 4.1　LMS の形式と数量　118
表 4.2　LMS（例．Blackboard / WebCT）の全学的導入の状況　120
表 4.3　LMS ごとの OBHE 調査の回答　124
表 4.4　コンピュータ / 学生比率　146
表 6.1　組織改革の形式　170
表 6.2　e ラーニングのための SD の分類　179
表 7.1　e ラーニングコストの意味合い　198

図一覧

図 1.1　オンライン利用の重み付け— OECD と OBHE の回答　34
図 2.1　e ラーニング戦略における発展のパターン　72
図 2.2　教育機関のオンライン学習戦略に対する「主要な戦略原理」：2002 年と 2004 年の比較　79

囲み記事一覧

Box 1.1　HEAL　58
Box 2.1　University of British Columbia の e 戦略　67
Box 2.2　GMS-VU　77
Box 3.1　Carnegie Mellon West とストーリ中心カリキュラム　88
Box 3.2　Carnegie Mellon University の OLI　107
Box 3.3　Edusource
　　　　　── カナダの学習オブジェクトのリポジトリのネットワーク　110
Box 4.1　Sakai・LAMS　127
Box 5.1　U21 Global　156
Box 7.1　ニュージーランドの NZOSVLE Consortium　191
Box 8.1　Swiss Virtual Campus　206

要旨 executive summary

　eラーニングは，高等教育において目にする機会がますます増えてきている。入手可能なデータによれば，最初の出発点が低いとはいえ，登録学生数も学習機会の提供も増えてきている。

　しかし，ニューエコノミーブームが去ってから，過剰な熱狂は過去のものとなり，eラーニングへの失望感が広がっている。eラーニング実施の失敗は，eラーニングがかつて目指した高等教育への機会拡大と柔軟化，教授法の革新，コスト削減などの見通しに，一時的にせよ暗い影を落としている。ニューエコノミーブームが去った現在，eラーニングはどのような状況にあるのだろうか。

　OECD教育研究革新センター（OECD／CERI）は，教育機関のレベルごとにeラーニングの実践とその問題点への理解を深めようと，13か国19の高等教育機関において定性的調査を実施した。この定性的調査のサマリ作成にあたっては，入手可能な定量的データ，特にボーダーレス高等教育研究所（OBHE）の実施による2004年のオンライン学習調査も活用した。

eラーニングとは何か？

　eラーニングとは，高等教育における学習を強化・支援するために情報コミュニケーション技術（ICT）を利用することである。絶えずアプリケーションの発展に目配りしつつ，完全にオンラインに頼って学習機会を提供する場合も，何らかの方法でICTにより補完しながらキャンパスであるいは遠隔地などに対して学習機会を提供する場合も，eラーニングといわれる。補完的モデルには，最も基礎的なICTの利用（課題をワープロで作成するためのパソコン利用など）から，より高度なeラーニングの導入（専門的な学習ソフト，ハンドヘルド機器，学習管理システム（LMS），適応型ハイパーメディア，人工知能機器，シミュレーションなど）まで，さまざまな活動が含まれる。オンライン利用度は次のように定義することができる。

- オンラインをまったく利用しないか，ごくわずかに利用。
- オンラインによる補完（オンラインによる授業，オンラインによる講義ノート，eメールの利用，外部のオンライン資源へのリンクなど）。
- オンラインに依存：学生はカリキュラムの主要な活動においてインターネットの利用，すなわちオンラインによる討議，評価，オンラインによるプロジェクトや共同作業などを義務付けられるが，クラスルームでの授業時間が大幅に削減されること

はない。
- 混合型：学生は，科目の学修活動の一環として，オンラインによる討議，評価，オンラインによるプロジェクトや共同作業など，対面型授業や学習に一部取って代わるオンライン活動への参加を義務付けられる。キャンパスへの登校日数はさほど減少しない。
- 完全なオンライン型。

以上の分類は，eラーニングにより実際にクラスで費やされる時間が，単にどの程度補完されるかではなく，どの程度削減されるかに基づいている。この分類は，キャンパスを持つ教育機関，インターネットその他のオンラインネットワークとリンクしたeラーニングの概念のいずれにも適用できる。

eラーニング導入，登録学生数，教育機関の戦略についてわかっていること

第1に，学生によるeラーニングの利用は増えているが，キャンパスを持つほとんどの教育機関では，eラーニングを利用している登録学生数は比較的少なく，全登録学生数に占める比率はごくわずかである。入手可能な定量的データによれば，OECD／CERI調査対象教育機関の大半で，オンライン利用度が高いか，少なくとも「オンラインに依存」しているeラーニングの登録学生数は，全登録学生数の5％以下である。

ただ，現時点では登録学生数を正確に割り出すのは難しいという点にも注意する必要がある。eラーニングの登録学生数はしばしば学位レベルではなく，履修単位レベルで算出されているからである。一部の教育機関では，オンライン利用度の高い科目（少なくとも1科目以上）に登録している学生数は先の数字よりはるかに多く，全登録学生数の30〜50％に達している。

第2に，高等教育機関全体のeラーニング活動は極めて多様で，先の分類によるカリキュラムのオンライン利用度はまちまちである。調査対象の教育機関でみられるのと同じ多様性がもっと大規模な形でOBHEの調査でもみられる。

キャンパスを持つ教育機関の大半では，eラーニングの拡大はこれまでのところ対面型授業中心の体制を揺るがすには至っていない。インターネットによる学習ブームが到来するとの予想に反して，オンラインによる遠隔学習全般，特に国境を超えたeラーニング，例えば教育機関の中心キャンパスが置かれている国以外の国の学生向けカリキュラムは，これまでのところ重要な活動または市場へと育っていない。

国境を超えたeラーニングの登録学生の総数が大幅に伸びていると回答したOECD

/CERIの調査対象の教育機関は少数である。OBHEのデータでも，大半の教育機関ではこの形態の活動は小規模かつ局所的で，教育機関の本部はその実状も十分には把握されていないとみている。遠く離れた海外への学習機会の提供は複合的な可能性を秘めているが，それは，小規模の学部主導的な実験的取り組みに委ねられているのが普通である。

　第3に，学部レベルでは，eラーニングはキャンパスでの学習機会の提供を補完するという性格が強いことを反映し，モジュールまたは科目がeラーニング活動の大多数を占めている。アワードプログラム全体でオンラインを利用しているケースは，大学院レベルの方が一般的である。これは，この種の学習機会の提供は，仕事や家庭と勉学の両立を望んでいる経験を積んだ学習者に適しているとの見方と一致する。オンライン学習の利用度も学問分野により大幅に異なる。何らかの形態のeラーニングを大いに活用しており，とりわけ先の分類による「混合型」と「完全なオンライン型」に入る分野として最もよく挙げられているのは，ITとビジネス／経営である。

　OECD／CERI調査対象の教育機関はほぼすべて，何らかの中心的なeラーニング戦略をすでに持っているか，確立している最中である。もっと対象を広くとり，2004年のOBHE調査でみても，何らかの全学的なeラーニング戦略を持ってもいなければ確立している最中でもないとの回答は，全体のわずか9％にすぎず，2002年の18％から低下している。

　全学的な戦略と全学的な利用がこのように乖離しているのは，eラーニングの未成熟がいずれは解消される兆しと解釈すべきなのだろうか？　部分的にしかイエスとはいえないだろう。現行の教育機関の戦略をみても，徐々に学習機会の提供を「完全なオンライン型」へとシフトしていくとは考えられない。

　OECD／CERI調査とOBHE調査は，キャンパスを持つ教育機関での「完全なオンライン型」の学習機会提供は，今後も短中期的にはごく一部に限られるということをはっきりと示している。キャンパスを持つ教育機関が，現在の活動方針に沿ってeラーニング戦略の中心に置いているのは，柔軟性に富んだ機会の提供と教授法の改善を通じて，キャンパスでの学習機会を改善することである。

　OECD調査とOBHE調査とも，国際市場や新市場への関心や，コスト削減への関心は，比較的低いという結果が出ている。こうした方向への関心が最も高いのは，バーチャルな遠隔学習のみを提供する教育機関である。しかし，もちろんそのすべてが同じように高い関心を示しているわけではない。OBHE調査によれば，eラーニング戦略の柱として遠隔学習を挙げる機関は，2002〜2004年に大幅に減少している。

eラーニングは授業と学習を改善し，革命的に変えてしまう可能性すら秘めている

　OECD / CERI 調査への回答では，eラーニングは教授法に対して，概してプラスの影響を及ぼすとの見方が圧倒的多数を占めている。しかし，ほとんどの回答者はこうした影響を示す詳細な内部調査データを提供できていない。学生の満足度調査や定着率，あるいは達成度データなどの間接的なデータは多く挙げられている。しかし，これらのデータには，多くの懐疑的な学生や教員に，オンライン学習の教授法上の価値を納得させるだけの説得力がない。

　懐疑的な学生や教員が多い理由のひとつは，おそらく，eラーニングがこれまでのところ，実際に学習や授業を革命的に変えるまでに至っていないことである。ICT の活用による広範かつ新規な授業，あるいは学習法は，依然として発展の初期段階にあるか，まだ編み出されていない。

　これまでで最も有名になった革命的アプローチは，「学習オブジェクト」モデルであろう。学習オブジェクトは，異なるコンテクストのなかで，異なる目的のために，異なる教員および学生により，利用，再利用，再設計され得る電子的ツールおよび資源ということができる。先行ソフト，第三者が持つ教材，仲間同士，あるいは自動フィードバックなどによる再設計は，eラーニングが主要な教授法上のメリットと費用対効果を上げるためには極めて重要であろう。

　調査対象教育機関はこのモデルに大きな関心を示しているが，広範な導入を妨げるさまざまな，主に文化や教授法上の難問にも直面している。例えば，脱コンテクスト化されたオブジェクトとコンテクスト化された学習方法やプログラムとの対立，第三者の持つ教材の使用に消極的な教員の姿勢とオブジェクトへのアクセスの対立，再利用と著作権をめぐる懸念などである。

　OECD / CERI 調査によれば，教育機関は学習オブジェクトに多大の関心を払っているものの，依然として学習オブジェクトを未成熟なツールとみなしている。

　現在，eラーニングは引き続きその規模と重要性を高めているが，明示的な学習オブジェクトのシステム，つまり学習オブジェクトの蓄積やメタデータを蓄積管理するシステムは存在していない。これは，ひとつには従来の科目開発パラダイムの影響を反映したものであり，同時にこのようなシステムが発展の初期段階にあり，したがって効用が少ないことも示しているが，こうした状況は次第に変わる可能性もある。

ICT は高等教育には浸透しているが，まだそれほどクラスの教授法の根幹には浸透していない

　これまでのところクラスルームにおける ICT の影響は限られているが，これは，1990 年代初頭のように，高等教育セクターにおける ICT の利用が限られているためではない。LMS，すなわち正規の教育機関に関わる管理や教授法上のサービス（登録学生数データ，電子教材へのアクセス，教員や学生の交流，評価など）を提供するためのソフトの導入は，世界各国の高等教育における e ラーニング発展の顕著な特徴のひとつのように思われる。

　このことは OECD / CERI 調査も OBHE 調査もはっきりと示している。オンライン学習がまだ未成熟な状態にあることは，コンテンツ管理システム（複数の教授法の目的に沿って，電子コンテンツを操作したり組み替えたりできる学習オブジェクトに分割するソフト）の導入率の低さに表れている。

　2004 年の OBHE 調査によれば，こうしたソフトを全学的に導入していたのは回答者全体の 6.6 ％にすぎなかった。ICT は高等教育に浸透しているが，クラスルームでの教授法に与える影響より，入学，登録，授業料支払，購買などといった管理サービスへの影響の方が大きい。

　クラスルームにおける ICT の影響が，今までのところ限られているからといって，これを高等教育全体における革新や変革がない証拠と解釈すべきではない。仮に ICT がクラスルームにおいて何ら変革に寄与していないとしても，時間や空間の制約を緩和したり，オンラインジャーナルや e ブック，学生向けポータルなどで，情報を利用しやすくしたり，学習に柔軟に参加できるようにして，学生の学習経験を変えているのである。

　LMS ソフトについては，代表的な商業ベンダ 2 社が大きな市場シェアを占めているが，高等教育機関，特にバーチャル教育のみを行う教育機関や混合型の教育機関，遠隔教育機関では，インハウスソフトの開発やオープンソースソフトウェアの利用が目立って増えている。インハウスやオープンソースのソフトに魅力があるのは，市販ソフトがプラットフォームとしての機能がカスタマイズを高めているものの，機能が不十分であるか教授法上の限界があると受け止められているからである。

　調査によれば，教育機関は，教授法の核心に迫る開発に対しては，特に貴重な知的財産となり得るだけに，自立性を維持したいと考えている。プラットフォームの多さは通常，LMS の新しさと相対的な未成熟さを示すが，これは二重，三重に無駄な努力をし

ているためかもしれない。さらに，技術的なインフラストラクチャを過度に強調していることになっているが，実際には，機能性における革新的で効果的な利用の促進は，教員や学生に対して行われなければいけないだろう。

教授法への影響や教育機関による新しい著名なオープンソースプラットフォーム（Sakai や LAMS など）の導入に関しては，依然としてはっきりしない。

教員と学生が既存の技術的機能を，革新的かつ効果的に利用できるようにするのが次の課題

調査対象となったすべての教育機関は，さまざまな形態を持つ e ラーニングが，組織の将来に対して潜在的にどれほど貢献できるかを検討している。一部の教育機関にとって，また一部の国では，主要な障害が依然として残っている。インフラストラクチャと資金調達の問題も重要であるが，最も難しいのは，おそらく利害関係者が e ラーニングの教授法上の価値に懐疑的なことと職員教育であろう。

教育機関は主に導入や資金調達に取り組んでいるが，職員数，職員教育，インストラクショナルデザイン，学生向け支援の再構築についても検討を開始している。すべての教育機関が，科学技術者，インストラクショナルデザイナ，教育科学者など，教員を補完する職員を増やす必要があると認識している。ただ，現在の教員に e ラーニングを利用・開発させることも課題である。一般的概念の「職員教育」は，高等教育が e ラーニングを主流化し，持続可能なものにするうえで鍵を握っていると広く考えられている。教育機関は，教員と新しい職員の役割のバランスや両者間の分業に苦心している。興味深いことに，組織改革の側面として，商業化と国際化はほとんど挙げられていない。

教員が抵抗を感じているのは，ひとつには e ラーニングには教授法上の限界がある（少なくともそう受け止められている）ためと，ツールが十分に成熟していないためである。また，ICT リテラシや e ラーニング関連の教授法リテラシが不十分なため，まず最初にしなければならない追加的な業務をこなすための時間とモチベーションが足りないせいでもある。

標準化的な側面を持つ e ラーニング開発は，自立性としばしば研究ベースの報酬制度に基づく職業的な教員文化ともいくぶん衝突するかもしれない。知的財産権と教員，教育機関，科学技術者間の権利共有に関する懸念も，e ラーニング開発の障害とみることができる。調査対象の教育機関における人的資源の開発方法は多様である。さらなる e ラーニング開発にとって極めて重要なのは，複数の教育機関の内部において e ラーニング導入者の横断的なコミュニティを作ることであり，さらに一般的には，e ラーニング

関連の知識管理プロセス上にそのようなコミュニティを作ることである。多くの調査対象教育機関では，教員主導型イニシアティブの開発が，成功に欠かせない重要な要素となっているように思われる。しかし，成功した実験的取り組みをさらに拡大し，グッドプラクティスを共有・主流化することが，依然として現実的課題となっている。教育機関向けeラーニング開発にとってひとつの最適なモデルなり道筋なりが存在するわけではないが，同様にeラーニングを主流化するための「万人向け」職員教育モデルも存在しない。

お互いに協力することによって，教育機関は市場でのプレゼンスを高め，コストを削減することができる。また，連携により知識とグッドプラクティスを共有し，先進技術や質の高いカリキュラムおよび教授法などの恩恵を受けやすくするのが，現代的eラーニングの主要な特徴のひとつである。

調査対象教育機関における連携分野は，インフラストラクチャの構築からLMSやアプリケーションの開発，eラーニング教材の作成，共同プログラムの開発，共同マーケティングの実施，共同研究の実施，ベストプラクティスの共有，ハードやソフトのコスト分担にまで及んでいる。

しかし，連携により問題が生じる可能性もある。例えば，eラーニング教材を第三者に提供する場合の取り決め（無償か有償か）や，非中核的なeラーニング活動のアウトソーシングを認めるかどうかといった問題である。

OECD / CERI調査によれば，高等教育機関はアウトソーシングに最低限の，あるいは短期的な価値を認めている一方，教材の第三者への提供については大きな戦略的関心をほとんど払っていない。それでもなお，分野ごとの組織的学習を強化するうえでは連携をもっと効果的に活用することができる。

eラーニングによるコスト削減

インターネットブームの最中は，eラーニングの利点のひとつとして，最もよく挙げられたのは，プログラム開発や提供コストが従来の学習機会の提供に比べ低下するということであった。開発や提供プロセスのさらなる自動化，限界費用の削減，交通費の廃止や削減などにより，コストの低下がもたらされると論じられた。ICTのような産業時代的アプローチをついに教育の分野に適用できるようになり，教材開発は合理化され，常勤教員数は削減され，職員数に対する学生数の比率は上昇するとされた。

しかし，eラーニングの主要な効果はキャンパスでクラス活動を補完するという点にあるので，最も直接的な交通費の節減に関する可能性は低くなっている。管理目的のオ

ンライン申請も，通常は従来の手続きに取って代わるのではなく補完しているとみられ，やはり大幅なコスト削減は難しい。開発や提供コストの低下に関しても，ソフト開発の高コストや，多くの場合には遠隔地向けオンライン活動のための対面型個別指導サポートへのニーズという問題を抱えている。

　最後に，オンライン学習は継続的かつ多額のインフラコストを伴うことも明らかになっている。つまり，ｅラーニングは，従来型学習に比べ費用効率が高まるとされた多くの条件が満たされていない，ということである。こうした状況から，全体的な授業コストの削減が極めて重要な課題となっているように思われる。

　多くの回答者は，さまざまな形態のｅラーニングが秘めているコスト削減の可能性に積極的な期待感を表明しているが，こうした効果を裏付ける直接的なデータを提供できた回答者はほとんどいない。しかし，多くの場合，従来型教育のコストを評価することも，同じくらい難しいだろう。ｅラーニングが従来の対面型または遠隔教育よりコストのかからないモデルとなるための条件は，多くの方法に見出すことができる。

　例えば，キャンパスで提供していた学習機会の一部をオンラインによる提供のみに切り替える，仲間同士での自動化された学習を促進する標準的なソフトや先行ソフトを利用する，オープンスタンダードや学習オブジェクトモデルを活用して教材の再利用と共有を増やす，開発努力の重複を回避する，科目の標準化を強化する，などである。いずれにしても，科目開発コストの減少，学生数に対する職員数の比率の低下，施設（クラスなど）の利用減によるコスト節減などを伴う再編成を行うべきである。クラスの人数や科目設計に関する規範は，今でも大きな障害となっているように思われる。

　ｅラーニングについては，コストの観点からばかりでなく，教授法の観点からも評価しなければならない。ｅラーニングは実際，対面型教育より費用効率的である以上に，費用効果が高くなる。確かにオンラインの活用によって学習経験は全体的に改善するが，費用効果を主張することは，また異なる問題を提起することにもなる。もちろんそれは，簡単に片付けるべき問題ではない。

　大半の調査対象教育機関の場合，現在は内部資源がｅラーニングの最大の資金調達源となっているが，ｅラーニング開発の多くは授業料からではなく政府その他の非営利機関による資金助成の恩恵を受けている。ｅラーニングの商業的な提供については明快かつ持続可能なビジネスモデルはまだ登場しておらず，これまでのところ成功例より失敗例の方が多い。内外からの特別資金助成は，依然として高等教育におけるｅラーニング開発の大きな特徴となっている。これは，ｅラーニングが実験と研究に値する斬新な活動と受け止められているためである。特に外部からの資金助成には持続可能性の問題が

伴うので、今では多くの教育機関がはっきりと、一般的には主流の内部資金と授業料の組み合わせ（組み合わせの程度はプログラムの種類と国により異なる）による「正常な」資金調達へと移行しようと試みている。

eラーニングのさらなる発展のためには どのような政策アジェンダが必要か？

　すべてのOECD諸国と、教育機関が本拠を置いているすべての国では、州政府や中央政府が、高等教育の全般、特にeラーニングの戦略的な指導と資金助成で重要な役割を果たしている。教育機関が大きな自立性を持ち、教育機関経営への直接的参加が政府に期待されていない国でも、政府は戦略的な資金助成や政策により教育機関の行動に大きな影響を与えている。政府と関連機関には、eラーニング開発のための環境を整備し、そのあらゆる利点を享受するために、何ができるのだろうか。

　一部の国々、特に新興経済国では、基礎的インフラストラクチャをさらに整備する必要があり、政府は直接的にも間接的にもこの構造的投資に力を注ぐ必要がある。先進国の場合、政府によるインフラストラクチャ投資がかつて広く賞賛された。しかし今必要とされているのは、eラーニングのメリットを十分に享受するために必要な技術インフラストラクチャではない。よりソフトな社会的、組織的、法律的な発展と変革を行い、eラーニング開発を促進することが必要とされているのである。政府は今やこうした分野にこそ政策的に力を傾注すべきである。

　現在の優先課題は、eラーニングの主流化とクラスルームにおけるその効果の最大化を支援する枠組み作りである。eラーニングの実際的、実験的知識は、一般に教育機関の内部でも教育機関同士の間でも拡散してしまっているので、成功している実践や興味深い経験すらその影響と注目度は限られている。

　eラーニングはまだ新しく未成熟な活動であるが、教授法ではなく何よりも管理面の変革を通じてすでに全般的な学習経験の改善をもたらしており、政府は引き続き資金助成をすべきである。しかし、政府と教育機関は、eラーニングのコストとメリットについてさらに理解を深める必要がある。例えば、eラーニングはコストの削減と質の向上の両者をもたらす可能性があるが、この2つの基本的な議題は、並行しては進まないかもしれない。

　要するに、eラーニングが進歩するためには知識管理（ナレッジマネジメント）の改善が極めて重要になっているのである。したがって、政府としては以下の行動をとることができる。

- 発展を促進するためグッドプラクティス（そしてバッドプラクティスから学んだこと）を広く情報公開するように奨励し，取り組みの無駄な重複を避け，成功事例を拡大する。
- 教育機関レベルにおける進展を確保するため，集団と個人の両者を対象とする適切な職員教育を奨励する。
- 学習オブジェクト，その他の有望な教授法上の革新に関する研究開発を支援する。
- ベストプラクティスから先行きの不透明感を払拭するため，eラーニングにおける知的財産をめぐる問題を探る。
- コストを合理的な水準に保つため，ITプロバイダと教育機関の対話を促進し，官民連携を支援する。

　政府は，政策の立案に際して，教育機関の自立性と多様性に関する重要性を考慮するとともに，重箱の隅をつつくようなミクロレベルの変革は避けるべきである。さらに，最も重要な点として，適切な開発期間を採用すべきである。能力開発を目的としたどのような政策にとっても，忍耐こそ主要な条件だからである。そうすれば，eラーニングは長期的には高等教育を改善することができるだろう。

序章 introduction

はじめに

　高等教育において，eラーニングを目にする機会がますます増えてきている。eラーニングが成長している論理的な根拠は，多岐にわたっていて，複雑であり，しかも議論が分かれるところであるが，高等教育へのアクセスの拡大，キャンパスにおける教授法の革新，遠隔学習の充実，組織の変化，知識共有，新たな収入源の創出などが含まれている。

　本書において「eラーニング」とは，高等教育における学習を強化，および支援するために情報コミュニケーション技術（ICT）[1]を用いることである。すなわち，「eラーニング」という言葉は次の2つの意味で用いられる。まず，完全にオンラインで提供される場合である。そして，何らかの方法でICTを用いて，キャンパスにおける学習や遠隔学習を補完する場合である。eラーニングによる補完モデルは，最も基本的なICTの使用（例えば，課題を作成するためにパソコンのワープロ機能を使用すること）から，より先進的な導入（例えば，専門家用の訓練ソフト，携帯用機器，学習管理システム（LMS），適応型ハイパーメディア，人工知能を用いた機器，シミュレーションなど）まで，さまざまな活動を包含している。後者のような場合，さらに先進的なアプリケーションへの関心が，導入の動機の中心を占めている。

　インターネット関連企業の作り出したブームのなかで，eラーニングは次のような多くの期待を実現した。つまり，教育や学習の質の向上，学生へのアクセス手段の拡大，学生・教育機関・行政にとってのコスト削減，高等教育機関にとっての新たなビジネスモデルと組織モデル，といった期待である。

　国境を超えた学習プログラムの流通の可能性は，各国の高等教育システムを再構成し，新興経済国や開発途上国に人的資源の能力を育成する近道を提供する機会である（そし

---

1) 訳注：ICTを「情報通信技術」と訳すこともあるが，「情報通信技術」とすると，光ファイバーや無線LANなど通信の技術をイメージする人が多いと思われる。教育ではコミュニケーションが大切であることから，ITの中央にCを入れた経緯があるため，本書ではICTを「情報コミュニケーション技術」と訳している。「コミュニケーション能力」が重要といわれるが，この意味と同じと考えている。

て課題である）ともみなされていた。多くの観測者や組織が，eラーニングの巨大市場の出現を見越して投機的に資金を投入し，eラーニングに特化した新ベンチャーを創業（あるいは単にその将来の立ち上げを告知）した。完全にオンラインによって行われる学習と，物理的なキャンパスからバーチャルキャンパスへの移行が，高等教育にとって中期的には将来起こり得るとみなされることさえあった。

ニューエコノミーのバブルは，実際の提供よりも過大な予告ばかりを生み出した。それが2000年に崩壊すると，eラーニングの市場価値に対する非合理な確信と過大な投資は，あざけりの対象となった。行きすぎた熱狂から懐疑心へと取って代わったのである。

出発点は非常に低い地点であったが，eラーニングは急速に成長している。それでは，eラーニングはかつて実現しようとした期待をかなえているのであろうか。おそらく答えはNoであろう。しかし，その成長ペースと変化の度合いが大筋でインターネット景気期間中の予測どおりではない（Massy and Zemsky, 2004; OECD, 2004）にしろ，それは何よりもまずイノベーションの本質やスピードを示すものであって，eラーニングへの高等教育への長期的な貢献に関する判断する基準ではないだろう。

米国で実施された，技術部門のリーダ，学者，産業界の関係者に対する広範囲な調査によると，11種類の社会的機関や社会活動（例えば，政府，軍隊，エンターテイメント，メディア，保健医療，家庭など）のうち，高等教育の分野は今後10年間に起こるテクノロジーの主導による変化が，2番目に激しいものになるであろうと予測されている（最も激しい影響を受けるのは「報道機関と出版」である）（Pew Internet and American Life Project, 2005, pp. 24-25）。

インターネット景気のレトリックは置いておくとして，eラーニングはどのような現状にあるのだろうか。なぜ，異なる種類の高等教育機関がeラーニングに取り組んでいるのか，どのようなタイプの取り組みが好ましいのであろうか。

教育機関は，さまざまな種類のeラーニングに対して，何が教育方法上のインパクトになると考えているのか。教育機関は，eラーニングのコストをどのような方法で理解し，これは課金にどのような影響を与えているのであろうか。eラーニングの影響は，人材配置や人材育成に対してどのように及ぶのだろうか。どのようなタイプの学生（例えば，性差，学習の様式，居住地，学問分野など）がeラーニングを好むのであろうか。本書は，オンライン学習に関する2つの調査（OECD教育研究革新センター（OECD／CERI）調査とボーダーレス高等教育研究所（OBHE）調査）に基づいて，これらの問いやその他の多くの問いの答えを探るものである。2つの調査の一方は質的調査であり，

もう一方は量的調査である。

本書は主に3部で構成されている。
- 第Ⅰ部は，高等教育機関の現在の活動と戦略の概観を述べている。ここでは，さまざまな形式のeラーニングの規模，受講学生数のレベル，eラーニングに対する教育機関の戦略を示す。
- 第Ⅱ部は，eラーニングが誘発し，必要とした変化を，教育法，技術，組織の各レベルで記述し，分析する。
- 第Ⅲ部は，eラーニングのコストの影響と資金調達に焦点を当て，eラーニングやそれ以外の教育手法の資金調達において，教育機関からみた政府の役割はどのようなものであるべきかを紹介する。

OECD / CERI 調査

国境を超える高等教育の調査（OECD，2004出版年）に続いて，OECD / CERIは，2003年（調査実施年），eラーニングの国際的なトレンドと実務に関する理解を深めることを目的として，高等教育に焦点を当てた調査に着手した。本調査はヒューレット財団の助成金の支援を受けて行われた。

調査の中心となったのは，19校の高等教育機関における実践の詳細なものであり，2003年末に実施された。調査サンプルとなった教育機関は，eラーニングの発達段階全体にわたって分布している。つまり，国際的にも最先端に位置している教育機関がある一方で，別の機関は一般的な位置にあり，初期段階に属する教育機関もある。

これらの教育機関はOECD加盟国の推薦とOECD / CERIからの直接のアプローチの組み合わせによって選ばれた。調査の目的は，グッドプラクティスと，より一般的な国際的なトレンドを解明することであった。調査はeラーニングのボーダーレスな側面についても調査対象としており，そのためOECD加盟国に対して，何らかの国際的eラーニングに取り組んでいる教育機関を推薦するよう求めた。したがって，推薦されたのは，eラーニングに関してはおそらく各国において平均を大きく上回って先進的であるが，あらゆる面で最先端の教育機関とはいえないものであった。調査が進むにつれて，この国際性への焦点については断念した。

この調査は，そもそも本質的に質的な調査としての性格を持っており，幅広い項目を扱い，さらに間接的な証拠となる文書を求めていた。全体的な調査目的は，高等教育機関がどのようにeラーニングを開発しているかについて詳細に描き出すことである。

調査では，eラーニングを導入する根拠，開発の段階，促進要因と阻害要因をより正

確に理解するために，教育機関の戦略と活動についての貴重な詳細データを得ようとした。主な関心は，教育機関の教育と学習であり，研究，経営，もしくはその他の活動ではなかった（しかし，結果的にこれら別々の分野間でしばしば明らかな混同がみられる）。

調査は8つの見出しにまとめられた（228ページ，付録2の質問紙を参照）。
- 教育機関の戦略とeラーニングの多様な形式
- プラットフォームとインフラストラクチャ
- eラーニングへの学生のアクセス
- 教育と学習
- 学生と市場
- 職員と教材
- 資金調達と行政
- 組織改革，シナリオと障害

◆回答者のタイプ

サンプルの19教育機関は，OECD加盟11か国とOECDに加盟していない2か国から選ばれた。その内訳は，アジア・太平洋（オーストラリア，日本，ニュージーランド，タイ），ヨーロッパ（フランス，ドイツ，スペイン，スイス，英国），中南米（メキシコ，ブラジル），北米（カナダ，米国）である。参加機関との協定によって，しばしば教育機関名は実名表記されている。

調査に参加した19の教育機関を表0.1に列挙する。

19教育機関のうち，16機関が大学である。残る3機関のうち，ひとつは大学コンソーシアムを統合した組織（Multimedia Kontor Hamburg）であり，ひとつは専門学校（Asian Institute of Technology），そして残りひとつは技術専門学校（Open Polytechnic of New Zealand）である。

15機関が組織全体またはコンソーシアム全体として回答し，1機関が大学のバーチャル部門あるいは遠隔教育部門（Virtual University of Tec de Monterrey）である。そして，1機関は大きな大学ネットワークの半独立キャンパス（University of California, Irvine），もう1機関は大学の公開講座プログラム（UCLA Extension），さらに1機関は単独の大学院研究科（青山学院大学大学院国際マネジメント研究科）である。

10教育機関が主にキャンパスで教育し，残る機関は学生の過半数が遠隔学習しているか，遠隔教育のみを提供している（完全にバーチャルであるか，その他の形の遠隔学習を採用している），もしくはキャンパスと遠隔を組み合わせている。コンソーシアム

表0.1 OECD / CERI 調査 参加教育機関

教育機関名	国	タイプ
青山学院大学（大学院国際マネジメント研究科）	日本	キャンパス
Asian Institute of Technology	タイ	キャンパス
Carnegie Mellon University	米国	キャンパス
FernUniversität Hagen	ドイツ	遠隔
京都大学	日本	キャンパス
Monash University	オーストラリア	キャンパス
Multimedia Kontor Hamburg	ドイツ	キャンパス
Open Polytechnic of New Zealand	ニュージーランド	遠隔
Open University	英国	遠隔
Open University of Catalunya	スペイン	遠隔
Virtual University of the Tecnológico de Monterrey (Tec de Monterrey)	メキシコ	遠隔
University of British Columbia	カナダ	キャンパス
University of California, Irvine	米国	キャンパス
University of California, Los Angeles Extension (UCLA Extension)	米国	混合型
University of Maryland University College	米国	混合型
University of Paris X Nanterre	フランス	キャンパス
University of Sao Paulo	ブラジル	キャンパス
University of South Australia	オーストラリア	混合型
University of Zurich	スイス	キャンパス

は教育サービスと調整のための機構であり（メンバーである大学のeラーニング実務を補助し），（職員の人材開発を別にすると）コンソーシアム自体が学習プログラムを提供することはない。

　8つの教育機関が，（ほとんどの場合直接の勧誘であるが）海外における実質的な受講者誘致を公然と行っており，ほとんどの教育機関が少なくともこの種の活動をしている。個々の教育機関ごとに教育と研究のバランスを正確に測定することは困難であるが，6教育機関では教育のミッションが支配的であると回答しているようであり（しかし，これらすべての教育機関が，ある程度は研究に力を入れていて，多くが遠隔学習にも力を入れている），一方，残る教育機関は教育と研究両方の方向性の組み合わせであると

回答した（そして，多くがさまざまなその他の活動に力を注いでいる）。

14の教育機関は公的機関であると回答したが，そのうち1校の地位は，間もなく「国立」から「独立行政法人」へ変わるところであった（つまり，法人組織としての地位を仮定すれば，より「民間の」組織体制を伴うものへの変化である）。そして，もう1校は，自分たちの国では「公立」大学と「私立」大学の地位の区別があいまいである（つまり，政府から独立しているという意味では民間の機関であるが，公的な資金調達に多くを依存しているという意味では公的である）と強調した。1校は，公的資金が最大の財源を構成しているという意味では「公的」であるにもかかわらず，「柔軟性」を強化するため，「民間」に似たやり方に従って設立されていた。3校は，私立，非営利であると述べ，1校は営利機関（非営利の私立大学の営利部門）であると回答した。残る1校は，6校の公立大学によって設立された合同有限責任会社（非営利）である。

調査に応じた教育機関の多くは，学生数の多い大規模校であった。調査では，正規に在籍している学生（以降FTEと表記）に関するデータを質問したが，この用語に馴染みがないケースや，この用語がその地域で一般に用いられるものと対応していない場合があった。したがって，ただ学生数を答えたり，受講者数の合計を答えたり，FTEの延べ人数を答えたりした教育機関があった。

例えば，大学院（青山学院大学）は150人の大学院生しか在籍しておらず，もうひとつの教育機関も2000人以下の学生しかいなかった。その他の2校は約8000人，3校は約2万人，4校は3万から3万5000人，4校は4万5000から5万5000人，1校は約7万4000人，2校は8万人以上と回答した。

もしFTEがきちんと報告されていれば，多くの教育機関で（特に遠隔教育のみを提供する教育機関では），学生数が大幅に減少したはずである。残るひとつの教育機関（コンソーシアム）は，直接学生を募集していない。

学問分野別には，15機関は総合的な教育機関であり，一般に芸術，人文科学，科学技術，社会科学，専門職育成などの科目を包含する幅広い学科を持っていた（もちろんすべての「総合的な」教育機関が，これらすべての専攻分野の学部を開設していたわけではない）。残る4校は，より特定分野に特化しており，そのうち3校は学群を形成しており（例えば，ビジネス・社会科学・教育・人文科学・ITでひとつのまとまりとなっていたり，ビジネス・工学・ITでひとつのまとまりとなったりしていた），1校は単独の学問分野（前述したように，より大規模な大学の大学院マネジメント研究科であった）。

付録1（224ページ）は，教育の提供方法，教育機関の地位，タイプ・指向性（教育指

向か，研究指向か），規模，その他の特徴によって分類した回答教育機関の概要である。

OBHE 調査

　OECD / CERI の調査は，基本的に質的調査であり，問題を深く掘り下げた報告をもたらすように設計されていた。このような調査では，対象となる回答者が少数であるという条件は必要不可欠であった。しかし，質的調査研究には，得られた結果の一般化が困難であるというデメリットが伴う。そこで，関連する調査として，OBHE（英国）によって実施されたより大規模な調査（Garrett and Jokivirta, 2004; Garrett and Verbik, 2004）を比較のために用いた。本書ではこれ以降，この調査を，OBHE 調査と呼ぶことにする。

　OBHE 調査は，高等教育における e ラーニングの量的調査として，数少ない例である。そのデータは，一部の英連邦諸国において OECD / CERI 調査と同じ項目の多くを量的にカバーしている。小規模な OECD / CERI 調査（19 教育機関）と比べると，OBHE 調査は，多くの数の教育機関（2004 年調査では 122 機関）を対象にしている。

　このような特徴によって，OECD / CERI 調査のデータをより広い状況に置いてみることができるし，OECD / CERI 調査の結果がより一般的なデータと一致しているかどうか判断することもできる。一方，OECD / CERI 調査のデータは，OBHE 調査の結果では集約されたひとつのデータとして含まれている状況・根拠の広がりや多様性について深い理解をもたらすのである。したがって両調査は，互いに補い合うように作用した。

　本書は，2004 年の OBHE 調査のデータを活用している。実際には，OBHE は 2002 年に英連邦諸国の大学を対象にした最初の調査を行い，2004 年に再調査を実施した。2004 年調査のアンケートは付録 3（244 ページ）に掲載されている。

　可能な限り，2002 年調査との比較も行った。2002 年調査に回答した全教育機関は，2004 年の追跡調査の対象となった。そして，2002 年に回答を寄せた 101 校のうち，40 校（40％）がもう一度回答した。クロス比較の正確さと意図を最大化するために，OBHE 調査は，40 の「再回答校」のデータを直接比較した。これによって，2004 年調査のみに回答した教育機関でみられる傾向が，（2002 年の回答校全体と比較して）どの程度，再回答した 40 校の傾向と一致しているかを計測した。

　全般的に，傾向は比較可能であり，2002 年調査と 2004 年調査を広く比べる試みの有効性を支持している。再回答校のデータを直接比較することによって，2004 年に実際に報告された活動をふまえて 2002 年の予測を評価することも可能になった。

◆OBHE調査データの紹介

　本書の読者がOBHEデータの基準を理解しやすいように，回答教育機関について，大陸別あるいは国別，さらに分析のカテゴリ別に簡単な概要を記す。OBHEは，英連邦大学協会高等教育機関と英国大学協会のメンバー合わせて500校の経営者レベルに接触し，2004年のOBHE調査に参加するよう求めた。回答を寄せたのは12か国の教育機関であり，そのうち4か国（オーストラリア，カナダ，ニュージーランド，英国）はOECD加盟国でもあった。回答状況は表0.2に要約してある。

　大学セクターが比較的発達している4か国（オーストラリア，カナダ，南アフリカ，英国）から，非常に高い割合の大学から調査への回答が寄せられた。大学セクターがより小規模であるシンガポールやジンバブエのような国では，2004年調査に過半数の教育機関が回答した。多くの回答が寄せられた前述4か国の場合，大学協会に対応する国レベルの組織のメンバー校に占める回答校の割合は次のようになっている。英国大学協会のメンバーの39%（121校中47校），カナダ大学連盟メンバーの33%（92校中30校），

表0.2　OBHE調査に対する国別・大陸別の回答機関数

地域	2004年回答機関数	割合（%）
英国	47	38%
欧州計	**47**	**38%**
カナダ	30	24%
北米計	**30**	**24%**
オーストラリア	19	15%
ニュージーランド	2	2%
オセアニア計	**21**	**17%**
南アフリカ	10	8%
ナイジェリア	3	3%
ジンバブエ	3	3%
カメルーン	1	1%
マラウィ	1	1%
アフリカ計	**18**	**16%**
香港，中国	2	2%
パキスタン	2	2%
シンガポール	2	2%
アジア計	**6**	**5%**
総計	**122**	**100%**

出典：OBHE

オーストラリア学長会議メンバーの 47%（38 校中 18 校），南アフリカ学長協会メンバーの 53%（19 校中 10 校）である。

　おそらく間違いなく，オーストラリア，カナダ，南アフリカ，英国は，それぞれの国の高等教育システムをおおむね代表しているとみなしてもよい回答率を示していた。実際これら 4 か国では，OBHE 調査は過半数を少し上回るか，大幅に上回る大学をカバーしていたのである。

　ほかの国々からの回答が少ないとすれば，残る 16 か国をグループに分ける必要がある。これらの国々には先進国も開発途上国も含まれ，アフリカ，南アジア，東南アジア，東アジア，オセアニアに散らばっている。このような多様性から，残る 16 の教育機関をひとつの新たなカテゴリとすることは認められなかった。結局，オーストラリアと南アフリカを個々のグループとして扱うことになり，同時に両国からの回答をより広いカテゴリにも含むこととした。それは，「アジア・太平洋」と「低所得国あるいは低・中所得国」であり，後者の分類には世界銀行による所得別分類を採用した。

　2004 年の OBHE 調査データに関するこれ以降の表（表 0.3 以降）では，オーストラリアと南アフリカの教育機関は別のカテゴリに 1 回ずつ表示されていること，つまり，それぞれ，アジア・太平洋と「低所得国あるいは低・中所得国」にも含まれていることに注意されたい。

　2002 年の調査における分析では，「先進」国と「開発途上」国というカテゴリが使わ

表 0.3　地域カテゴリ別にみた回答教育機関

	計	割合（%）	再回答校
英国	47	39%	20（43%）
カナダ	30	25%	0
オーストラリア	19	16%	11（58%）
南アフリカ	10	8%	5（50%）
アジア・太平洋	25（6）	21%（5%）	14（56%）
低所得国あるいは低・中所得国	20（10）	16%（8%）	6（30%）
合計	122	100%	40

注：南アフリカは，「低所得国あるいは低・中所得国」に含まれている。オーストラリアは，アジア・太平洋に分類されている。かっこ内の数値は南アフリカとオーストラリアを除いている。
出典：OBHE

れていた。2004年の調査でアジア・太平洋を構成していたのは，オーストラリア，ニュージーランド，シンガポール，香港の教育機関であるので，調査結果はこの地域の経済格差を反映していない。同様に，低所得国あるいは低・中所得のカテゴリは（南アフリカの教育機関だけだったので）代表する標本が得られたとはいえない。

表0.3は，これらのカテゴリに沿った2004年OBHE調査への回答教育機関の一覧である。

OECD / CERI調査と異なり，OBHE調査の目的から，回答した教育機関名は匿名である。両調査に参加したのは，Monash UniversityとUniversity of South Australiaの2校である。

留意事項

読者は，本調査の制約条件について以下のとおり留意すべきである。

第1に，本調査が全OECD加盟国の高等教育機関におけるeラーニング導入を代表する概論であるということはできない。前述したように，これはどのような質的調査にも存在するマイナス面である。本調査は，OBHE調査を活用しており，この調査は，おそらく間違いなく英国，カナダ，オーストラリアを代表するものである。調査の全体像を拡大するため，関連する米国の調査結果も使用されている。しかし，これら（主にアングロサクソン）の国々はeラーニングに関してはほかのOECD加盟国より先進的であろう。したがって本調査は，総合的な概要を示すよりも，かなり先進的な教育機関（そして先進的な国）が，eラーニングがもたらす機会と課題をどのように捉えているかに重点を置いた。この分野で過去の経験を進んで活用し，自らの能力を開発しようとするすべての国や高等教育機関にとって適切な記述になるようにしたのである。

第2に，どちらの調査にも（ときには自薦による）選択の際のバイアスがかかっているかもしれない。OECD / CERI調査の回答者は，自校のeラーニングの責任者であるか，eラーニングに従事している。したがって，回答者は平均的な教育関係者よりもeラーニングへの期待をより熱心に語ったり，eラーニングの利点や障害を過大評価したりする傾向があるかもしれない。しかし，回答者が平均を上回る知識を持っているとすれば，その熱心さは不都合なことであると考えるべきではない。もちろん，OBHE調査でも，調査対象とした何らかのオンラインコースを配信している教育機関の数に不均衡があったかもしれない。したがってその結果，英連邦の大学における取り組みを全体的に過大評価している可能性もある。

最後に，両調査は教育機関に焦点を当てているため，高等教育におけるeラーニング

開発に関する教育機関が集まった教科コミュニティの役割を軽視してしまっているおそれがある（英国において，多くの国立の教科グループが主催する電子教材リソースデータベースが増加していることがその一例である[2]）。

引用文献

- Garrett, R. and L. Jokivirta (2004), "Online Learning in Commonwealth Universities: Selected Data from the 2004 Observatory Survey, Part 1", Observatory on Borderless Higher Education. Available at: www.obhe.ac.uk/products/briefings.html
- Garrett, R. and L. Verbik (2004), "Online Learning in Commonwealth Universities: Selected Data from the 2004 Observatory Survey, Part 2", Observatory on Borderless Higher Education. Available at: www.obhe.ac.uk/products/briefings.html
- Massy, W. and R. Zemsky (2004), "Thwarted Innovation: What Happened to E-learning and Why", a final report for the Westherstation Project of The Learning Alliance at the University of Pennsylvania in cooperation with the Thomson Corporation. Available at: www.irhe.upenn.edu/Docs/Jun2004/ThwartedInnovation.pdf
- OECD (2004), *Internationalisation and Trade in Higher Education – Opportunities and Challenges*, OECD, Paris.
- Pew Internet and American Life Project (2005), "The Future of the Internet", Pew Internet and American Life Project, Washington.

---

2) 詳細は「UK Higher Education Academy」のウェブサイトを参照のこと。www.heacademy.ac.uk

第Ⅰ部
活動と戦略

第1章
chapter 1 e-learning provision and enrolments

eラーニングの学習機会提供と登録学生数

> この章では，eラーニングの重大さや重要さを，プログラムのオンライン利用度やオンライン学習（登録数）と関連させつつ分析する。現在の学習活動や学習対象という観点からいえば，高等教育機関におけるeラーニングの学習機会の多様さは明らかである。しかし，キャンパスを持つ教育機関の大半では，eラーニングの拡大は，これまでのところ対面型授業中心の体制を揺るがすには至っていない。また，国境を超えたeラーニングも，オンラインによる遠隔学習全般と同様，重要な市場へと育っていない。eラーニングの多くはキャンパスで利用されており，遠く離れた海外への学習機会の提供は，複合的な可能性を間違いなく秘めているのであるが，小規模で学部主導による実験的取り組みにとどまっているのがほとんどである。

どのようなオンライン利用がeラーニングと関係しているのだろうか。どれほどの，そしてどのような学生がeラーニングを利用した学習を選択するのだろうか。いくつかの決まった学術分野では，自国内よりも国境を超えて学習することの方がほかの分野に比べて人気があるのだろうか。この章では，これらの疑問をはじめ，eラーニングの重大さをプログラムのオンライン利用度やオンライン学習（登録数）と関連させつつ分析する。

　まず，プログラムのオンライン利用度の種類や規模をOECD教育研究革新センター（OECD／CERI）の定性的調査（1.1）から示し，そして，さらに幅広くボーダーレス高等教育研究所（OBHE）の調査（1.2）から英連邦諸国の実情を把握する。これらの調査は明確に，現在の高等教育機関が提供するeラーニングの内容やターゲットが多様であることを示し，「完全なオンライン型」の学習機会提供は短中期的にはごく一部に限られていることを記している。なお，キャンパスを持つ教育機関の大半では，eラーニングの拡大はこれまでのところ対面型授業中心の体制を揺るがすには至っていない。

　次に，学生と登録数について分析する。調査では，オンライン登録の学生数（1.3），学生がeラーニングを利用している主要な学術分野（1.4），eラーニングを利用する学

生の経歴とレベル (1.5) を把握しようと試みている。さらには，国境を超えたeラーニングの重要性，つまり教育機関の中心キャンパスがある場所以外の国からの履修についての分析を試みている (1.6～1.7)。

1.1 オンライン利用度の種類 / 規模（調査票の質問 1.6）

OECD / CERI 調査が対象とした教育機関におけるオンライン利用度の種類と規模はどうなっていただろうか。調査に協力した 19 の高等教育機関に対して，異なるオンライン利用度の種類に対するプログラム / コースの提供の割合について，3 年前，現在，3 年後についてそれぞれ概算するよう依頼した。オンライン利用度の分類についての定義は以下のとおりである。

- オンラインをまったく利用しないか，ごくわずかに利用。
- オンラインによる補完（オンラインによる授業，オンラインによる講義ノート，eメールの利用，外部のオンライン資源へのリンクなど）。
- オンラインに依存：学生はカリキュラムの主要な活動においてインターネットの利用，すなわちオンラインによる討議・評価，オンラインによるプロジェクトや共同作業などを義務付けられるが，クラスルームでの授業時間が大幅に削減されることはない。
- 混合型：学生は，科目の学修活動の一環として，オンラインによる討議・評価，オンラインによるプロジェクトや共同作業など，対面型授業や学修に一部取って代わるオンライン活動への参加を義務付けられる。キャンパスへの登校日数はさほど減少しない。
- 完全なオンライン型。

以上の分類は，eラーニングにより物理的に教室で費やされる時間がどの程度補完されるかではなく，削減されるかに基づいている。この分類は，キャンパスを持つ教育機関，あるいはインターネットその他のオンラインネットワークとリンクしたeラーニングの概念，のいずれにも適用できる。実際の調査では，協力機関に別の分類（例えば，遠隔学習のみを提供する教育機関の視点によるもの）を回答する質問も用意し，前述の分類にあてはまらないeラーニングの形態について報告できるようにも設定した。

すべての調査対象教育機関は，オンライン配信を増加する（あるいは最低でも今日の高レベルな取り組みを維持する）計画を提示している。現在，完全なオンライン型での教育を行っているといえそうなのは 1 教育機関だけであるが，ある別の教育機関では 3 年以内に完全なオンライン化を達成しようと取り組んでいる。さらにまた別の教育機関

では，ほとんどのプログラムが対面での提供の代替としてオンラインで可能になっており，3年間のうちにすべてのプログラムがオンラインで提供可能となる見通しである。

しかしながら，(すべての学生に対してオンライン特性が色濃くなりつつも) 対面での提供も継続されるだろう。ある大学では，オンラインに関連して最先端の研究とプロジェクト形式での活動は実施しているが，実際のプログラムの大半は (オンライン化の傾向は確実に高まっているが)「オンラインによる補完」か「オンラインをまったく利用しないか，ごくわずかに利用」の範疇で提供されるにとどまっている。キャンパスを持つ7つの教育機関では，近年，オンライン利用度そのものも徐々に質・量的に高めつつ，オンライン学習をキャンパス内で利用することを広げている (例えば，オンライン利用の2/3は「オンラインによる補完」型もしくはそれ以上の状況である)。

遠隔学習のみを提供する4機関では，同じように明確なレベルでオンライン化が促進されている。うち2機関では今後3年間で低レベルからの急速なオンライン化を進めることが決定しており，ほかの2機関ではこれらの機関よりはオンライン化がゆっくり進むだろうと予測している。

すべての調査対象教育機関は調査票の質問1.6に回答しようと試みているが，ほとんどの機関において比較可能なデータを持っていなかった。いくつかの事例では，個々の分類とこの調査で提示した分類とが整合しない (例えば，ある機関では衛星配信での学習を採用し，またある機関では完全なオンライン型とその他の分類にあてはまる提供形態，対面型プログラムを並列で開発している) ことに原因をみることができる。

しかし，多くはこのような情報を十分に集積していないためにうまく回答できていなかった。ある回答では，「あくまでも推測だが」といったコメントをし，すべての回答機関は予測を示しているのでは，と述べている。以下ではオンライン利用度の分類に関連する回答について考察し，全体的傾向を論議したい[1]。

◆オンライン利用度の分類

完全なオンライン型

完全なオンライン型でプログラム提供に関して，2000～2001年には2調査対象教育機関 (Open University of Catalunya と University of Maryland University College) のみが完全なオンライン型でプログラムを提供することが主となっている (うち1機関

---

1) 2機関についての分類の難しさ (さらにはもう1機関，Open University of Catalunya における継続した「安定性」の問題) により，「混合型／オンラインに依存／オンラインによる補完」の回答の総計は (19ではなく) 16となっている。

は対面授業と併用する代替授業として提供）と回答していたが，7機関では全体の10%以下，10機関では皆無という結果だった．

　2003～2004年では，3機関（Open University of Catalunya, University of Maryland University College, Virtual University of Tec de Monterrey）が完全なオンライン型でのプログラム提供を主としており，10機関で10%以下，皆無なのは5機関となっている．

　2006～2007年の見通しは，前述の3機関ではすべてあるいはほとんどすべてのプログラムが100%完全オンライン型になっていると予測され，その他1機関（Open Polytechnic of New Zealand）では60%，別の1機関では30%，さらに別の1機関で20%，10機関で10%，3機関で皆無と予測されている．

混合型

　混合型によるプログラム提供に関しては，主流となっている教育機関はなく，1機関（Open University UK）が30%，別の1機関（University of South Australia）が20%，5機関が10%以下，9機関が皆無と報告した．しかし，前述の完全オンライン型の分類にあったように，Open University of Catalunyaは完全オンライン型と分類でき，University of Maryland University Collegeもオンライン型と対面型の並列導入ではあるが完全オンライン型である（ゆえに，混合型を超越している）．完全オンライン型に分類されるもうひとつの教育機関（Virtual University of Tec de Monterrey）は，2000～2001年では衛星配信が主であった（ゆえにここでの分類に適合させるのは難しい）．このような混合型における傾向はどの時間軸でも変わらない．

　2003～2004年でも混合型を主とする教育機関はなく，1機関で38%（UK Open University），別の1機関で35%（University of South Australia）である．これに続くのはほかの1機関（University of Paris Nanterre）の15%で，10機関が10%，3機関が皆無となっていた．

　2006～2007年の見通しは，混合型でのプログラム提供が主流になると予測したのが2機関あり（University of South Australiaは全体の70%, UK Open Universityは55%），5機関が15～20%，6機関が5～10%，2機関が皆無，との見通しになっている．なお，1機関については回答が不明確であった．

オンラインに依存

　オンライン依存型に関して（前述で紹介した完全なオンライン型の2機関，および衛星利用の1機関は除く），2000～2001年では，オンラインに依存の分類でのプログラム

提供を主としている機関はない。3機関（FernUniversität Hagen, University of South Australia, University of Paris Nanterre）が20〜30％のプログラムをオンライン依存型で提供していると回答し，1機関（Monash University）が13％，5機関が10％以下，7機関が皆無だと回答している。

　2003〜2004年では，5機関（FernUniversität Hagen, University of British Columbia, UCLA Extension, University of South Australia, University of Paris Nanterre）が20〜40％のプログラムをこの分類にあてはまる形態で提供，7機関が10％以下，3機関が皆無だと記している。

　2006〜2007年の見通しでは，1機関（FernUniversität Hagen）が60％のプログラムがこの分類で提供されると予測し，2機関（Monash University, University of British Columbia）が40〜49％，3機関が20〜30％，1機関が14％，5機関が10％以下，1機関が5〜15％の間，3機関が皆無だと予測している。

オンラインによる補完

　オンライン補完型に関して（繰り返しになるが完全オンライン型の2機関，および衛星利用の1機関は除く），2000〜2001年では，1機関（Open Polytechnic of New Zealand）で70％のプログラムがオンラインによる補完型での提供となっており，2機関（University of California, Irvin, University of South Australia）で50％，3機関で30〜40％，1機関で10〜30％，1機関で10〜15％，1機関で13％，7機関で10％以下，皆無と回答した機関はなし，となっている。

　2003〜2004年では，1機関（University of Sao Paulo）では70〜80％，4機関（Fern Universität Hagen, Open Polytechnic of New Zealand, UK Open University, University of California, Irvin）では50〜60％，3機関で35〜45％，1機関で31％，3機関で20％，1機関で15％，3機関で10％以下となっている。この機関でも皆無と回答した機関はない。

　2006〜2007年見通しでは，1機関（University of British Columbia）では90〜100％と予測され，4機関（Asian Institute of Technology, 青山学院大学, Carnegie Mellon University, University of Sao Paulo）で50〜65％，5機関で30〜40％，4機関で15〜20％，1機関で10％，1機関で皆無と予測されている。

オンラインをまったく利用しないか，ごくわずかに利用

　最後に，この分類では（繰り返しになるが完全オンライン型の2機関，および衛星利

用の1機関は除く），2000〜2001年では8機関が少なくとも70％のプログラムはこの分類にあてはまると回答し，5機関が48〜63％，2機関が25〜30％，1機関が10％だと回答している。

2003〜2004年では，70％以上のプログラムがこの分類に入ると回答したのは4機関（Asian Institute of Technology，京都大学，Multimedia Kontor Hamburg，University of Zurich）まで減少し，その他1機関が65％，2機関が40〜50％，別の2機関が34〜38％，さらにまた別の2機関が20〜30％，3機関が9〜10％，1機関が皆無だと回答している。

2006〜2007年の予測では，2機関（Multimedia Kontor Hamburg，University of Zurich）のみが70％以上のプログラムでオンライン化がほとんど活用されないと予測し，1機関（京都大学）が54％，4機関が20〜30％，3機関が5〜15％，1機関が0〜10％と予測し，皆無になると回答した機関が5となった。

◆データの要約

以下で説明するのは，データに加重をかけた分析結果の要約である。作成された数値は，オンライン利用度に対する各協力機関の数値に，完全なオンライン型を5として，1から5の加重をかけて得られたものである。これにより時間経過における傾向の正確な把握，導入の速度，機関間の比較が可能になる。最大値は500（つまりすべてのプログラムが「完全なオンライン型」）で，最低値は100（すべてのプログラムが「オンラインをまったく利用しないか，ごくわずかに利用」）である。加重は標準値を割り出すために行われたのではなく，あくまで過去・現在・未来における傾向を把握するために実施された（表1.1）。

調査対象教育機関の大半では，短中期における完全なオンライン型のプログラムは（徐々に増加しているとしても）非常に少ないことが明白である。この点は特にキャンパスを持つ大学では顕著で，多くはキャンパスでの対面型の教育学習環境が主流であり続けるだろうと予測している。キャンパスを持つ機関のうち，2006〜2007年において完全なオンライン型が全プログラムの10％以上を占めるだろうと予測したところはひとつもない。また，多かれ少なかれ研究に重きをおいたキャンパスを持つ機関に関しては，このような傾向は見出せなかった。完全なオンライン型に価値を見出しているのは仮想／遠隔教育のみを実施している教育機関，あるいは同種の組織である（ただし，このような機関すべてが同じように価値を見出しているわけではない）。

回答事例は多様であり，オンラインによる補完／オンラインに依存／混合型での導入

表 1.1 調査対象機関における「オンライン利用度」の重み付け

機関[1,2]	タイプ	2000〜2001年	変化の割合	2003〜2004年	変化の割合	2006〜2007年
Multimedia Kontor Hamburg	C	102	7%	109	28%	140
University of Zurich	C	102	20%	122.2	26%	154
京都大学	C	110	26%	139	22%	169
University of Sao Paulo	C	120	46%	175	11%	195
Carnegie Mellon University	C	118	44%	169.5	16%	197
青山学院大学	C	135	15%	155	29%	200
Asian Institute of Technology	C	104	10%	114	78%	203
University of California, Irvine	C	150	42%	213	29%	275
University of Paris Nanterre	C	200	19%	238	18%	280
Monash University	C	171.5	21%	207	38%	285
University of British Columbia	C	154	40%	215	41%	303
FernUniversität Hagen	D	190	32%	250	28%	320
UK Open University	D	230	20%	276	18%	325
UCLA Extension	D	136	51%	206	71%	352.5
Open Polytechnic of New Zealand	D	190	47%	280	36%	380
University of South Australia	M	250	30%	325	20%	390
Virtual University of Tec de Monterrey[3]	D	50	550%	325	54%	500
Open University of Catalunya	D	500	0%	500	0%	500

注：C＝キャンパスを持つ機関，D＝遠隔学習，M＝混合
1. 2006年／2007年におけるスコア順。
2. University of Maryland University College は，すべての対面型プログラムを並行してオンラインでも提供するよう移行しているので含まれていない。この大学は回答の際に，調査における分類は大学の状況を適切に表していないと明記し，そのため回答が完全ではなかった。しかし，この機関は対象機関のなかで間違いなく「最も」オンライン型であると思われる。
3. 衛星配信の性格が不確かなため，Virtual University of Tec de Monterrey の 2000年／2001年 および 2003年／2004年の加重後の結果は意図的に低くなっている。

出典：OECD

について明白な傾向はない。どの調査対象機関も少なくともいくつかのプログラムはこの分類にあてはまると報告し,「オンラインをまったく利用しないか,ごくわずかに利用」にあてはまるプログラムが時間経過とともに明らかに減少していると指摘している。

具体的に,13機関は今後3年以内にこの型は10%以下になるだろうと予測している(8機関は皆無になると回答)。混合型もしくはオンラインに依存型の学習機会提供を現在の主要な採択としている機関はなく,後者については2006〜2007年における採択の見通しも皆無であり,前者に関しては1機関のみがこの期間に主要な学習提供方法だと回答している。

表1.1では継続した発展も明示されており,いくつかの機関はほかより急速に行動を起こしている。Virtual University of Tec de Monterrey を除いて,6機関(Carnegie Mellon University, Open Polytechnic of New Zealand, University of British Columbia, University of California, Irvine, UCLA Extension, University of Sao Paulo)は2000〜2001年から2003〜2004年にかけての成長が40%以上だと報告している。2006〜2007年に予測されている成長は2機関でとても高く(70%以上—Asian Institute of Technology, UCLA Extension),その他の多くは20%以上である(4機関は20%以下と回答)。各機関によって速い・遅い,2000年〜2001年・2003年〜2004年・2006年〜2007年の間で変わらない,といった差はもちろん存在していた。

この指標は,利用の程度についてのものであり,時間とともにオンライン利用度がどのように洗練されていくかを示したものではない。これは質ではなく量の尺度である。ゆえに調査期間を通じて500と安定している Open University of Catalunya が,機関としてオンライン利用度の質を向上し洗練させようとし,その取り組みを継続しようとしている事実を見逃してはいけない。

1.2　オンライン利用度とプログラム提供 ― OBHEの調査結果より

OBHEの調査では,回答機関に,オンラインで提供されている現在のプログラムの割合とオンライン利用度の異なる種類について評価するように依頼した。ただし,3年前の状況に関するデータの提供は依頼していない。また,関連した設問では,3年間において予期できる状況の見通しを質問している。OBHEにおける分類の「中程度」はOECD/CERI調査の「オンラインによる補完」に対応し,「高度」は「オンラインに依存」に,「ウェブ環境に依存」は「混合型」に,それぞれ対応している。表1.2に調査結果を要約しておく。

より多くの機関が回答したOBHEの調査から,オンライン利用度のレベルに関して

より平均的な値をとることが容易になった。OECD / CERI の調査結果と同様に，OBHE 調査の回答機関は概して「オンラインをまったく利用しない / ごくわずかに利用」あるいは「中程度」の分類に入ると回答し，わずかの機関が「ウェブ環境に依存」あるいは「完全オンライン型」の重要なアクティビティがあることを報告した。

表1.2 より，2002 年から 2004 年にかけてわずかだが確実に増加していることがわかるだろう。2002 年において，回答機関におけるプログラム / コースのうち，平均して 81.0％はまったくオンラインの利用なし，あるいはわずかに利用か中程度に利用のいずれかであった。2004 年においてはその割合が 75.6％にまで下がっている。「まったく利用なし / わずかに利用」の平均は 49％から 43％にまで減少している。オーストラリア，カナダおよび英国の回答機関に関して，「高度」利用以上の分類が 1 / 4 から 1 / 3 を占

表1.2 以下のようにオンライン利用度を分類すると，御機関で提供されているプログラム / コースはそれぞれどのような割合（％）になると思われますか？

	まったく利用なし / わずかに利用（％）	中程度（％）[1]	高度（％）[2]	ウェブ環境に依存（％）[3]	完全 / ほぼオンライン(％)[4]
2004					
英国	41	34.8	15.5	5.8	2.8
カナダ	43.4	32	14.5	3.7	6.4
オーストラリア	36.5	29	18.4	11.7	4.5
南アフリカ	52.5	32.5	7.4	4.7	2.9
アジア・太平洋	33.4	31.8	21.8	9.5	3.5
低・中所得国	59.3	28.8	6.4	3.3	2.4
その他[5]	39.3	35.1	14.1	8.3	3.2
計	**43.1**	**32.5**	**15.1**	**5.6**	**3.7**
2002					
発展途上国	83.0	10.5	3.6	N / A[6]	2.7
ほかの先進国	44.7	34.9	14.4	N / A	5.7
英国	36.6	39.4	20.7	N / A	3.6
その他[5]	49	34	14.6	N / A	2.5
計	**49.4**	**31.6**	**14.7**	**N / A**	**4.2**

1. 例えばコース概要 / 講義。
2. 鍵となる「有効な」プログラムの要素は，オンラインであるが対面型授業の時間の明らかな減少がない。
3. 「高度」であり，かつ対面型授業時間が明らかに減少している。
4. 完全もしくはほぼ完全。
5. 「その他」は 2002 年および 2004 年調査に回答した，教育機関に相当する組織。
6. 2002 年調査では回答機関にこの選択肢は与えられていない。N / A＝適応なし。
出典：OBHE

めている。具体的には，オーストラリア（34.6％）が英国（24.1％），カナダ（24.6％）を明らかに上回っている。2004年においては，2002年に比べて，20機関（16％）が現在のプログラム／コースの50％もしくはそれ以上が，少なくとも「高度」なオンライン利用度であると回答している（2002年はおおよそ11％）。

平均して，2004年，2002年ともに最も「決定的な」分類は「中程度」のオンライン利用度にとどまっている。全体的には，「完全あるいはほぼオンライン型」であると報告しているものは4％以下となっており，2002年から若干減少している。この減少はおそらく単純に調査対象の選択によるものだろう。ただ，完全オンラインを提供する複数のベンチャーによる，ドットコムブーム間の短絡な見通しの失敗も反映していると思われる。

もちろん，OBHEの調査結果では，それぞれ平均されている素データの幅は広い。英国国内では，「まったく利用なしあるいはわずかに利用」となっていたコース／プログラムが100％から5％までであり，カナダではこれが100％から1％となっており，低・中所得国では100％から3％，アジア・太平洋では90％から5％までの幅がある。オーストラリアと南アフリカではともに90％から0％である。

「まったく使用しない／わずかに利用」における標準偏差は33％で，「中程度」は25％，「高度」は17％，「依存」は9％，「完全オンライン」は8％となっている。3機関（オーストラリア1機関，カナダ1機関，英国1機関で，うち2つがキャンパスを持っている）が「ウェブ環境に依存」かそれ以上の提供が主となっていると報告している。また，1機関（遠隔学習）が「完全オンライン」での提供が主だと回答しており，14機関（11％）がこの分類での提供が10％もしくはそれ以上であると答えている。

事例のうち21％において，「完全オンライン」と「ウェブ環境に依存」が0となっており，さらに31％の事例でこれらは5％以下となっている。このことは，約半数の回答機関において，明確に対面型授業に依存しないオンライン提供の形態は，小規模かほとんど重要でない程度にとどまっていることを示している。たとえオンライン提供がより確立している機関においても，事例の多くはマイナーなアクティビティにとどまっている。

図1.1はOECD／CERIおよびOBHEのデータに重み付けしたものを示している。OECD／CERIの協力機関の分布は，この調査結果が，より幅広く実践が拡大していることを反映しているという見方を肯定化するものである。

OBHEの回答機関を反映した値は全体の値と相似している。26の事例（65％）において「まったく利用なし／わずかに利用」の分類にあてはまるプログラム／コースの割

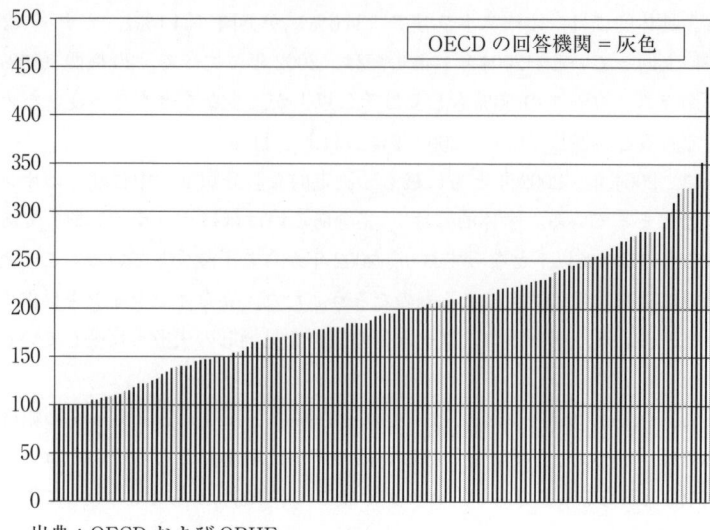

出典：OECD および OBHE

図 1.1　オンライン利用の重み付け ― OECD と OBHE の回答

合は 2002 年から 2004 年にかけて明らかに減少しており，その他 3 事例では変化がなかった。これら以外の事例（25％強）では，2004 年のデータは 2002 年に比べて減少していた。このことは，単純に，両方の調査票に回答した担当者が異なっており，1 人のみが信頼できる値を得ていた（あるいはどちらもできなかった）ことのあらわれだろう。しかし，前述のようないくつかの事例においてみられる減少は，まとまりがないか，あるいは採算の取れないオンライン提供の抑制を反映したものであるかもしれない。さらに，どの提供状況がどの分類に入るかを再検討した結果を反映したものであるかもしれない。

別の設問では，OBHE の調査協力機関における，プログラム / コースのオンライン提供の将来見通しが吟味されている（表 1.3 参照）。この設問では，協力機関に対し，「主なオンライン構成要素がほとんどのカリキュラムに導入されること」が現時点で 1) 全学で実施されている，2) 今後 12 か月のうちに全学で実施される，3) 今後 5 年のうちに全学で実施される，4) 機関におけるひとつあるいは複数の小組織として位置づけられている，5) 戦略的に優先されていない，のどれに当たるか示すように問いかけている。「主なオンライン構成要素」については定義されていない。

概して 2004 年，2002 年とも同じ割合（それぞれ 24％，22％）の回答機関は，オンラ

インの構成要素が大多数のカリキュラムにすでに導入されている，あるいは翌年に導入されると回答している。オーストラリアはこの点では進んでいて，37％の回答機関が大多数のカリキュラムにおいてオンラインでの提供が実施されていると回答している。全体では，14％の回答機関が（2002年の11％より増加して）主なオンライン構成要素の導入を現在全学で実施していると回答し，24％が今後12か月のうちに，56％が5年以内に，全学的になるだろうと予測している（ちなみに2002年はそれぞれ22％，63％）。実施に対する楽観的予測は特に低・中所得国で高い（63％）が，これらの国の大学機関

表1.3 主要なカリキュラムにおける主なオンライン構成要素

	全学で実施	今後12か月のうちに全学で実施	今後5年間のうちに全学で実施	単数あるいは複数の小組織として位置づけ	現在は優先される戦略ではない	無回答	計
2004							
英国	5 (11%)	6 (13%)	16 (34%)	16 (34%)	4 (8%)	0	47
カナダ	4 (14%)	0	5 (17%)	12 (41%)	8 (28%)	1	29
オーストラリア	7 (37%)	3 (16%)	7 (37%)	2 (11%)	0	0	19
南アフリカ	0	1	4 (40%)	3 (30%)	2 (20%)	0	10
アジア・太平洋	8 (32%)	4 (16%)	7 (28%)	6 (24%)	0	0	6 (25)
低・中所得国	0	2 (10%)	10 (53%)	3 (16%)	4 (21%)	1	10 (20)
その他	6 (16%)	6 (16%)	13 (34%)	11 (29%)	2 (5%)	0	(38)
計	17 (14%)	12 (10%)	38 (32%)	37 (31%)	16 (13%)	2	122 (100%)
2002							
発展途上	0	4 (18%)	8 (36%)	2 (9%)	7 (32%)	1	22
ほかの先進国	4 (11%)	5 (14%)	16 (43%)	9 (24%)	0	3 (8%)	37
英国	7 (17%)	2 (5%)	15 (36%)	11 (26%)	7 (17%)	0	42
その他	4 (11%)	5 (13%)	19 (50%)	6 (16%)	4 (11%)	2	(38)
計	11 (11%)	11 (11%)	39 (39%)	22 (22%)	14 (14%)	4 (4%)	101 (100%)

出典：OBHE

でオンライン構成要素が全学で利用されているところはひとつもない。

　オンライン導入の主要な動きとして，学部主導の取り組みが鍵を握っていることは，31％の回答機関が，ひとつあるいは複数の小組織で主なオンライン構成要素が導入されていると回答していることからみてとれる。カナダではこの点が顕著である。カナダ国内の回答機関のうち，14％のみが全学で主なオンライン構成要素の導入が実施されていると回答し，今後12か月のうちに実施されると予測した機関は皆無，5年以内では17％であった。また，半数のカナダ国内の回答機関がオンライン学習は優先的な戦略ではないとの考えを示し，カナダ全土でも28％が明確にこの考えを支持している。しかし，カナダでは学部主導の取り組みに位置づけている機関が，他国・地域と比べて最も高い割合を示している（回答機関の41％であり，それに比較して英国では34％，アジア・太平洋では24％，低・中所得国では16％となっている）。

　同じように，南アフリカの回答機関のうち全学で実施と回答した機関は皆無だが，30％の機関ではひとつあるいは複数の小組織で実施していると報告している。

　反対に，アジア・太平洋に属する回答機関の多くは，オンライン学習が主要なカリキュラムに導入されていると記し，76％が5年以内に全学での実施になるだろうと予測している。なお，アジア・太平洋では学部主導をよしとしているのは24％であり，優先的な戦略でないと考えている機関は皆無である。

　繰り返しになるが，カナダとアジア・太平洋に分類される国については（序章で言及したとおり）バイアスがかかっていることに配慮が必要である。

　前述のとおり，調査結果からは多くの大学機関においてオンライン学習が実際のところ，いまだ主要なカリキュラムに組み込まれてはいないことが明らかである。70％以上の回答機関が全学でのオンライン学習プラットフォームを導入済みだと回答している（第4章参照）が，具体的に教室での主要な活動にオンライン構成要素が導入されていると示していたのはたった17％である。このことは，全学的戦略と全学的利用の大きな差を明確にしている。

　それにもかかわらず，過半数の回答機関（56％）は近い将来における統合に向けた計画を肯定しており，優先度が低いとみなしている機関はわずかしかない（全体の13％）。2004年に回答した機関の導入戦略によると，5年以内に，大学機関の56％が主要なカリキュラムの流れにオンライン構成要素が明確に組み込まれるだろうと考えている（低・中所得国の63％［南米は41％］，アジア・太平洋の76％［オーストラリアは90％］，英国は58％，カナダは31％と遅れている）[2]。

　2002年および2004年の回答結果データを分析すると，これらの予測は過度な期待を

示しているように見受けられる。2002年に「主要なカリキュラムに主なオンライン構成要素の導入が実施」と予測した4機関は，2004年までに実現したと報告している。そのうち3機関は2002年には5年かかるだろうと回答していたが，2年のうちに実現したと報告している。2002年に12か月で同様の実施を予測していた別の4機関は成功したとは報告していない。そのうち2機関は予測を5年以内と修正し，1機関はもう12か月必要だとし，残りの1機関は学部主導の取り組みのみだと報告している。その他の16機関は2002年に5年間での実施を予測していたが，うち50％は2004年にも同じように回答し，3機関は1年以内で到達するだろうと予測している。残りの4機関については，3機関は学部主導だとし，残りの1機関はもはや優先的な戦略ではないと回答している。

関連する設問によると，遠隔でオンライン学習を全学的に利用している機関はキャンパスでのカリキュラムよりもやや多い（前者17％，後者14％）。しかしながら，2002年における5年以内の実施予測は，キャンパスを持つ機関が56％であるのに対し，遠隔学習では34％と下回っていた。遠隔でのオンライン学習に関して，2004年の回答では全学的な戦略（53％）よりも継続的な実践組織での開発（34％）がより望まれていた。繰り返しになるが，これらの結果はキャンパスにおける導入とは対照的である。キャンパスでは，67％が全学的戦略を，31％が学部主導の取り組みを実施している。2002年と2004年の回答機関からのデータは同じ傾向を示している。5年間で2004年の回答機関の64％（2002年は74％であった）が，（特にキャンパス内で）主要なカリキュラムへのオンライン構成要素の導入実施を予想しており，遠隔学習が示した回答の倍（2004年には2002年の33％から下がり26％）となっている。2002年の調査結果によると，遠隔学習ではなくむしろ，キャンパスでの提供が回答機関の主要な関心だということを示しているだろう。

1.3 「オンライン」学生数（調査票の質問 5.1, 5.2）

わかりやすいもののあまり見受けられないオンライン学習の基準は，登録学生数であり，教育機関での総学生数におけるオンライン学生数の割合である。最初の質問は，「オンライン学習」とは何を指しているか，というものである。キャンパスにおける情報コミュニケーション技術（ICT）の発達によって，ほとんどの高等教育機関のほとんどの

---

2) 学部主導によるオンライン学習の数値は前述しているものより高いと思われる。回答機関はこの回答に対してひとつのみ選択するように指示されており，全学的な計画を報告している機関は同時にひとつあるいは複数の小組織で主なオンライン構成要素を有していると考えられる。

学生が，何らかのオンラインあるいはeラーニングをすでに始めている。

OECD／CERIの調査では，「オンラインに依存」あるいはそれ以上の分類に属する学生に焦点を当てて，学生数を概算しようと試みた。調査のなかで回答機関には，「オンラインに依存」「混合型」「完全なオンライン型」で提供されるコースをさらに学部科目，学部レベルの何らかの資格，学士号，大学院科目，大学院レベルの何らかの資格，大学院正規学位に区分したうえで，フルタイムの学生に相当する学生数を可能な限り正確に概算するよう依頼した。もちろん，いくつかの機関は，学部レベルのみあるいは大学院レベルのみの運営となっており，また別のいくつかはこの区分にあてはまらない生涯教育プログラムを提供している。多くの回答機関はこの質問に答えるのに苦労しているか，比較できないデータを示している。測定方法は誤った回答を簡単に導き出すようである。

◆データ収集の難しさとOECD／CERIの調査結果

まず，この設問を難しくしている点のひとつは，「正規に在籍している」学生に関する点である。この考えはいくつかの国（例えば，オーストラリア，ニュージーランド，英国）ではよく知られているが，多くの国ではそうではない。ゆえに，多くの回答機関は正規に在籍している学生数ではなく，単純に学生数を回答している。これに関連して，複数の回答機関は学生数ではなく「登録数」を報告しており，そのため1人の学生が複数のコースに登録しているのを重複して数えている。登録数と学生数をともに報告している事例では，登録数が学生数をある程度超過していることが明らかになっている。

別の難点としては，この調査に依頼された内容に沿ってデータを収集した機関がほとんどなかったところである。例えば，いくつかの機関の報告によると，学生はいくつもの科目登録を行っており，それが修士号取得を目指していることもあれば，その科目を合格するためだけの場合もあり，また別の資格を取得するための場合もある。登録の最終的な「到達地」あるいは最終学位は，時間を経てのみ判明するということである。

概して，正確で比較可能なデータを提供できた機関においては，取り組みの多くが科目履修レベルで実施されている。いくつかの機関（例えば，University of British Columbia, University of South Australia, UCLA Extension and University of Zurich）は，総学生数のうち1／3から半数が少なくとも1コースに登録していた。比較可能な個々の機関のデータが不足していることに関して，いくつかの機関はオンライン学生数に相当するプロキシによってコース登録を把握する学習管理システム（LMS）を利用しており，これは結果としてLMSを中心とした取り組みを必要以上に多くし，ゆ

えに「オンラインに依存」より低いレベルにとどまっている可能性がある。

　反対に，学位取得レベルでの登録は概して大変少なく，250人程度以下となっている。しかしながら，いくつかの事例では登録数は多い。例えば，Monash Universityは750人の学生が（適切な）オンラインでの学士号取得コースに登録していると報告し，Multimedia Kontor Hamburgは1500人，University of British Columbiaは2000人だと報告している。大学院での学位取得コースに関しては，Carnegie Mellon UniversityとUniversity of South Australiaが250人だと回答し，Monash Universityは1000人としている。なお，多くの回答機関はこれらの数字はあくまでも概算であると強調している。

◆ OBHEの結果

　OBHEの調査でも同様の設問があったが，望ましくない差異が見受けられる。OECD/CERIの調査では，オンライン利用度が「最も高い」3分類に対する学生数を尋ねている。これに対してOBHEの調査では，上位2分類のみのデータを尋ねている。OBHEの調査でも，調査手法に関する同様の問題がみられると同時に，全体的な結果も類似していたことがわかっている。ほとんどの回答機関において，オンライン利用度が「高い」（両調査での定義に準ずる）形での提供における学生数は，全体の5%以下でしかない。

　OBHE調査に協力した多数の回答機関から，平均的な実情を把握することができる。OBHEの調査で，「ウェブ環境に依存」あるいはそれ以上の分類にカウントされた正規に在籍している学生数（FTE）は，105の機関における正規在籍学生数の8.4%を占めていた。しかしながら，この学生数はもっぱら少数の機関によるものであった。わずか3機関のみ，正規在籍学生数のほとんどがオンラインでのフルタイム学生とみなせると回答している（2機関が英国，1機関がカナダに属しており，2機関はキャンパスを持っている）。別の7機関（2機関がアジア・太平洋，1機関がカナダ，4機関が英国）では，オンラインを利用している学生のうち44%が上位2分類を占めており，また別の12機関（19%）では全体の68%である。43%の回答機関は未回答か300人以下の学生しか相当しないとしている。まとめると，62%の回答機関に関して，オンライン学生は正規に在籍している学生数のうち5%もしくはそれ以下，あるいはこの質問には未回答となっている。さらに25%の回答機関は5%から20%と報告し，残りの12%が20%以上だと回答している。ゆえに，eラーニングの登録学生数は積極的な少数の機関に集中している。

表1.4 オンラインで提供されるモジュール／プログラムの学生（2004）

	オンライン学生数	総学生数における割合	異常値をひとつ除いた割合	ゼロと回答した割合[2]
オーストラリア	30,723	8.8%	7.3%	11%（2）
カナダ	21,404	7.1%	5.8%	なし
南アフリカ	7,240	3.3%	2%	なし
英国	76,995	15.6%	11.1%[1]	4.3%（2）
アジア・太平洋	36,148	8.2%	7%	なし
低中所得国	7,570	2.7%	1.7%	30%（6）

1. さらに異常値を除いた場合，明らかに英国の数値は減少すると思われる。
2. 回答欄が空白の場合もゼロと回答したと換算している。
出典：OBHE

　前述のOBHEの分類に関する調査結果を分析すると，アジア・太平洋および英国での取り組みが，カナダや低・中所得国と比べてレベルが高いことが示唆される。カナダの教育機関はオンライン学生総数のうち15％（総学生数のうち27％）を占めているが，回答機関のみに限定すると25％を占めていた。反対に英国はオンライン学生総数の54％（総学生数では34％であるにもかかわらず）を占め，回答機関では39％となっている。アジア・太平洋はオンライン学生総数の25％（総学生数ではたった11％のみ）を占め，回答機関に限定した場合20％を占める。低・中所得国はオンライン学生の6％（総学生数は28％）を占めているが，回答機関では16％である。オーストラリアの回答機関はオンライン学生の22％，総学生数の21％，回答機関のみでは17％となっている。南アフリカはオンライン学生5％，総学生数14％，回答機関では8％となっていた。しかしながら，表1.4のとおり少数の異常値がデータに歪みをつくっていることが懸念された。

　OBHEのレベルに関する調査結果の分析から，オンライン学習形態と短期間の学習「ユニット」，つまり短期での資格取得コースあるいは科目（修士号を含む）の関連が示唆される。例えば，英国の47機関を取り上げると，学部生総数は2002年から2003年において57万370人であったが，大学院生総数は17万2415人だった[3]。全体と比較すると，これは77％の学部生および23％の大学院生に相当する。同じ47機関が回答した正規在籍のオンライン学生数（学位・資格取得コースのみ）を取り上げると，学部生の42％，大学院生の58％であることがわかる。

　このことは，（最低でも英国では）正規に在籍している学生数および学部／大学院の

---

3) 数値はHESA（2004）から引用した。「すべての単位／資格」に関する学生数と正規に在籍している学生数の比較は，割合に関しては有効であると思われる。

割合から考えても,「遠隔」オンライン学習形態での学位取得が大学院レベルでより一般的であるとわかる。

　この結果は,「遠隔」オンライン学習での学位取得が,フレキシブルな学習機会提供の要望と,遠隔での学習意欲を持ち合わせている経験ある,学習者に最も適しているという一般的な見通しと合致する。科目履修に関するフルタイム相当の学生数のデータが比較される際には,学部と大学院レベルの一般的な割合がオンラインのデータにも再現される。おそらくこれは,オンライン科目を正規に履修している学生数は,特に学部レベルでは,基本的にキャンパスで学習する学生で構成されているからだろう。

　2002年と2004年のデータを一般的に比較するため,学部と大学院の数値をそれぞれのレベルで結合した。その結果は混沌としており,曖昧だった。原因のひとつはそれぞれの「レベル」について1/3から半数に至る回答が不完全,つまり2002年あるいは2004年のどちらかのみ回答されていたか,まったくデータが提示されていなかったか,である。その他の事例でも,回答機関が正規に在籍している学生数の増加と減少をほぼ同数報告していた。いくつかの事例では,増加あるいは減少は2002年の数値に似たものだったが,ほかの複数の事例では大きく異なっていた。大きく異なった事例は,おそらく成功や失敗(そしてドットコム・ブーム後の遠隔オンライン学習提供状況の急変)を反映しているのだろう。同時に,2002年と2004年では回答者が異なっていることや,2004年にはデータが改良されたこと,あるいは両年とも(矛盾するが)質の悪いデータしかなかったことなどを示唆している。これらの問題から,2002年と2004年を比較した結論をこれ以上掘り下げて分析することはできない。

　OECD / CERI および OBHE の調査におけるこの質問の無回答の多さは,多くの機関でオンライン提供に関する全学的なデータが不十分であることを明示している。同時に,多くのキャンパスを持つ教育機関では,オンライン提供を利用する学生が比較的少なく,総学生数における一定の割合を占めるに至っていない。

1.4　異なる学問分野における e ラーニングでの学習機会提供

(調査票の質問 4.2 および 5.3)

　e ラーニングでの学習機会提供は,等しく学問分野を超えて普及しているのだろうか? e ラーニングはある特定の分野に,より適しているのだろうか?

◆分野の偏り

　OECD / CERI の調査における質問5.3では,e ラーニングの活用が等しく学部/学科

／コースを超えて普及しているかどうかに着目して質問している。19の回答機関のうち，8機関は分野に偏りがあり，4機関は等しく普及し，2機関は過去に偏りがあったが現在は等しく普及していると述べている。残りの5機関のうち，4機関はeラーニングを「レベル」で分けている（例えば，「オンラインによる補完」は等しく学内で広まっているが，「オンラインに依存／混合型／完全なオンライン型」については偏りがある，というように）。残りの1機関は，eラーニングの導入がまだ新しい取り組みであるので，現在の状況をコメントするには時期尚早と回答している（表1.5参照）。eラーニングの「レベル」について区別していない事例については，おそらく（ほかの設問の回答からも）報告された取り組みはすべてのレベルではなく，ひとつあるいは2つの分類に集中していると思われる。

　等しく普及と回答した5機関は，遠隔を主としている（3機関）か混合（2機関）かのどちらかであった。遠隔／フレキシブルでの提供を基礎とする機関は，歴史的に学問分野単位で発達しており，学問分野の範囲とeラーニング向上への適正をよりよく整合させる役割を担う傾向がある。

　例えば，Open University of Catalunya や Virtual University of Tec de Monterrey では自然科学／物理科学，工学あるいは公演芸術の提供はほとんどない。Open University of Catalunya は「情報工学」プログラムを1997年から提供しており，「電気通信工学」プログラムを2006年から提供する計画である。この新しいプログラムではシミュレーションラボを利用する予定である。前述3学問分野は最もオンラインでの提供が難しいといわれているものである。それは，物理的な設備や対面での意思疎通に重きがおかれている学問だからである。前述分野の提供を行っていないのは University of Maryland University College も同様であるが，自然科学は学部レベルの副専攻として，オンラインではないが提供されている。

　FernUniversität Hagen は，理工学分野の科目を遠隔で，また徐々にオンラインの形態で（もちろんシミュレーションツールを導入して）提供している。より一般的に，遠隔／混合で学習提供する教育機関は，伝統的な形態にとらわれない運営方法の導入を過去に行っている。そのため，（いわゆる，紙あるいは「講義」ビデオによる遠隔学習とは対照的な）eラーニング形態による社会的な／インタラクティブな効果が突出している。反対に，キャンパスを持つ教育機関にとって，eラーニングの出現は対面型教育へのおそらく初めての明確な挑戦となっている。ゆえに，eラーニングはまさに従来の提供方法に対する二流の代替法だと認識されるようだが，遠隔／混合で提供を行っている機関にとっては，教授法上の飛躍的な発展だと認識されるようだ。

表1.5　異なる学問分野でのeラーニング学習機会提供

回答機関名	タイプ	eラーニングが集中している学問分野
青山学院大学	C	ビジネス／経営
Asian Institute of Technology	C	当初はITと電子工学だが，等しく普及しつつある
Carnegie Mellon University	C	等しく普及。例外 ─ 公演芸術（オンラインによる補完），理工（オンラインに依存），ビジネス／経営，IT（混合型／完全なオンライン型）
京都大学	C	工学，医学
Monash University	C	広く普及しているが，医学が最も進んでいる（オンラインに依存程度）　ビジネス／経営，IT（混合型／完全なオンライン型）
Multimedia Kontor Hamburg	C	状況をコメントするには時期尚早
University of British Columbia	C	等しく普及（オンラインに依存程度）　看護，芸術，農学，教育学，林学，医学，歯学（完全なオンライン型）
University of California, Irvine	C	ビジネス／経営，法学
University of Paris Nanterre	C	教育学，語学，文学，哲学，社会科学
University of Sao Paulo	C	歯学，教育学，工学，IT，数学／統計学，医学
University of Zurich	C	医学，芸術，数学／科学の学部に集中している。ほかの学問分野では利用度が低い
FernUniversität Hagen	D	等しく普及
Open Polytechnic of New Zealand	D	会計学，ビジネス／経営，コミュニケーション，IT
UK Open University	D	当初はビジネス／経営，IT，数学，理工（急速に全学的に普及・利用されつつある）
Open University of Catalunya	D	等しく普及
Virtual University of Tec de Monterrey	D	等しく普及
UCLA Extension	D	広く普及している。採択されて高いのがデザイン，工学，公演芸術，理工（オンラインによる補完／オンラインに依存）　ビジネス／経営，創作執筆，教育学／教員養成（完全なオンライン型）
University of South Australia	M	等しく普及しているが，ビジネス／経営とIT分野で最も高く利用されている
University of Maryland University College	M	等しく普及

注：C＝キャンパス，D＝遠隔，M＝混合
　　学問分野は英語記載時のアルファベット順となっているが，回答機関が意図的に順位をつけて回答していた場合はそちらを優先してある。
出典：OECD

最も幅広くeラーニングが何らかの形態で明確に利用されている学問分野は，ビジネス／経営学およびITだと見受けられ，「混合型」「完全なオンライン型」に分類されるものが多い。しかしながら，多くの機関では，「オンラインによる補完」と「オンラインに依存」レベルでならば，ほぼすべての学問分野で取り組みが実施されている。「完全なオンライン型」に関しても，1機関（University of British Columbia）では看護，芸術，農学，教育学，林学，医学，歯学を含んだ幅広い学部が取り組んでいると報告されていた。ただし，これは各学部の特別なコースであって，学部全体で実施されているのではない点に注意しなければならない。1機関（University of South Australia）は，2002年の学生による評価の結果を報告しており，それによるとビジネス学の学生が，教育学，芸術，社会科学の学生に比べてオンライン学習の役割について明らかに肯定的であった。しかしながら，おのおのの分野の学生が評価したオンライン学習の特質のうち，どのような役割が成果を上げたのかは不明である。

　オンライン利用度のうち2つの高度なレベル（OECD／CERIの調査における「混合型」と「完全なオンライン型」）にのみ注目して，OBHE調査で学部における取り組みについての情報を求めた。回答機関には11の規定の学問分野グループが与えられ，それぞれ高，中，低度のオンライン取り組み，あるいは現在は取り組みがない，のいずれかを選択するように依頼した。なお，回答は「高度の取り組み」＝3，中度＝2，低度＝1のように比重がかけられた。おおよそ70％の回答機関がこの設問に回答している。（表1.6参照)。

　OECD／CERIの調査結果と同様，ビジネスおよびIT分野が最も多くオンラインで提供されている分野だと判明し，各国／地域グループごとでも，カナダを部分的に除けば（カナダでは人文分野が2位となっている），前述2分野が最も多かった。また，ひとつの例外（英国における医学）を除けば，オーストラリアの回答機関は，カナダ，南アフリカ，低・中所得国および英国と比べて，すべての学問分野でレベルの高い取り組みを実施していることがわかった。少数の機関は農学，コミュニケーション学，神学など，「ほかの」学問分野についても言及していた（これらの分野を調査票で提示した与えられたカテゴリに振り分けて回答した機関もあっただろう）。

　「遠隔」オンライン学習（つまりOECD／CERIの調査における「混合型」と「完全なオンライン型」）に集中する学問分野を明確にするために，加重されたスコアについて機関ごとに集計してみた。算出可能最大値は33（3×11）である。おのおのの数値は0〜27に分布し，総平均は10.6である。また，10機関が20を超えていた。ゆえに，概して「遠隔」オンライン学習（つまりOECD／CERIの調査における「混合型」と「完

表1.6 学問分野による適切なオンライン学習提供

	オーストラリア	カナダ	南アフリカ	英国	アジア・太平洋	低・中所得国	合計
ビジネス/経営	2.24	1.96	1.33	1.82	2.26	0.86	1.8
IT/コンピュータサイエンス	2.31	1.35	1.63	1.72	2.32	1.36	1.69
教育学	1.73	1.52	0.5	1.54	1.69	0.31	1.38
看護/健康関連（医学を除く）	1.63	1.33	0.38	1.48	1.56	0.23	1.27
社会科学	1.88	1.32	0.25	1.31	1.88	0.15	1.25
物理科学（工学を含む）	1.65	1.15	0.88	1.04	1.75	0.58	1.18
人文科学	1.5	1.45	0.38	0.86	1.44	0.23	1.05
自然科学	1.38	1.2	0.89	0.81	1.41	0.79	1.04
医学	1.08	0.78	0.83	1.23	1.21	0.5	1
法学	1.13	0.33	0.63	1.04	1.13	0.42	0.78
公演芸術	0.64	0.47	0.13	0.59	0.64	0.08	0.49

出典：OBHE

全なオンライン型」）は学問分野を超えて発展しているといえるだろう。しかしながら，多くの機関では取り組みがより集中しており，2分野（ビジネスとIT）のみが平均して取り得る値（0～3）の半分（1.5）を上回っていた。

国/地域別に明らかな違いもあった。オーストラリアの機関の平均は15.2だったが，英国は10.8，カナダは9.9，南米は7だった。このことは，主要の機関では，オンライン「遠隔」教育の開発は少数の学問分野に集中しているが，全体的にオーストラリアの機関はほかの英連邦諸国に比べて分野を超えたオンラインでの提供が発達していることを表している。

◆質が向上する分野

OECD/CERIの調査では，回答機関にeラーニングを通じて最も向上できると思われる科目分野，プログラムの種類/レベル，学習アクティビティについて尋ねている（質問4.2）。eラーニングの学事管理上の利点（例えば，オンラインスケジュール，課題提出，eメールでのやりとりなど）についての異論はなかったが，異なる状況における教授法上の利点についての認識は多様であった。

多くの機関（例えば，University of South Australia, UK Open University, Open

University of Catalunya, University of British Columbia, University of Maryland University College)では，すべての科目分野／プログラムにおけるeラーニングの向上に視野を広げつつ，現在も機関として実験と開発に携わっているとコメントしていた。Carnegie Mellonの新しいキャンパスCarnegie Mellon West（Box 3.1参照）の教員らは，形態によってはすべての科目分野が等しくeラーニングの向上に適していると説明している。

University of Maryland University Collegeの回答者は，「教授方略と学習オブジェクト」の実験が継続しており，eラーニングでの向上に適さない学問分野／レベル／アクティビティはないとみていた。しかしながらこれらのデータは，前述の教育機関で現在の学習提供が，同じ方法で同じ程度にeラーニングの向上と関係しているとは必ずしも意味しない。なお，2機関は，この内容の分析をいまだにしていないことを理由に回答していなかった。

多くの機関は，特定の科目／プログラム／レベルが，ほかよりeラーニングの向上に適していると回答していた。キャンパスを持つ回答機関のなかでは，eラーニングが対面型の教育に替わるというよりは，対面での学習提供を補完するという教授法上の価値への支持が強かった。

University of Zurichの回答者は，すべての科目／プログラム／レベルは「オンラインによる補完」としての学習提供で利益を享受するだろうと考えており，「オンラインに依存」「混合型」「完全なオンライン型」は大学レベルでは適さず，「対面による経験」がこのレベルでは必須ではないかと論じていた。

University of British Columbiaもやや穏やかにではあるが同じ点を指摘しており，教育機関は対面型学習に高い価値をおいており，「オンラインに依存」が主要な学習提供方法だろうと注目していた。

青山学院大学の回答者は，トピックがよく定義されていて広く賛同されている場合が最もeラーニングに適しているとコメントしていた。言い換えれば，eラーニングの効果的利用は応用的なコースではなく，基礎的なものにより適しているということである。

Asian Institute of Technologyは，必修基礎科目が特にe環境での提供に適していると報告している。この機関では理工学が中心であるので，学生は数学，統計，経済に関するしっかりとした基礎が要求されるが，地理的に広いエリアから学生を集めているため，多くの学生が補習を必要としている。オンラインでの自己学習が可能になれば，学生はおのおのの時間に合わせて（おそらく入学前に）学習を開始し，入学者の能力を均一にするのに役立つだろう。また，交換留学プログラムの学生が，コースの発展や同輩

の学生と関係を持ち続ける手段としても，eラーニングは可能性があると言及している。

Carnegie Mellon University の回答者は，メインキャンパスの教員の間での「一般的な印象」として，eラーニングは「教育技能」，例えば正規の問題を解決する，第二外国語をマスターする，といったことの方が判断に関連する項目，例えば「歴史的あるいは政策的な分析」などよりも適していると考えられると報告している。他の機関はこれらの限界に同意していない。

UK Open University の回答者は，より一般的なビジネスやテクノロジに関するコースと同じように芸術や文学におけるeラーニングコースの成功を報告していた。

Virtual University of Tec de Monterrey は，対面でのディスカッションやコラボレーションと同じことがオンラインでも可能だった経験を論じている。このように，コラボレーションは特にコンピュータによる提供であり，ゆえに遠隔，持続的かつ非同期の対話が可能になると論じられている。こうした持続的な非同期の対話は，主として対面型で扱う範囲を超えたものである。

Open University of Catalunya と University of British Columbia の回答者は，徹底した演習／実験が必要な科目でさえも，コンピュータによるシミュレーションは可能であり，（従来の演習にかかる費用が極めて高い，あるいは誤りの因果関係が非常に重要である，といった場合には）望まれてもいるが，費用は非常に高いとコメントしている。しかしながら，実習や実験をコンピュータで限りなく繰り返すことができる場合 — 少額であるいは追加負担なしで — 長期にわたる開発コストを帳消しにするかもしれない。

UCLA Extension の回答者は，低コストで回線容量が増加したことと家庭用コンピュータのソフトウェアがさまざまな領域で洗練されたことによって，急速にすべての科目におけるeラーニングの可能性，アクセス，そして形態が拡大していると記していた。

Asian Institute of Technology におけるeラーニングの実験的な状況は，単位取得に関係ないコースがより望まれていることを示唆している。前述のように，eラーニングの管理に関する利点は広く賞賛されている。そのことに少々関連して，Monash University の回答者は，学生が非常に大量のオンライン資料を印刷しなければいけない労力について言及している。この労力，そして印刷しなければいけないと思う感覚（例えば，資料を携帯しやすくするために）は，時間が進むとともに解消されるものではないため，すべての学術および学事内容をオンラインのみにシフトさせてきた教員たちを逆戻りさせることになると懸念していた。

まとめると，eラーニングは遠隔教育提供機関，IT およびビジネス／経営学というeラーニングの明確な利用者が多く見受けられる分野を除けば，学問分野によって偏りが

ありつつも広がっている。すべての学生を対象としたeラーニングの持続可能性に関して，教育機関が持っている考えは異なっている。最も積極的にeラーニングを利用している機関は，eラーニングの幅広い利用可能性について最も楽観的であった。

1.5 学生のレベルと種類（調査票の質問 5.2-5.6）

回答機関には異なるレベルおよび異なる種類の学生に対するeラーニングの導入／適性について質問が投げかけられた（質問 5.2）。19 の回答機関のうち 17 機関がこの質問に回答しており，残りの 2 機関は無回答だった（経験／証拠が欠けていると付記されている）。

◆学部生／大学院生

17 機関のうち，キャンパスを持つ 2 機関では，大学院レベルのみ提供されており，遠隔学習を提供する 1 機関では学部レベルのコースのみが，別の 1 遠隔教育機関では主に大学院レベルのコースが提供されていた。残りの 13 機関（7 機関がキャンパスを持ち，4 機関が遠隔，2 機関が混合）に注目してみると，キャンパスを持つ機関ではeラーニング（特にきちんとしたオンライン形態になっている機関）は学部生と比べて大学院生およびプロフェッショナルな学生により人気があり，これらの学生がより活用していた。反対に，このような特徴は，遠隔／混合の教育機関ではあまり明確ではなかった。キャンパスを持つ機関の多くは，現在学部レベルでは完全にオンライン型のプログラムは提供していないと述べている。

Monash University の回答者は，eラーニングを向上させる最も理想的な形態は，学問分野に限らず講義主体の大学院コースの学生に向けたものであると記している。この考えは，多くのほかのキャンパスを持つ回答機関からも寄せられている。このタイプの学生はパートタイムであることが多く，対面型授業に参加できるのは夜間や週末と限られているが，概して（専門分野での研鑽を強く望んでいることと関連して）学習意欲が高く，自己学習能力に長けている。

Monash University の経験では，これらの学生は，複数の形態からなる学習提供，具体的にはコンテンツの多い教材の印刷，オンラインリソース，リンクやクラス別のディスカッション，教員と学生のeメールでの通信，さらにはプログラムの重要な箇所での対面授業，を嗜好している。eメールや電話で問い合わせができる技術的な相談窓口も望まれている。対面授業出席の費用（例えば，地元に在住していない学生にとって）の問題もあり，このような理想は必ずしも実現していない。

キャンパスを主とする学部生にとっての理想は，教員やほかの学生とキャンパスで対話するのを補助するための幅広いリソースと，情報が電子形態（遠隔からアクセスできるのが最も望ましい）で提供されることのようである。実際，Monash University の回答者は，現在キャンパスを主とする学生と教員が「オンラインによる補完」形態の提供を好んでいると言及している。これは，「オンラインによる補完」の利用が有用な拡張的リソースを提供し，幅広く無償でのアクセスを可能にするからであり，対面での教育や学習にも抵触しない。これは，学部生の嗜好に関するほかの研究でも主張されている（例えば，Kvavik et al., 2004, p. 49）。

　University of British Columbia は，オンラインでの学位取得プログラムの増加に関連して，学部生は「オンラインによる補完」や「オンラインに依存」での利用を通じて，徐々にオンライン学習に触れていくべきだと論じている。そうすれば，学部生が大学院／専門教育レベルのプログラムで発展しつつあるオンラインの性質を最大限に生かす準備をするのに役立つだろうと論じていた。

　遠隔／混合の教育機関はすべて，e ラーニングに関する学生，例えば学部生と院生の興味に差はないと報告している。前述のとおり，これらの機関ではもともと伝統的な対面型教育が学習提供の中心ではなく，伝統的なしがらみにとらわれていないことを反映している。e ラーニングの形態は，このような機関／学生に，既存の遠隔教育形態を向上する機会を提供している。同様に，主要な遠隔／混合の機関における学部生の学生は，キャンパスを持つ機関に比べて伝統的ではない（典型的には年齢層が高く，パートタイムである）。このことはさらにレベルと e ラーニングへの興味の相互関係を不明瞭にする。

　レベルではなく設備面へのアクセスに関して，Open Polytechnic of New Zealand は警告を発している。この教育機関は歴史的に紙を主とした遠隔教育に根ざしており，e ラーニングへの移行によって実現した利点として，教材の見直しサイクルの短縮や学生同士のインタラクティブな学習の増加を挙げている。しかしながら，郵便サービスはすべてのニュージーランド在住者に保証されているが，インターネットへのアクセスやサービスの質については必ずしも保証されていないと指摘している。その意味で，現時点では印刷物を主とした遠隔学習の方がアクセスという観点からより公平であるが，非伝統的な学習者（例えば，低所得者）には不利益をもたらすかもしれない。

◆フルタイム／パートタイムの学生

　各機関には，さらに e ラーニングの利用拡大がフルタイムとパートタイムの学生のバランスに影響するか尋ねた。e ラーニングのさらなる利用は，多くの人々にフルタイム

の仕事とパートタイムの学習を両立させる機会を提供することになるかもしれない。このことは，物理的な出席を伴うキャンパス中心の教育形態を徐々に転換させていくかもしれない。多くの遠隔／混合の回答機関はすでにパートタイムの学生を主としており，学生層はほとんど変化していなかった。キャンパスを持つ機関の多くは，eラーニングの利用拡大は授業参加の柔軟性を増すと予測している。だが，これはパートタイムの学生が増加するということではなく，従来の居住地を中心とするキャンパスモデルの転換を示唆している。この流れは，より広範な地理的範囲から新たな学生層を開拓する手段としても受け取られている。

　University of Zurich は，繰り返しキャンパスでの経験（学生がフルタイムでもパートタイムでも）を強調しており，学生もeラーニングの利用が拡大してもキャンパスでの経験なしではやっていけないと心配している。

　University of British Columbia は，フルタイムの学習とパートタイムでの仕事を組み合わせる風潮に言及し，eラーニングの利用拡大がこの発展を促進すると論じている。つまりeラーニングの利用拡大によって，キャンパスを主とする教育機関において，これまで時間の都合から既存の授業に出席できずパートタイムで学ぶしかなかった学生たちが，フルタイムで学ぶことが可能になったのである。

　Monash University は，多くの国で高等教育機関でのパートタイム学習が増えているのは，奨学金の増加や参加の変化に起因しており，eラーニングの利用拡大によるものではないとしながらも，eラーニングが学生により多くの選択肢と柔軟性を提供するだろうと認めている。

　University of South Australiaは，伝統的なキャンパスを基盤としたアプローチから徐々に乖離している混合型の教育機関であり，物理的なキャンパスからより多様でパートタイムの学生に適した形態へ変化しつつあると述べている。具体的には，キャンパス規模でのワイヤレスによるインターネットアクセスや，大集団・小集団の双方おける多様な社会的空間の形成やコンピュータへのアクセスが実現しつつある。こうした取り組みの目的は，多様な学生がキャンパスから利益を得ることと，参加が限られた数少ない授業を最大限に価値あるものとすることである。

◆学術，文化および性差

　調査では，伝統的な学生や非伝統的な学生（アカデミック教育への準備という意味で）のどちらがeラーニングにより向いているか，さらには性別，エスニシティ，あるいは年齢のどれが影響を与えているか（調査票の質問5.4，5.5）について質問し，証拠を求

めた。直接的にこれらの点に関して調査した機関はなかったが，多くの機関は（実験的／経験的に）伝統的でない学生（定義されていないが）が「伝統的な」学生と同程度か，「伝統的な学生」よりも向いていると回答している（もちろん，いくつかの機関では伝統的でない幅広いタイプの学生に教育機会を提供するという特別な課題に取り組んでいるため，その取り組みを比較できるような「伝統的な」学生はいない。またその反対も然り）。

　Monash University は，アカデミック教育への準備があまりできていない学生は，一般的により依存的な学習者であり，ゆえに主要な e ラーニングにあまり適応できていないとの経験的なコメントを記している。

　University of Maryland University College によれば，学生間の違いで鍵となるのは（意志が）「強い」か「弱い」かであり，「（意志が）弱い」と「非伝統的（定義はされていない）」の間に相関関係はほとんどない。さらに，e ラーニングの利用は，自立した意欲の高い学生により適しているが（同じことがキャンパス主体の学生にもいえるが），適切なサポート（例えば，論文の執筆支援，自己学習のチュートリアル，盗作しないための指導）があれば，「すべての人口統計から抽出した学生がオンライン学習にうまく適応する」とコメントしている。複数の回答者は「非伝統的な」学習者とアカデミック教育への準備不足の関係について，（「伝統的な」入学者と比べて）しばしば向上的な学習意欲やすばらしい取り組み，人生経験によって相殺されている，と援護している。

　Open University of Catalunya では，典型的な学生は 25～45 歳の有職者であった。この大学の 40％の学生はすでに大卒であり，20％は高等教育での経験をすでに持ち合わせていた。

　University of British Columbia は，オンラインでの提供に関して，文化的違いについての実験的な証拠を示している。具体的に，複数の学生はほかの学生に比べて，オンラインでコメントを発表することやオンラインでのディスカッションに参加することに抵抗をあまり感じていなかった。

　Asian Institute of Technology はこの機関の地域的な特性から，e ラーニングの利用拡大には，いくつかの学習オブジェクトのカスタマイズ，および学習や対話に関する文化的特徴への配慮が必要になるだろうと予測している。

　Multimedia Kontor Hamburg は，女子学生が IT スキルについてあまり自信を持っていないという「いくつかの証拠」を示していた。京都大学は，e ラーニングの学習提供はより若い学生および女性に人気があると報告しているが，証拠は示されていない。概して，回答機関からの性別，民族や文化および年齢の違いが e ラーニングに与える影

響についての証拠は，弱いことが明らかである。

1.6 国境を超えた学生

　国境を超えた教育は4形態に区別することが可能である。1) 人の移動性（学生もしくは教員），2) プログラムの移動性，3) 機関の移動性，4) サービスの移動性（例えば，機関の設立や認可），の4形態である（OECD, 2004）。4つ目の形態の例としては，Arab Open University に関連した UK Open University の機関設立における役割や Open University of Catalunya の中国におけるコンサルタントサービスが挙げられる。「海外の学生」は2) および3) の形態に関わっている。いくつかの例では，プログラムの移動性は人の移動性に関係している（例えば，客員教員や交換留学生）。

　自国で学習している「海外の学生」は，次のどれかに分類されると考えられる。
- 海外の教育機関のキャンパスやセンタで受講している学生（機関の移動性）
- 海外の教育機関が提携している国内の機関で受講している学生（プログラムの移動性，おそらく人の移動性も含まれる）
- 海外の教育機関が提供する遠隔教育プログラムで学習している学生（プログラムの移動性）

　表1.7は，総学生数に対する自国で学習している「海外の学生」の割合が，国境を超えた学習提供と機関の分類とともに，教育機関ごとにまとめられている。数値を分析するときには注意が必要である。各機関には正規に在籍している学生のデータを提供するよう依頼したが，多くの機関が学生数や登録数を回答していた（あるいは明確でない）。また，「海外の学生」という用語を異なって解釈した機関もある（例えば，海外に留学している「国内」の学生も含まれている）。さらに，多くの機関は前述の「海外の学生」の3パターンについて明確に区別していない。

　5機関が海外の学生が学生総数の10％を超えていると回答し，1機関（University of Maryland University College）が海外の学生が学生全体の中心を占めていると返答した。8つの機関では，海外の学生の登録はないか，あるいは1％以下となっていた。3機関ではデータがなかったが，うち2機関（Asian Institute Technology, Virtual University of Tec de Monterrey）では海外の学生に対する取り組みの水準が明確であった。

　Monash University（この大学は世界規模で多くのキャンパスとセンタを運営するという珍しい戦略に着手している）を除けば，海外の学生の登録に最も積極的に取り組んでいるのは，遠隔 / 混合の機関であった。海外への学習提供の形態には，キャンパスやセンタによるもの（Asian Institute of Technology, Monash University, および University of Maryland University College),国際提携（University of South Australia),遠隔学習（いくつかは対面の支援を含む（UK Open University))）がある。

カタロニアおよび世界規模でセンタを持っている Open University of Catalunya は、教育に加えて情報や学事サービスも提供している。Monash University の GOLD (Global

表1.7 海外の学生数と国境を超えた学習提供の分類

回答機関名	国名	海外の学生（学生総数における割合）	国境を超えた学習提供の分類			タイプ
			1	2	3	
京都大学	日本	なし				C
University of California, Irvine	米国	なし				C
University of Paris Nanterre	フランス	なし				C
University of Sao Paulo	ブラジル	なし				C
青山学院大学	日本	なし[1]			X	C
University of Zurich	スイス	若干		X	X	C
Open Polytechnic of New Zealand	ニュージーランド	0.9%			X	D
University of British Columbia	カナダ	1%		X	X	C
Carnegie Mellon University	米国	おおよそ3%	(X)	X	(X)	C
UCLA Extension	米国	5%以下		X	X	D
FernUniversität Hagen	ドイツ	おおよそ8%	X	X		D
Monash University	オーストラリア	10.4%	X	X		C
UK Open University	英国	15%		X	X	D
University of South Australia	オーストラリア	20%		X	X	M
Open University of Catalunya	スペイン	21%			X	D
University of Maryland UC	米国	57%	X		X	M
Multimedia Kontor Hamburg	ドイツ	不明確				D
Virtual University of Tec de Monterrey	メキシコ	不明確		X	X	D
Asian Institute of Technology	タイ	不明確[2]	X	X	(X)	C

注：C＝キャンパス，D＝遠隔，M＝混合
 (X) は「開発中」を表す
1. ある国外の機関と共同で運営している複数の「副次的なプログラム」を除く。
2. キャンパスはベトナムにある。
出典：OECD

Online Learning and Development) プログラム (教員や学部のための手厚い基金) は，この大学の国際戦略における e ラーニングの役割を掘り起こすことを目的としている。

University of British Columbia の回答者は，同じような動きが中国・上海の Jiao Tong University で対面形式によって提供しているプログラム (University of British Columbia の国際 MBA) のレベルでみられると指摘している。

海外での提供を先導する 2 つの機関 (University of Maryland University College と University of South Australia) の主な違いは，ターゲットとしている学生層である。University of Maryland University College における海外の学生は，主に海外在住の米国国民 (軍の隊員およびその家族) であり，彼らはヨーロッパや中近東および太平洋沿岸地域の 150 ほどの軍事施設から，University of Maryland University College のプログラムにアクセスしている。ゆえに，University of Maryland University College は「海外にいる米国の学生」を対象としており，「外国の」学生を勧誘するための宣伝は行っていない。回答者は，「オンライン環境によって我々の既存のマーケット (州内の学生) を超えて幅広い国内外のパートタイムの学生をターゲットにできるようになった」とコメントしている。

反対に，University of South Australia は，各地の機関と提携することによって「各地の学生」をターゲットとしている。その他の機関の多くは，海外からの登録の主体は，おのおのの機関が在している国と強いつながりを持っている学生 (例えば，その国の国民，過去にその国で学んでいた者，配偶者などの「親しい者」がその国で学んでいた者) が多いと述べている。

2 機関 (Carnegie Mellon University と UCLA Extension) は，キャンパスの設置 (例えば，カタールの Carnegie Mellon University) や国際運営における提携 (UCLA Extension の，南カリフォルニアの経済に興味のある企業や政府に向けてカスタマイズした長期的学習提供の設立) およびオンライン (例えば，Carnegie Mellon University の「Open Learning Initiative (OLI)」— Box 3.2 を参照) といった，海外での取り組みを拡大する計画について言及していた。

University of Zurich の回答者は，Bologna Process は国境を超えて学士号と修士号を授与する提携を促し，その際には e ラーニングが重要な役割を担うだろうと推測している。

1.7 国境を超えた e ラーニングの提供 (調査票の質問 5.7〜5.10)

OECD / CERI の調査では，e ラーニングの国境を超えた提供の重要さを分析し，こ

の分野における教育機関の経験から，教訓を導き出そうと試みた。

◆海外での提供

　海外から発信されているオンライン遠隔学習を，どの程度利用しているかに関する確かなデータはほとんどない（後述の OBHE のデータを参照）。居住地以外の大学学部レベルでの教育を求めている個人は，地元のプログラムを受講しているほかの学生と同様に，完全なオンライン型での学習には抵抗を感じている。ある研究によると，前述のような学生は「費用とリスクのトレードオフとして学習提供の手法を均質化し」，キャンパスを主とした学習提供と教育の質を強く関係付けている（Kulchitsky and Leo, 2003）。

　OECD / CERI 調査によれば，オンラインによる海外での提供は，完全なオンライン型で国内外の支援を伴う同期 / 非同期の配信か，もしくはオンラインと対面型の組み合わせのいずれかであった。例えば，Carnegie Mellon University は，ギリシアで Athens Institute of Technology の現地支援のもとに同期でのオンラインプログラムを提供している。University of British Columbia と Virtual University of Tec de Monterrey はカナダとメキシコに住む多くの学生に対して，共同でオンラインの教育工学修士コースを運営している。Open University of Catalunya, University of Maryland University College と Virtual University of Tec de Monterrey を除けば，短期的に国境を超えたオンライン配信を主たる取り組みとみなしている機関はなく，学部レベルや小規模での取り組みだと回答している。

　多くの回答者は可能性を見出していた。例えば UCLA Extension の回答者は，オンラインプログラムのアクセシビリティを考えた際には，国内外の学生が同じプログラムに登録でき，幅広い観点から利益を得られるような，複合的な運営形態が望まれると論じていた。「ゆえに UCLA Extension のオンライン授業は，グローバル社会を反映した学習の縮図になり得る」ともコメントしていた。

　Asian Institute of Technology の回答者は，集中講義に伴う移動を余儀なくされてきた「客員教員」の海外での講義提供方法を，e ラーニングの利用拡大が改良するだろうと予測している。考えられているとおり，e ラーニングは対面講義を補完し，学生により組織化されたアクティビティを提供するだろう。この回答者は，混合型でのアプローチが採択されていくだろうと予測していたが，対面での学習提供が大きく減少するかもしれないという予測もある。

　Open University of Catalunya の回答者は，国境を超えた e ラーニングの理論が経営

的な利益とともに「強固で有力な（学生の経験の質を高め，研究機会を拡大する）大学間の連携」を徐々に進ませていると強調している。

　OBHE の調査もまた，海外からの学習提供を利用して，自国で学習するオンライン学生の正規在籍数を把握しようと試みた。多くの方法論に関する問題（例えば，比較的高い無回答の割合，報告された正規在籍学生数の不明瞭さ，移動を伴った海外留学生が含まれている可能性）があるため，得られた結果に対して注意を払う必要がある。得られたデータを参照すると，移動していないと思われる海外の学生は（OECD / CERI の分類で「混合型」「完全なオンライン型」にあてはまる）オンライン利用の学生全体の 17％ となっており，教育機関の総学生数の約 1.4％ を占めていた。報告された学部および大学院レベルでの学生選別は明確であったが，この 2 つを直接的に比較するのは方法論的に難しい。OECD / CERI の結果と同様に OBHE の調査結果でも，国際的なオンラインでの学習提供は多くの機関で中心的な取り組みではなく，ごく一部のものとなっている。

　質問 5.10 では，e ラーニングにとっての主要な海外市場について尋ねているが，言及されたマーケット進出に関するデータを測定することは不可能であり，挙げられている国の総数も非常に大きい。いくつかの事例（例えば，Open University of Catalunya の中南米における学生登録やアジアの一部における University of South Australia の学生募集）では，オンラインでの国際的な学生募集は地域的・言語的な特徴と関連していたが，ほかの複数の事例では学生募集は小規模で，まとまった傾向はみられない。

◆海外での提供に関連する事項

　OECD / CERI の調査では，海外で学生にオンライン学習を提供したことから何か得たものがあるかどうかを尋ねている（質問 5.9）。この取り組みはいまだ新しいものであるにもかかわらず，13 機関が経験や考えを回答していた。

　　インフラストラクチャ
　Carnegie Mellon University の回答者は，テクノロジーが信頼できるほど発達していないか乏しい場合には，プログラムそのものの価値を下げてしまう可能性もあり，すぐに学生や教員の不満を招きやすいとコメントしている。
　Monash University の回答者は，現時点における海外の学生の多くは，インターネット接続が確立・拡大していない国に住んでおり，このことは国境を超えた取り組みに先進的な e ラーニングを取り入れていくのを難しくしていると記していた。

文化的適応

たとえ言語が同じ場合でも，カリキュラムや教育内容，教育支援は地域のニーズに合わせられなければならない。

Open Polytechnic of New Zealand の回答者は，海外に提供している教材が，ニュージーランドを主な対象として作成されているという批判を受けたと回答している。このことはまさに共通の問題で，国境を超えたオンラインの提供には，単に国内で利用されている教材を見直すより，「市場を把握するために，そして教育開発者がターゲットとなる学生の生活や学習，教員への期待，学んでいく内容などについて理解を深めるために，明確な投資をする」（Alexander, 2002, p. 197）ことが必要である。このことを実施すれば，導入される技術や採択される教授法，利用される教材に影響を及ぼすだろう。地域主体のアプローチは，明らかにカリキュラム標準化における費用効率性と対立する関係にある。

Asian Institute of Technology の回答者は，同機関ではなく，提供する地域の提携機関が翻訳したり地域に合わせた対応を担うことにより，GMS-VU（Greater Mekong Sub-region Virtual University）（Box 2.2 参照）を利用して地域の言語での運営を計画していると報告していた。

品質保証と本国の規制

回答機関は，海外の学生が国内の学生と同じレベルのサービスを享受できるという保証を除けば，詳細についてはほとんど言及していない。複数の機関は，各国の規制は広範でしばしば妨げになるとコメントしているが，具体的な例は提供されていなかった。

提携

提携は，海外のマーケットにおいて「ブランド」を高める方法，地域の規制を把握する方法，言語的な壁を解消する方法，学生支援を組織する方法，として捉えられている。等しく重要な点は，提携の候補となる機関の経営的・学術的な信頼性を見極めることであるようだ。University of Paris Nanterre は，HEAL（Higher Education E-learning Courses Assessment and Labelling）によって，ヨーロッパ5か国にまたがるほかの高等教育機関と提携しており，このことはバーチャルな移動性を促進する提携の例といえる（Box 1.1 参照）。

Box 1.1

1.1 HEAL

　欧州委員会は，HEAL プログラムを SOCRATES の枠組みにおけるパイロットプログラムとして支援している。その目的は，EU における e-Erasmus の一種として大学におけるバーチャルで移動可能なプログラムの設立可能性を調べるためである。2003～2004 年に，5 か国（フィンランド，フランス，ドイツ，イタリア，ポルトガル）の 6 機関が参加し，フランスの政府間機関 EduFrance のコーディネートによって取り組みが開始された。EduFrance は，1998 年にフランス政府によって国際的にフランスの教育システムを促進するために設立された。HEAL は学生に ECTS（European Credit Transfer System）の単位認定が可能なオンラインコースを提供している。

　コースの最後には，参加機関（機関の意思決定者，教員，技術者および学生を含む）や関係ある公的機関の間で，経験を共有するためのシンポジウムが開催された。そこでは，学生（伝統的な年齢層の学生および社会人学生）および教員から利点が報告された。主要な取り組みは以下の 4 つである。1）組織および学事運営に関する事項，2）文化の多様性，3）技術的問題，4）個人指導の重要性。プロジェクトの組織運営については，最も大変だったのはどうやって単位を互換するかという点だった。設立された ERASMUS の互換規則は適用されず，ゆえに新たな規約が提携機関の間で結ばれなければならなかった。機関の意思決定者らの間で，バーチャルの移動性の意識を高めることが非常に重要だと認識された。単位互換を確立するため，学生の取り組みは詳細に追跡され把握された。文化の多様性を維持するために，多言語での運営やコンテンツの多様化，教育方法，評価が懸念項目に含まれた。技術的問題は，主にプラットフォームの相互運用性と良い操作性（技術支援とメカニズムのモニタリングの重要さが報告されている）が挙げられていた。適宜対面でのミーティングが e-Erasmus の成功の鍵になると信じられており，ホストとなる大学と国内の大学での，2 つの個人指導システムが提案された。

　最終的な報告書 Toward a Virtual Erasmus は，2005 年初めに制作された。評価に関する質問表の分析とシンポジウムからの言説分析を基に，報告書では以下の 4 点が述べられている。1）一般的な e ラーニング開発の地理的差異，2）可能なコースの種類，3）e-Erasmus の強みと限界（例えば，通文化性，プラットフォーム，コーディネータの役割，可視性，グローバルな倫理，教授法，コースの質の評価など），4）文化の多様性の強化，LMD の枠組みにおける e-ERASMUS の向上，ヨーロッパの e ラーニング市場の推進，異文化間の移動を可能にする技術の開発，を含む次のステップ，以上の 4 点である。

　このプロジェクトのウェブサイト：www.heal-campus.org/

評価／公平性

Open Polytechnic of New Zealand の回答者は，海外の学生が自分に都合のいい地域の試験センタを選んだり，できあがった論文をニュージーランドに送る費用を負担したりしなければいけない点について報告していた。同じプログラムをニュージーランドで受講した場合，このようなことはすべて同機関が担っていた。

通貨

海外の学生がターゲットにされた際には，興味深いことに多くの回答機関が米国ドル（国際的に最も幅広く「通用する」通貨の利用を念頭においている）で授業料を公表していた。実際，Open Polytechnic of New Zealand の事例では，ニュージーランドドルのみの公表だったのが（当初は海外通貨を受け付ける際の問題を避けるためだった），最近は米国ドルでの公表を実施している。

1.8 結論

この章では，プログラムのオンライン利用度，「オンライン」の学生の種類と数，さらには国境を超えた e ラーニングについて議論した。

全体的に，プログラムのオンライン利用度については，各高等教育機関での開発の段階が広範かつ多様であることが明らかになった。OECD／CERI 調査の協力機関の多くにとって，完全なオンライン型でのプログラムは，短・中期的にみて（徐々に増えてはいるが）非常に少数の取り組みにとどまるようである。このことはキャンパスを持つ教育機関で顕著であり，キャンパスでの活発な対面型教育や学習の環境が継続することを予測している。キャンパスを持つ機関で，2007 年までに完全なオンライン型の学習提供がすべてのプログラムの 10% を超えると予測したところはない。バーチャル／遠隔学習のみの機関や組織だけが，完全なオンライン型のプログラムを最大限に導入すると予測している（ただし，このような機関が一様に同じ程度での導入を目指しているわけではない）。

回答事例の多様さを反映してか，オンラインによる補完／オンラインに依存／混合型による学習提供に単一の傾向はなかった。おのおのの機関が最低でもいくつかのプログラムがこの分類に入ると報告している。またすべての機関が「オンラインをまったく利用しないかわずかに利用」の分類に入るプログラムが，時間とともに明確に減少していることを指摘した。13 機関は 3 年以内にこの分類のプログラムは 10% 以下になると予測している（8 機関はゼロと予測）。

OBHE調査のデータもこの結果を支持しており，少なくとも英連邦諸国における複数の機関は，eラーニングの実践に相当程度取り組んでいることを示した。概して，多くのキャンパスを持つ教育機関において，eラーニングの成長は進んでいるが，主要な形態は対面授業主体の現状をおびやかすものではない。この傾向が中期的に大きく変化するという予測もない。

　多くのOECD／CERIの調査協力機関は，最低でも「オンラインに依存」に分類されるプログラムの，正規に在籍している学生数に関する正確で詳細なデータを提供することはできなかった。利用可能なデータから判断すると，主要な取り組みはモジュール単位であり，eラーニングの主流が学部レベルで，キャンパスでの学習提供を補完するものである点を反映していた。オンライン利用による完全な学位授与プログラムは，大学院レベルでより多くみられ，経験を持つ学習者が，仕事／家族と学習を両立させたいという点に合致する。オンラインが増加しつつある大学院／専門職レベルに適応する意味も含めて，学部レベルでのオンライン利用も徐々に増加するという提案もある。

　多くの機関では，eラーニングが主流となっている学問分野は，ビジネスとITであった。しかし，分野が多様化しつつあるという証拠があり，多くの回答機関が，（現在でなくとも近い未来に）最先端の技術利用によって，eラーニングはほとんどの学問分野で対面式の教育提供と対等，あるいはそれを超える可能性があると考えていた。ただし現時点では，多くの回答機関がeラーニングをリメディアル学習や「トレーニング」（重要な論議や分析に関連する取り組みではなく，知識習得を示すプレゼンテーション）に最も適しているとみなしている。

　回答機関は，性別，民族や文化，年齢がeラーニングとどのように関係するかについて，実に限られた証拠しか提供できていない。

　国境を超えたeラーニングは，ドットコムを強調する際の重要な特徴ではあるものの，遠隔オンライン学習全般と同様に明確な市場としては成り立っていない。多くのeラーニング開発はキャンパスで実施されており，幅広い可能性を秘めた海外への学習機会の提供は，小規模で，学部主導の実験的取り組みにとどまっている。この調査終了数か月後に，英国のUK eUniversities Worldwide（おそらく，世界で最も画期的で資金にも恵まれた国際的なeラーニング構想）が，予想を下回る当初の登録数と長期の信頼性への懸念を理由に終了となった（Garrett, 2004）。

　OECD／CERI調査で，国境を超えた全般的な登録者数について，意味のある報告をしている機関は少数である。そのいくつかは，新たなテクノロジが現在の教育の提供形態にとって有用なものだと言及しているが，短・中期的に100％のオンライン形式にシ

フトすると考えているところはない。国際登録者数に関するOBHE調査のデータもこの見方を支持し，多くの機関では，小規模で末梢的であり，主要なアクティビティからは乖離している。なお，OECD／CERI調査の回答機関は，標準的なカリキュラムと地域的なカリキュラムと地域ごとの規制のバランスや，提携，教授法といった，幅広い事項について問題を提起している。

引用文献

- Alexander, S. (2002), "Designing Learning Activities for an International Online Student Body: What Have we Learned?" *Journal of Studies in International Education*, Vol. 6, No. 2, pp. 188-200.
- Garrett, R. (2004), "The Real Story Behind the Failure of the UK eUniversity", EDUCAUSE *Quarterly*, Vol. 27, No. 4.
- HESA (2004), 表 0a - All students by institution, mode of study, level of study, gender and domicile 2002/03, Higher Education Statistics Agency, www.hesa.ac.uk/holisdocs/pubinfo/student/institution0203.htm
- Kulchitsky, J. and A. Leo (2003), "Targeting International Business Students: Online versus Campus-based Instruction", Hawaii International Conference on Business, June 18-21. Available at: www.hicbusiness.org/biz2003proceedings/Jack％ 20D.％ 20Kulchitsky.pdf
- Kvavik, R., J. Caruso and G. Morgan (2004), "ECAR Study of Students and Information Technology, 2004: Convenience, Connection and Control", Research Study from the EDUCAUSE Centre for Applied Research, Boulder, Colorado.
- OECD (2004), *Internationalisation and Trade in Higher Education - Opportunities and Challenges*, OECD, Paris.

第2章
chapter 2 e-learning strategies and rationales

eラーニング戦略と
その原理

> この章では，広い意味でのeラーニングがどのように，どういった点で，そしてどの範囲まで，教育機関の戦略の特徴となっているのかについて述べる。戦略はどのようにして起こり，構築され，修正されてきたのだろうか。

第1章では，キャンパスを拠点とする大半の教育機関において，eラーニングが今日にいたる発展にもかかわらず，中心的な対面型授業にとって代わろうとしなかったことについて論じてきた。これは現在におけるeラーニングの発展の伸び悩みを反映しているのだろうか。あるいは教育機関の戦略なのだろうか。OECD教育研究革新センター（OECD／CERI）の調査からは，最も広い意味でのeラーニングがどのように，どのような領域で，そしてどの程度まで教育機関の戦略の特徴となったのか（2.1），あらゆる戦略がどのように生まれ，何によって構築され，どのように修正されてきたのか（2.2～2.3）を，詳細に理解する手がかりを得ることができる。

▎2.1　eラーニング戦略の諸形態（調査票の質問 1.1～1.5）

　教育機関が，どのようにeラーニングを捉えているかを理解するひとつの手がかりは，教育機関が戦略について練り上げてきた文書を紐解くことである。eラーニング戦略は，eラーニングをより幅広く取り入れようとする教育機関の試みを構成する，ひとつの要素である。

　注意を要するのは，eラーニング戦略に何らかの特定の形態があるか否かだけでは，教育機関が関与しているeラーニング活動の性質や規模や寿命は，必ずしもわからないことである。戦略は，まったく新しい発展を目指してデザインされたものであるかもしれない。あるいは，長年にわたる局所的な発展を合理的に把握・促進させることを意図したものかもしれない。また，その両者を組み合わせたものかもしれない。例えば，調査対象機関の大半は，柔軟性に富んだ配信や遠隔配信の分野で相当の経験を持ち，eラーニングをこのアプローチの焼き直しとして位置づけている。eラーニング戦略はそれ

だけで独立した個別的なものかもしれないし，あるいはほかの戦略（例えば，教授法と学習法，IT，より広範なeラーニング戦略）の構成要素かもしれない。調査対象機関のなかには，教育機関のある部門を代表する者もおり，その場合には，（全体としての親機関の観点でみれば）どの戦略も中心的というよりは局所的である。

◆成文化（Codification）

　eラーニング戦略の発展は，高等教育機関による意思決定の迅速な成文化が広く行われるようになってきたことを背景としている。多くの国では近年，高等教育の規模が拡大し複雑化して，対外的な説明責任が求められるようになっている。それに従い，教育機関は文書化を通じて，自らの主要な「位置づけ」を，これまで以上に多くの領域で詳細に明示するようになりつつある。これが成文化である。例えば英国では，教授法と学習法を組み込んだうえで一連の中心的な戦略を作ることが，高等教育の機関が資金助成を受ける要件となっている。またUniversity of Sao Pauloによれば，米国では，連邦政府の教育省による決議に基づいてeラーニング戦略を立てねばならない（付録4を参照）。

　とはいえ，文書化は必ずしも外発的に行われるものではない。調査対象機関の多くは，主要な領域での目的や実践を，成文化する過程で得られる利点を挙げている。それは例えば，透明性の確保，議論の醸成，教育機関の力を利害関係者に「可視的」な形で提示する媒体の獲得，などである。戦略や原理に関する質問への回答は，個別的（明快，詳細）か統合的（調整，相乗効果）か，「トップダウン」（一貫性，規模，効率）か「ボトムアップ」（経営者理念，個性）かといった，利点をめぐる議論を反映している。

　Cornford & Pollock (2003) は，情報コミュニケーション技術（ICT）が成文化を加速していると指摘する。彼らは「バーチャル・ユニバーシティ」を「具体化された大学」であると描写する。これは，教育と経営の分野で利用が拡大したテクノロジーの影響により，それまでの暗黙の了解が形式化され，雑多であったものが標準化されることを意味している。皮肉にも，一般的な理解とは逆に，いろいろな意味で伝統的な大学が「バーチャル・ユニバーシティ」より「バーチャル」なものとして捉えられている。

◆eラーニング戦略の存在（調査票の質問1.1）

　19の機関のうち18機関が，eラーニングへ向けた何らかの中心的戦略がすでにあるか，開発の途中であると回答している。残りの1機関（京都大学）には中心的な戦略がなく，開発もしておらず，局所的な戦略に相当するものもない。eラーニングに対する需要（学生）側の関心の高まりを認識してはいるものの，供給側である教員はまだ取り入れる必

要性を感じていないという。

18の機関のうち10機関は，明文化された全学的eラーニング戦略を持つ。5機関は，eラーニングをほかの中心的戦略（典型的な教授法や学習法やIT）に取り入れている。2機関は，明白な中心的戦略には言及しなかったが，局所的戦略を持っている。

Carnegie Mellon Universityでは，基準に合致する局所的なイニシアティブを単に支援し促進するだけである。ある機関は，明確な中心的戦略，ほかの戦略との統合的戦略，局所的戦略のいずれもがあることを報告している。統合的なアプローチを報告した2機関と，局所的戦略を報告した1機関は，明確な中心的戦略に取り組んでいた。調査対象機関のなかには，より大きな教育機関の一部門を代表する場合があり，その際にはどの戦略も（親機関の視点からみれば）中心的というよりは局所的である。

長い文書が作成される場合はみな同様に，機関・国・地域社会・世界規模でのeラーニングの利用（どの点を強調するかは異なっている）や，現時点での実践にまつわる強みと弱みの評価，展望や基本原則や問題点，取り組んでいる特定の実践について触れている。目的が「達成された」と述べている文書もあれば，次の段階の文書化へ向けた前進を目指す文書もある（例えば，教育機関が考慮すべき多様な項目を列挙する）。

Open Polytechnic of New Zealandは，「戦略的文書」は「戦略的な計画ではなく」，「eラーニングがとるべき役割をめぐる議論を形式化する過程でできあがったもの」であると表現している。したがって文書には，主として雑多なものもあれば，課題志向のものもある。それは必ずしもeラーニングの発展の度合いと一致するものではなく，文書化されたものと実際の発展との間には差異が存在する。

Monash UniversityやUK Open Universityでは，従来の教授戦略や学習戦略の一部として，eラーニングを位置づけていた。その場合，「eラーニング戦略」の文書のスタイルは確立され，課題志向で，より大掛かりである。

一方，University of British ColumbiaやOpen Polytechnic of New Zealandのように個別的なeラーニング戦略を持つ機関では，新たな文書化のための構造やスタイルの発展が必要であり，Open Polytechnic of New Zealandの表現を借用すれば，「プレ戦略」とでもいうべき文書が必要とされるように思われる。

そうした「プレ戦略」をMonash UniversityとUK Open Universityが持つか否かは判然としない。また，個別的な戦略や副次的戦略が，適切な時機に現れるのかどうかも不明である。

対外的に示された戦略の文書は，たとえ今回のような調査に対して提示されたものであっても，実際の戦略のプロセスを完全に説明したものであるとは限らない。また，e

ラーニングの戦略的発展について，全般的に説明しているとも限らない．戦略文書が示しているのは，「現実」の戦略のプロセスや発展，またそれに関連する活動というよりはむしろ，教育機関が教育機関自身とそこで行われている審議をどのようにプレゼンテーションしたいと望んでいるか，である．同様に，簡潔な「eラーニング戦略」も，言及はされないだけでほかの文書（例えば，教授法や学習法，IT戦略）と相互に関連しているかもしれない．ほかの機関が提示した長い文書と同程度に，統一性のある詳細なものであるかもしれない．教育機関が，個別的なeラーニング戦略の開発に取り組まないからといって，eラーニングを中心的な戦略とすることに関心がないとは限らず，そのことは Open Polytechnic of New Zealand の回答から明らかである．「Open Polytechnic でのeラーニングへの取り組みは戦略的な意図のあるプロジェクトとして始まったが，戦略的な命令のもとで行われたものではなかった．今ではeラーニングは，Open Polytechnic の戦略文書の一部として用いられ浸透しており，機関全体を通じて作戦的機能的計画に組み込まれている」．

多くの文書は，内部に向けての顔を持つ．しばしば，現時点における実践について，抱負や展望，またそれらを成し遂げるための方法とともに，細部にわたって報告される．読者には，教育機関の上層部経営者や専門家スタッフ，一般の教員が想定されている．多くの文書は文章のみ（あるいは文字，囲み記事，表）から成り，一色刷りである．Monash University の学習計画と教授計画の「overview」と University of British Columbia の「Trek document」の2つの文章だけは，紛れもなく「公的」な概観をしている．前者には功績・理念・計画の概要以外に，カラー写真や光沢仕上げ，大学副総長のサインが書かれた序文が加えられている．

◆eラーニングへのアプローチ

文書化という点からみると，教育機関は例外なく，eラーニング（より広くはITも含めて）を自らの発展の中心と位置づけ，何らかの関心を向けている．もちろん，最初の段階からeラーニングが，創設理念として基礎にあった教育機関もある（例えば，Open University of Catalunya）．多くの戦略は多様であり協議の余地があるが，トップダウンに遂行されるアプローチが主流であることは，どの教育機関でも共通している．eラーニングは転換を促す包括的な主体，つまり教育機関の活動に関するほとんどすべての視点へと融和するものとして，捉えられている．

大半の教育機関は，質の高さ，学生中心の教育，柔軟な伝達・アクセス，教員と学生のITリテラシ，サービスとアプリケーションの統合，インフラストラクチャの整備と

利用可能性の向上，一貫したアプリケーションとサービス，品質保証・評価，費用効果，そして将来的なテクノロジーの戦略的利用を考える手続きに言及している。

　University of British Columbia の e 戦略ウェブサイトは，機関全体が協調して施策を掲げている珍しい例であり，機関の活動のあらゆる側面を補う包括的な ICT 戦略の一部として，e ラーニングが位置づけられている（Box 2.1 を参照）。キャンパスを持つ教育機関の主要なテーマは，今後の方法としての「混合型学習」のような連結（例えば，対面型授業と電子的配信の新たな組み合わせ）である。多くの機関は発展の中心に，専門的な e ラーニング・IT・教授・学習の各部門を位置づけている。

　University of South Australia では，質の高い教育と非伝統的な情報提供の連携を促進させるために，統合的な「Flexible Learning Centre」を設立することを目的として，遠隔教育・教授・学習の各部門を合併した。

　University of Maryland University College は，部分的にキャンパスを拠点に持つ唯一の教育機関であり，すべてのプログラムやサービスを（オフラインでの提供と並行して）オンラインで提供している。これは，「非伝統的学生（勤労社会人）」の要請に応えるという，この大学の使命を反映したものである。

　以上述べてきたような，e ラーニングへの全学的な統合的アプローチは稀である。学内に国際マネジメント研究科を持つ青山学院大学は，格好の例だろう。e ラーニング戦略の主な争点は，1992 年に確立された遠隔会議の設備にあるが，この設備は，海外の大学とリアルタイムで協働することを可能にしている。この場合，e ラーニング戦略は学習戦略であると同時に，マーケティングでもある。この手のアプローチは e ラーニングを，教育機関（教員）全体の転換を促す動因としてではなく，慣習的な構造や過程を補完するような専門的機能として位置づけられている。

　Carnegie Mellon University の回答は，部分的に例外である。彼らが中心的に推し進めている e ラーニング戦略は，中枢が教員の取り組みをサポートするための評価基準のみから成る。提案は「立証されている教授理論と学習理論に基づいてなされ」なければならず，さらに「教授や学習の向上についての仮説に関連するデータを収集できるようデザインされ」ているか，「生産性を向上させ教員や学生がほかの活動をする時間を与えるもの」でなければならない。提案はすべて厳しい評価を受けねばならない。「中心的戦略ではない」と位置づけられてはいるが，例えば暗黙の中心的戦略が存在するのではないか，と指摘する者もいるかもしれない。e ラーニングは教育学上の理にかなうもので，教育学的理論に関する実証的データを提供し，生産性の向上をもたらすべきである，という中心的戦略があるのではないか，といった指摘が可能だろう。

しかし，Carnegie Mellon University の取り組みは，トップダウンではなくボトムアップに構成されている点で，ほかの調査対象機関とは異なっている。Carnegie Mellon University が全学的な e ラーニングの発展を計画しているというよりも，教員や個人自らが戦略を選択でき，それを支援する環境をセンタが提供しているという方が適切である。とはいえ，この方法が IT インフラストラクチャを重要視していないと考えるのは誤りだろう。Carnegie Mellon University は世界で最も IT が充実した大学のひとつであるが，それは主として多くのイニシアティブが協働することによって達成されている。カリフォルニアにある Carnegie Mellon University の新しい Carnegie Mellon West キャンパスでは，トップダウン的アプローチが多く採用され，e ラーニングをその使命（Box 3.1 を参照）の中心的な支えとして実践している。

Box 2.1

2.1　University of British Columbia の e 戦略

カナダの University of British Columbia は，網羅的な「e 戦略」を持つ。専門のウェブサイトでは，戦略の内容や包括的な計画や進捗を公開している。e 戦略は，テクノロジーのイニシアティブと大学の使命を提携させるための骨組みとして位置づけられている。「University of British Columbia の e 戦略は，先端技術のイニシアティブを通じて学習や研究やコミュニティを向上させ，世界の主導的な大学のなかでも優秀な学生や教員，スタッフを生み出す」。e 戦略の目的は，自己中心的なアプローチを避け，人とイニシアティブの相乗効果から生まれる価値を最大化することである。e 戦略は現在，5 つの主要な概念を持っている。e ラーニング，e リサーチ，e コミュニティ，e ビジネス，そしてコネクティビティである。ウェブサイトではそれぞれについて，キャンパスでの最新の取り組みへとリンクしている。

ウェブサイトが目指すのは，戦略文書の集合以上のもので，後援者や学生プロジェクト，研究の躍進など最新の発展についてユーザが知ることができるような，ポータルと同等のものである。このサイトはまた，ユーザにフィードバックする機能も持っている。「e-Strategy Town Hall」という年報を発行し，関係をつなぎ疑問を提起することによって，ユーザが大学を超えて特殊なイニシアティブについて学習する機会を提供する。この e 戦略は，University of British Columbia の 5 人の副学長とほかの上級役員によって構成される Executive Steering Committee が主導している。Committee は，教員や部門の代表者から成る Advisory Council とともに戦略に取り組んでいる。詳細は URL を参照されたい。

URL：www.e-strategy.ubc.ca/about.html

◆全学的なオンライン戦略

　ボーダーレス高等教育研究所（OBHE）の調査では，調査対象機関が「全学的なオンライン学習戦略やそれに相当するもの」を持つか否かについて尋ねている。主な結果は，OECD／CERI調査のデータ（表2.1を参照）と一致しており，オンライン学習やeラーニングに対して，全学的な戦略を採用する大学が増加していることを示している（2002年の調査対象機関は，2004年の調査対象機関と大体において一致しているので，2002年と2004年のデータを比較することが可能である）。

　2002年と2004年の両方の調査に参加した調査対象機関のうち，何らかの形で機関としてのオンライン学習戦略（「個別的戦略」「関連のある戦略」「統合的戦略」）を持つ割合は，2002年から2004年にかけて65％から71％へ上昇している。オンライン学習に関する全学的な戦略やイニシアティブを，いかなる形でも持たない割合は，2002年から2004年の間に18％から9％と減少している。もうひとつ目を引く傾向としては，全学的なオンライン学習の戦略を，個別の文書とするのではなく，機関が持っていた既存の戦略（例えば，教授法や学習法や人材など）に統合することへ，関心が向けられていることである。「ほかの戦略と統合」オプションは，2002年の調査では用意されていない。このため2004年の結果は，アプローチの移行というよりは，むしろ単純に，教育機関のそのときどきの取り組みを，正確に反映したものとして考えられるかもしれない。とはいえ，18％の機関が「個別的戦略」を選択したのに対し，28％の機関が「統合的戦略」を選択している。

　ここには，統合的なアプローチへ向かう傾向がみられる。しかし，「統合的戦略」は必ずしも「個別的戦略」より優れたものであるとは限らない。例えば，アジア・太平洋のある調査対象機関は，オンライン学習に関連のある戦略を多数報告したが，単一の指針を開発中だと述べている。中心的戦略を持たなければ開発もしていないと回答した9％の機関を除き，3％の調査対象機関だけが，自身のアプローチの要点に教員主導や学部主導の戦略があると回答している。

　全般的に，この地域のなかでもカナダの機関の戦略はあまり発展していない（「個別的戦略」「関連のある戦略」「統合的戦略」の割合が31％）。それに比べ，アジア・太平洋は68％，英国は64％，オーストラリアは63％，南アフリカは60％である。とはいえ，カナダの50％の機関が「開発中」と回答しており，格差はそう長くは続かないだろう。低所得国（南アフリカを除いた低所得・低中所得国）の割合は20％だけである。

　米国のデータと比較するとどうだろうか。2003年に行われたCampus Computing

表2.1 全学的な「オンライン学習戦略」かそれに相当するものを持つ教育機関

	戦略がある	ない	開発中	教員・学部主導型戦略	関連のある戦略	ほかの戦略との統合	無回答	計
2004								
英国	9 (19%)	2 (4%)	15 (32%)	0	4 (9%)	17 (36%)	0	47
カナダ	2 (7%)	4 (13%)	15 (50%)	2 (7%)	2 (7%)	5 (17%)	0	30
オーストラリア	6 (32%)	1	6 (32%)	0	1	5 (26%)	0	19
南アフリカ	3 (30%)	0	2 (20%)	2 (20%)	1	2 (20%)	0	10
アジア・太平洋	8 (32%)	2 (8%)	6 (24%)	0	3 (12%)	6 (24%)	0	6 (25)
低・中低所得国	3 (15%)	3 (15%)	4 (20%)	2 (10%)	1	5 (25%)	2	10 (20)
有効回収数	11 (28%)	2 (5%)	10 (25%)	0	3 (8%)	14 (35%)		(40)
合計	**22 (18%)**	**11 (9%)**	**40 (33%)**	**4 (3%)**	**9 (7%)**	**34 (28%)**	**2**	**122 (100%)**
2002								
発展途上国	6 (27%)	9 (41%)	6 (27%)	―	0	―	1	22
英国以外の先進国	18 (49%)	3 (20%)	10 (27%)	―	6 (16%)	―	0	37
英国	16 (38%)	6 (14%)	10 (24%)	―	10 (24%)	―	0	42
有効回収数		18 (45%)	4 (10%)	10 (25%)	―	8 (20%)	―	0 (40)
合計	**40 (40%)**	**18 (18%)**	**26 (26%)**	**―**	**16 (16%)**	**―**	**1**	**101 (100%)**

注：南アフリカは「低・中所得国」にも，オーストラリアは「アジア・太平洋」にも含まれている。したがって「合計」の列は上の列の合計とは一致しない。
出典：OBHE

Survey（米国の高等教育機関における IT 利用に関する詳細な定量的調査）では，調査対象機関に「教育工学や教育の統合に関する戦略的計画」の有無を尋ねている。38％があると回答し，26％が現在開発中であると回答した。「カリキュラムへの IT の統合」「教育でインターネット資源を用いる計画」の有無に関する質問に対しては，40％前後の調査対象機関があると答えた（Green, 2003, p.16）。この割合は，OBHE 調査での主要 4

か国(オーストラリア,カナダ,英国,南アフリカ)の回答に比べて非常に小さい。実際に,米国で「教育工学や教育の統合に関する戦略的計画」を持つ割合は,2002年の40%から減少している(2001年にはこの質問はなかった)。ほかの2つの質問項目については,計画を持つと回答した割合が2001年から2003年にかけてわずかに減少している。

米国で戦略的計画を持つと答えた機関の割合が小さく,減少していることは,戦略の目的が達成され統合的な計画が必要とされなくなった状況を反映している可能性もある。しかし,「教育工学の戦略的統合」に関する教育機関の取り組みをみると,テクノロジー,構想,アプリケーションの開発に関して,引き続き戦略を修正する必要がある(Albrecht et al., 2004)。

実際のところ,我々が事例検討の対象とする米国の2機関(University of Maryland University College と UCLA Extension)は全学的戦略を持つ。そして,eラーニング戦略の構築は持続的なプロセスであり,eラーニングを発展させるなかでeラーニング戦略を修正してきたと述べている。米国において戦略的計画を持つ機関の割合が小さいことは,(高等教育におけるオンライン学習の発展に関して,米国が世界をリードしていると広く認識されていることを考えると)調査対象機関の多さによるのかもしれない。

2003年のCampus Computing調査では,調査を依頼した884の機関のうち550機関が回答しており,回収率は63%である。米国の調査対象機関も,OBHE調査へ回答したカナダの機関の場合と同様に,高等教育における取り組みの様子をよく反映しているかもしれない。この点を踏まえると,オーストラリアと英国の回答が,国内でも積極的に活動をしている教育機関に偏向している可能性が強まる。

2004年のOBHE調査において,何らかの形(個別的戦略,関連のある戦略,統合的戦略)で全学的な戦略を持つと回答した機関は3分の1にのぼり,2002年の26%から増加している。この増加は,部分的にはカナダ(前述のような英国やアジア・太平洋と比べ,カナダはオンライン学習への全学的な戦略的アプローチが全般的に発達していない)からの回答が増えたことによって説明が可能である。しかし,オンライン学習戦略の発展は直線的なプロセスを経るわけではない,と考えることもできる。英国で「開発中」であると報告した調査対象機関の割合は,2002年から2004年までに減少している。

2002年の調査で,オンライン学習の全学的な戦略を構築中であると報告した10の機関のうち,その戦略が包括的な単一のものか,ほかの柱となる戦略と統合されたオンライン学習戦略であるか,を問わないのならば,2004年までに5機関が実際に戦略を立ち上げている。残りの5機関は,いまだ開発中だと回答している。全学的なオンライン

学習戦略を「開発中」であると報告し，2002年には異なった回答をしていた5機関のうち，4機関が2002年に「関連する戦略」を持つと回答し，1機関は包括的な戦略があると回答した。新しいテクノロジが現れ，導入されるに従い，また新たな考えや，アプリケーションや，問題が現れるに従い，教育機関は戦略を修正する必要があり，まったく新しい方向性や公式化を選択していくのだろう。

これまでの内容を要約する。OECD / CERI の調査対象機関の大半が，e ラーニングに関する中心的戦略を何らかの形で持っている。こうした戦略に基づいて作成された文書は，例外を除いて，e ラーニング（そしてより全般的に IT）を教育機関の発展の中心として位置づけている。多くの戦略は多様で，協議の余地を残すが，機関全体に共通した幅広い戦略をトップダウンで実施することが，主流のアプローチである。こうした傾向は，英連邦諸国において，全学的な e ラーニング戦略が一般的になりつつあると指摘した，OBHE 調査の結果と一致する。しかし，必ずしも統合的戦略が個別的戦略よりも優れているとは限らず，また教育機関における e ラーニングの実質や，範囲や，寿命の長さを反映するとは限らないことについては，留意すべきである。

2.2　e ラーニング戦略の開発と修正のプロセス（調査票の質問 1.2, 1.4）

OECD / CERI 調査は，e ラーニング戦略がどのようにして開発されたのか（例えば，書かれた時期，関与した人物，助言した専門家）について尋ねている。またそれに加えて，e ラーニング戦略が修正されてきたか否か，修正された場合にはその理由や手続きについても尋ねている。

調査対象機関を，時系列で比較することは困難である。オンライン利用度（第1章を参照）と e ラーニング戦略の形式や段階との間には，ほとんど相関がみられない。e ラーニング戦略は，e ラーニングにおける実際の発展を表すものではない。重要なのは，ほかの教育機関より広範囲に及び，協議と文書化を進めている機関があるように思われることである。いくつかの事例では，e ラーニングを発展させる実践的な取り組みが，機関を通じて行われたのちに，個別の e ラーニング戦略（通常は細部にわたって作り上げるまでに相当の努力を要する）を開発しようという動きが出てきている。

例えば，調査対象機関のひとつである University of South Australia は，研究プログラムの一環でオンラインを最も利用していた機関であるが，「draft online strategy discussion paper」は 2003 年と 2005 年に最近に作られたものであり，大規模な協議は 2004 年に計画されている。そのことについて，「オンラインテクノロジを，e ビジネスだけでなく，教授や学習に利用するという目的を達成するための重要な進展」を成し遂

げたと報告されており，多くの主要なプロセスが確立され「積み重ねられている」と考えている。eラーニング戦略が発展する過程は，「我々がどこにいてどこへ向かうべきか」を引き出す手段となっている。

同様に，UCLA Extension は，1990年代前半に最初のeラーニング戦略を打ち立てた教育機関であり，経験と照合しながら戦略を修正している。

University of Paris Nanterre の場合は，自身のeラーニング戦略には国民教育大臣のサインが必要であると述べており，例外的である。

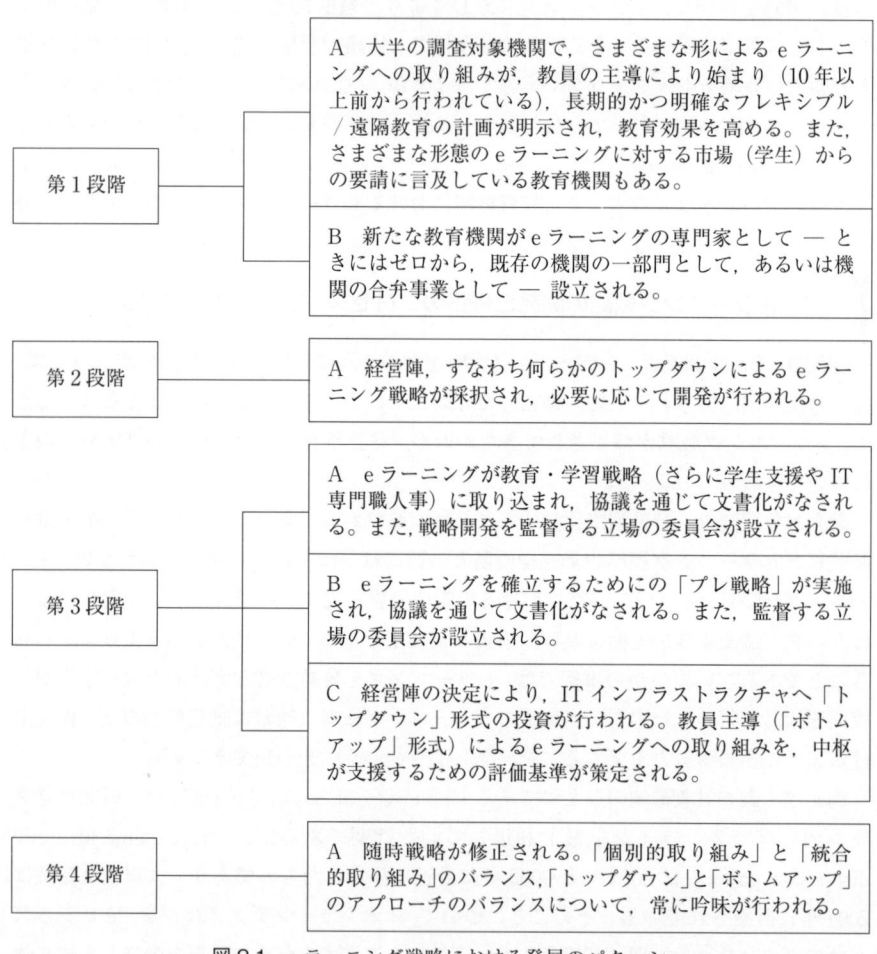

段階		内容
第1段階	A	大半の調査対象機関で，さまざまな形によるeラーニングへの取り組みが，教員の主導により始まり（10年以上以前から行われている），長期的かつ明確なフレキシブル／遠隔教育の計画が明示され，教育効果を高める。また，さまざまな形態のeラーニングに対する市場（学生）からの要請に言及している教育機関もある。
	B	新たな教育機関がeラーニングの専門家として ― ときにはゼロから，既存の機関の一部門として，あるいは機関の合弁事業として ― 設立される。
第2段階	A	経営陣，すなわち何らかのトップダウンによるeラーニング戦略が採択され，必要に応じて開発が行われる。
第3段階	A	eラーニングが教育・学習戦略（さらに学生支援やIT専門職人事）に取り込まれ，協議を通じて文書化がなされる。また，戦略開発を監督する立場の委員会が設立される。
	B	eラーニングを確立するための「プレ戦略」が実施され，協議を通じて文書化がなされる。また，監督する立場の委員会が設立される。
	C	経営陣の決定により，ITインフラストラクチャへ「トップダウン」形式の投資が行われる。教員主導（「ボトムアップ」形式）によるeラーニングへの取り組みを，中枢が支援するための評価基準が策定される。
第4段階	A	随時戦略が修正される。「個別的取り組み」と「統合的取り組み」のバランス，「トップダウン」と「ボトムアップ」のアプローチのバランスについて，常に吟味が行われる。

図2.1 eラーニング戦略における発展のパターン

戦略的な発展について，異なる発展段階にある教育機関に広く共通するパターンが認められる。図2.1 はそのパターンを示している。

University of British Columbia は，全学的な戦略の提案を目的として作られた臨時委員会の活動内容を，報告するために行われる協議のプロセスについて，詳細に説明している。その戦略は「Academic Committee for the Creative Use of Learning Technologies」と呼ばれており，その内容は次のようになっている。① University of British Columbia's Distance Education and Technology Centre によって組織されたラーニングテクノロジーについてのワークショップを 12 人の教員それぞれが持つ。②教員主体の教育的テクノロジーを支援するスタッフと議論する。③協議の過程で懸案の問題について，組織内で映像を用いたプレゼンテーションを行う。④予備的な審議文書を作成する。⑤ University of British Columbia Senate and Board of Governors にプレゼンテーションを行う。⑥当該の文書化について協力機関から再審理する。⑦最後に，協力機関を訪れ，外部の専門家によるプレゼンテーションを行う。

2.3 教育機関のeラーニング戦略の原理（調査票の質問 1.3）

OECD / CERI 調査は，eラーニング戦略が立ち上げられた当初の戦略原理を探っている。なぜ教育機関はeラーニングという形態に投資を行ったのだろうか（質問 1.3 および若干関連して 1.2 と 1.4）。

◆eラーニング戦略の中心的原理

何らかの中心的eラーニング戦略に言及した教育機関はすべて，eラーニングを用いて，学習者全般や特定の学習者による柔軟なアクセスを促進し，何らかの形で教育を向上させることに関心を寄せている。具体的な戦略原理は次のとおりである。

目的を特化したバーチャル機関の設立
- 物理的な大学の授業や，管理・サービス，公共の空間を網羅的にオンラインで再現（Open University of Catalunya）

社会的評価
- 「真に際立った」オンラインの機能の構築（University of South Australia）／下位部門でフレキシブルラーニングの全体を担い，その品質に関して親機関の水準に見合う評価を確立する（UCLA Extension）／ University of California, Irvine の拡大

のため，遠隔学習の領域で評判を確立する / リーダシップの確立と維持，例えば，WebCT の開発（University of British Columbia）/ 遠隔学習の「伝統的な」形態では不足な点を指摘（FernUniversität Hagan）。
- 機関の地位 ― キャンパスにおける取り組みと同等かそれ以上の地位 ― に見合う e ラーニングの開発と，教育の理論や実践への取り組み（その一部は機関の主要な強みとして述べた）（Carnegie Mellon University）。
- 一流の大学として，学習テクノロジーを主導する立場にあるか，それに近い立場にいる必要性（University of British Columbia）。
- 遠隔学習やアクセシブルラーニングの領域で，長期にわたる地域的・全国的なリーダシップを確立（UCLA Extension, University of Maryland University College, University of Paris Nanterre）。
- 主導的な研究大学としての知名度の獲得（University of Zurich）。

教育に特化した戦略原理
- 学生の増加と教員の不足などの現象に対し，教育学の概念を用いて対処（Monash University, University of Zurich）。
- 基礎的な部分で ICT を利用し，「ストーリ中心」の教育的アプローチを行う（Carnegie Mellon University West）。
- 学習の個人化（Open Polytechnic of New Zealand, Open University of Catalunya）。

市場の要請に応える / 新たな市場を探す
- オンライン配信を求める学生の要請への対処（University of British Columbia, University of Maryland University College, Virtual University of Tec de Monterrey）。
- 市場におけるシェアの拡大，新たな市場への参入（国内で）（UCLA Extension），（国内外で）（Open University of Catalunya, Virtual University of Tec De Monterrey），一流で低コスト・低料金・世界規模でアクセス可能な e ラーニングプログラムの実現（Carnegie Mellon University）。

コスト削減
- 学生が増加し，学生一人当たりに割り当てられる公的資金が減少するなかで，医学やほかの科学での研究にかかるコストやリスクを削減する（Monash University）。

- 現在，在籍者の増加に伴い，コストが増大している複数様式での配信モデルに関して，経済利益を達成する（Open Polytechnic of New Zealand）。

その他
- 研究の電子通信的な発展や管理機能に投資するのと同じ水準まで，eラーニングに対する投資を行い，3者の相乗効果を期待する（University of British Columbia）。
- 地域にICTを普及することにおいて既存の役割を確立。例えば，提携機関にオンライン教材へのアクセスを提供し，地域のeラーニングの潜在能力を全般的に構築する（Asian Institute of Technology）。
- 教授と学習の戦略を立てるための対外的な要請（資金本体）（UK Open University）／eラーニングと協働する対外的な要請（ボローニャプロセス）（University of Zurich）。
- 主流な機関が急速にeラーニングを採用するなかで，今一度自らを位置づけ直す／従来の市場への関心の低下（UK Open University）。
- 国内にあるほかの高等教育の機関との提携（Multimedia Kontor Hamburg, Open Polytechnic of New Zealand）。
- 他国にある高等教育機関との提携（Asian Institute of Technology ― 地域の能力の構築を推進するため／青山学院大学 ― 社会的地位や提携機関の専門的知識から利益を得るため）。
- コンソーシアムのメンバーの取り組みが重複することを避ける（Multimedia Kontor Hamburg）。

表2.2は，主要な8項目に関する，各機関の相対的な優先性や関心の概略を示している。京都大学は中心的なeラーニング戦略を持たず，また戦略を開発する計画も存在しないため，この表からは省いてある。スコア（0～3）が高いほど，その戦略原理が重要なものであることを示す。

表2.2と前述の箇条書きから明らかなことは，機関によってeラーニングのなかで優先する戦略原理が異なることである。教育機関のいくつか（例えば，Carnegie Mellon University, University of British Columbia, University of Maryland University College, UCLA Extension）は，eラーニングにおいて（キャンパスでの配信，遠隔学習，あるいはその両方に関して）主導的立場を得ること，またその立場を維持することを望んでいる。遠隔・混合型の教育機関は，いずれもeラーニングを自然な発展として捉え，現在の状態を維持すると同時に，力を持ったブランドを開拓する方法であるとみなして

いる。例えば，ある遠隔教育機関は，近年のeラーニングの台頭と，キャンパスを拠点とする機関がさまざまな範囲でeラーニングを採用していることについて，遠隔教育の専門家の独自性やその市場の確実性をむしばんでしまったと述べている。学生の要請や新たな潜在的市場，またコスト削減を，特に戦略上の中心として位置づけている機関は，少数派である。戦略原理に明確な展開をもたらすことを，特異的な使命に掲げている教育機関もある。

例えば，Asian Institute of Technology は，GMS-VU（Greater Mekong Sub-region

表2.2 eラーニング開発の戦略原理

教育機関名	タイプ	社会的評価	教育の向上	コスト削減	学生の要請に対応	新規市場への参入	協働	外的要請	地域開発
青山学院大学	C	1	1	1	1	0	3	1	0
Asian Institute of Technology	C	2	2	1	1	1	3	1	3
Carnegie Mellon University	C	3	3	1	2	2	1	0	0
Monash University	C	2	2	1	2	1	1	1	1
Multimedia Kontor Hamburg	C	2	2	2	2	2	3	2	3
University of British Columbia	C	3	3	1	2	1	1	1	1
University of California, Irvine	C	2	2	1	2	2	2	1	1
University of Paris Nanterre	C	3	3	1	2	1	2	1	1
University of Sao Paulo	C	2	2	1	2	2	1	2	1
University of Zurich	C	2	3	2	2	1	3	2	2
FernUniversität Hagen	D	2	3	1	2	2	1	1	2
Open Polytechnic of New Zealand	D	2	3	3	2	1	2	1	2
UK Open University	D	3	3	1	2	2	1	2	1
Open University of Catalunya	D	2	2	2	2	2	3	2	3
Virtual University of Tec de Monterrey	D	2	2	1	2	2	1	1	2
UCLA Extension	D	3	3	2	2	2	2	1	1
University of South Australia	M	3	3	2	3	2	1	1	1
University of Maryland University College	M	3	3	2	3	2	1	1	2

注：C＝キャンパス，D＝遠隔，M＝混合型
出典：OECD

Virtual University) に参加し，地域の持続的な発展の能力を構築しようとしている (Box 2.2 を参照)。図 2.2 には，各機関がそれぞれの戦略原理にどの程度の優先性を見出しているかを示している。ほとんどの機関が，図 2.2 で挙げた 8 つの戦略原理すべてに，ある程度の優先性を見出していることがわかる。

Box 2.2

2.2　GMS-VU

　2001 年度ユネスコ・アジア・太平洋地域教育局の Capacity Building for Regional Sustainable Development は，以下の 6 か国の教育を向上し，持続的な発展の能力の構築を奨励するために，具体的で実質的な協力を率先して行っている。6 か国とは，中国（雲南地方），カンボジア，ラオス，ミャンマー，タイ，ベトナムである（Greater Mekong Sub-region；GMS として知られている）。高等教育，特に遠隔教育において ICT の役割が重要であるとの認識から，GMS-VU はパイロットプロジェクトとして出発した。このプロジェクトの第一の目的は，e ラーニングと e ティーチングを通じて，各国間の情報格差と知識格差を縮小することである。特に e ラーニングが急速に発展し，現在のテクノロジーの発展を「蛙跳び」して，新たなアプローチの時代を後押しすることが期待されている。またこのプロジェクトは，アジアを超えた国際的なラーニングプラットフォームを構築し，ヨーロッパとの繋がりを促進して，強いネットワークを確立することをも目的としている。

　多くの関連分野で発展と進展が報告されているが，なかでも特に 3 領域が突出しており，パイロットプロジェクトで注目を集めた。3 領域とは，IT，GMS 内の観光事業，GMS 研究である。これらは，情報と地域の格差を橋渡し，経済的かつ環境的な持続的発展を維持し，文化的多様性を保存する際に，根本的な影響力を持つ領域として認識されている。

　最初のプレパイロットプロジェクトの段階は 2004 年 11 月に終了し，次の段階へ向けての議論が交わされた。このとき確認された課題や問題点は，信頼性と資格認定の相互認識をとりまく問題に加えて，人材・カリキュラムと教育用ソフトウェアの不一致，インフラストラクチャの問題，言語の問題があった。なお，このプロジェクトの特異な点は財政的支援の構造であり，多くの資金援助企業を魅了している。プロジェクトが進行するにつれ，資金援助企業の間ではコミュニケーションや連携，情報のやりとりが増えていく。電子図書館やグループウェアを提供するための指針を盛り込むこともまた，課題として挙げられている。

URL：www.stou.ac.th/Thai/GMSVU/index.asp

◆eラーニング戦略の主要原理における継時的変化

　OBHE調査では，全学的なオンライン戦略（個別的戦略，関連のある戦略，統合的戦略いずれにしても）を持つ教育機関に，13のリストのうちで核となる戦略原理が何であるかを尋ねている（図2.2を参照）。この質問項目は2002年と2004年の間でわずかに修正されているが，回答からは，戦略原理とその継時的な変化の意味を概観することができる[1]。図2.2では，2002年と2004年を全般的に比較している。主な結果について述べていく。

キャンパスでの学習の充実（On-campus learning）

　2002年には，大半の大学（遠隔教育機関は除く）のオンライン学習戦略は，引き続きキャンパスでの学習の充実に焦点を当てている。これは，学生に対する配信の柔軟化を進めようという意図と関連がある（図2.2）。すべてのカテゴリのなかで，遠隔学習の充実はキャンパスにおける学習の充実と比べてかなり少なく，9機関（10%，大半がキャンパスを拠点とする教育機関）だけが，「遠隔学習の充実」を「キャンパスにおける学習の促進」よりも重要なものとして挙げている。キャンパスにおける学習の充実や柔軟化を「柱となる戦略原理」に挙げた（4.0か5.0と点数化した）調査対象機関の割合は，わずかに減少している。その主な理由は，キャンパスを拠点に持つ教育機関のいくつかがこれらの戦略原理に3.0を付与していること，すなわち「高い」優先性ではなく「中程度の」優先性を見出していることによって，説明が可能である。

遠隔学習（Distance Learning）

　戦略原理をみると，遠隔学習は，2002年から2004年にかけて有意に減少しており，調査対象機関が遠隔学習に示す関心は，2002年と比べて2004年の方が低い。

　19の調査対象機関（全40の調査対象機関のうち，19機関が2002年と2004年にこの

---

1) 調査では次のような質問が用いられている。「自身の機関が全学的な学習戦略を持つ場合，現時点でのオンライン学習に関する戦略において，柱となる戦略原理は次のうちどれですか？」調査では，図2.2に示した13の原理と「その他」の項目が列挙されている。この質問項目は2002年のものをわずかに修正したものである。2002年の調査では，調査対象機関は該当する項目すべてを選択するように指示している。2004年の調査では，柱となる戦略原理の優先性を1から5の数値で表すよう指示している。1は「優先性が最も低い」ことを，5は「優先性が最も高い」ことを表している。質問の形式が異なっていること，「国」のカテゴリ内の割合が一致していないこと，また有効回収数が減少していることから，2002年と2004年の比較は注意して行わねばならない。

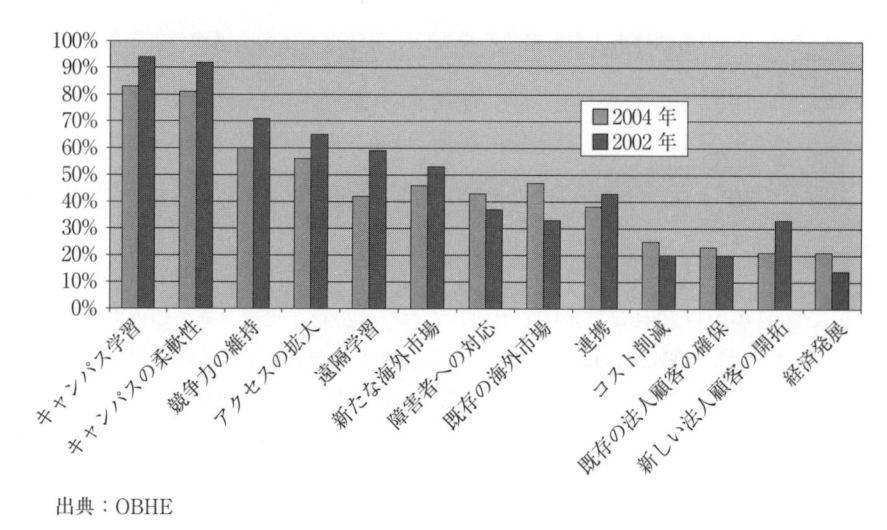

出典：OBHE

図2.2 教育機関のオンライン学習戦略に対する「主要な戦略原理」：2002年と2004年の比較

質問に答えた）のうち，2002年には53％が遠隔学習を柱となる戦略原理と位置づけているが，2004年には42％が遠隔学習を重要であるか，非常に重要であると捉えている。

ただし，関連項目（調査票の質問1a，付録3を参照）では，2004年の調査対象機関すべてのうち54％が，キャンパス外でのオンライン学習が今後5年間に機関のなかで主要な役割を果たすだろうということに同意するか，強く同意しており，2002年の36％からは増加している。

こうした相違はどのように説明できるだろうか。前述のような相違は，2002年と2004年の調査の全般的な比較が理にかなっていないことを示唆しているかもしれない。

カナダの調査対象機関はオンライン学習に特に関心を示し，2002年の調査では86％（7機関のうち6機関），2004年では70％（30機関のうち21機関）が，重要かあるいは非常に重要なものとして位置づけている。2004年の調査では，カナダからの回答が多いため，オンライン遠隔学習が将来的に重要な役割を担うと予測する機関の割合が，2004年に増加したと考えられる（2004年の調査においてカナダの30の機関のうち6機関はキャンパス外でのオンライン学習に特化している）。

もうひとつの可能性は，調査対象機関は，オンライン遠隔学習を引き続き潜在的に価値ある活動と位置づけていながらも，現在のところは戦略的に注意を向けていない可能性である。おそらく，過剰なドットコム・ブームが衰退し，予想された規模の市場が現

れないため，その活動は求心力と緊急性を失い，現時点では戦略原理のような主要な特徴とはされないのだろう。

コスト削減（Cutting costs）

2002年の調査では，「長期にわたる教授コストの削減」の戦略原理の順位は2番目に低いが，フォローアップ調査の結果からは，機関のなかで優先性が移行していることが示唆される。柱となる戦略原理として，費用効果を上げる調査対象機関の割合は，高所得国で2002年から2004年にかけて増加しており，2002年には「その他の先進国」で10％だったのが，2004年にはアジア・太平洋とカナダをあわせた区分で21％へ，また英国では19％から27％へ増加している。調査対象機関の回答も類似の傾向を示している。

「長期にわたる教授コストの削減」を重要な，あるいは非常に重要な戦略原理として位置づけている調査対象機関の割合は，2002年には21％だったが，2004年には37％となっている。オンライン学習のコストの問題については，第7章でさらに議論したい。

「教授にかかるコストの削減」への言及は，低所得国では減少しており，2002年の「発展途上国」のなかでは57％だったのが，2004年の低所得国および低・中所得国のうちの27％になっている。教授にかかるコストを削減する方法として，オンライン配信に注力するのが全体的な傾向である。しかし，質問項目が修正されていることや，それぞれのカテゴリで調査対象機関の割合に差があることを考慮すると，2002年と2004年のデータの比較を過度に強調するべきではない。

新たな海外市場（New international markets）

調査対象機関は全般的に，2004年は2002年と比較して，新たな海外の学生市場にあまり関心を示していない。

「新たな海外の学生市場への参入」は，2004年に6番目の優先項目にあるが（14項目中で），「高い」優先性を見出す割合は減少している（2002年には53％，2004年には46％）。「既存の海外の学生市場の維持」は，2002年に33％が優先性の高い項目として言及したが，2004年には47％へと上昇している。

いずれも，英国の関心が特に強かった。英国のeUniversityの発展（英国の高等教育をオンラインで国際的に行おうという国家的イニシアティブ）が，この領域への関心を後押ししたのだろうか。そして（ちょうどOBHE調査が英国からの回答を回収し終えたのちに発表された）eUniversityの終結により，熱意が弱まるだろうか。

海外市場の確保への関心は，オンライン配信に対してあまり多くの望まない展望を持つことを示すものだろう。そして，海外市場を狙ったオンライン遠隔学習の発展と同時に，海外の学生を英国留学に惹きつける戦略に言及しているのかもしれない（例えば，最先端のITインフラストラクチャをマーケティングのツールとして用いる）。同様に，柱となる戦略原理として「新たな法人顧客の開拓（new corporate clients）」に言及した機関の割合は，2002年の33％から2004年の21％へと減少している。

一方，「既存の法人顧客の確保（existing corporate clients）」は，23％へとわずかに上昇している。

しかし，こういった傾向が一様にみられるわけではない。調査対象機関のなかには，2002年から2004年の間に「柱となる戦略原理」として「新たな学生の海外市場」への関心が増加し，「既存の法人顧客の確保」への関心は減少しているところもある。

競争力の維持（Keeping up with the competition）

オンライン学習の新奇性や「過剰な熱狂」が衰退しつつあるにもかかわらず，「競争力の維持」の優先性は，2002年から変わらず3番目に高い。ただし，2004年の調査対象機関はもはや，単に新たな流行に「ついていく」ためだけにICTに投資しているわけではないだろう。むしろこれは，過剰な熱狂に対する始まったばかりの対応としてではなく，（一連のユーザに対する）付加価値としてより明確に定義された，オンライン配信の構想をめぐる競争として捉えられるかもしれない。

全般的に，言及された戦略原理の平均数は安定しており，2002年には平均して6.5個（標準偏差2.6）の戦略上の力点が，2004年には平均して5.8個（標準偏差2.9）の力点が挙げられている。いずれの年においても，10以上の戦略原理を，オンライン学習戦略の要として挙げた機関はごくわずかである。調査対象機関での焦点の増減には，明確なパターンがみられず，2004年の調査の異なったカテゴリ間においても同様である。

明らかなのは，オンライン学習の戦略原理として，キャンパスを拠点とした充実や柔軟化が最も広く言及されていることである。教育機関の野望が，（平均的に）より控えめで限局的になりつつあることを示す証拠もある。

例えば，障害を抱えた利用者や，地域経済の発展，教育にかかるコストの削減，新たな海外市場や提携企業の追求への関心が拡大している。43％が「地域の社会的弱者のアクセスの拡大」を，「新しい海外の学生市場への参入」よりも重要な戦略原理として挙げている。しかし，海外市場は多くの教育機関にとって優先性が高いものであることに変わりはない。33％が「新たな海外市場」は「アクセスの拡大」よりも重要であると位

置づけている。オンライン学習の戦略原理は，調査対象機関の間で大きな幅があり，また同様に，それぞれの戦略原理への重み付けは多様である。

◆中心的戦略の欠如

OBHE調査で，中心的なオンライン学習戦略を持たないと回答した教育機関は，彼らが現在ある地位について，6つの選択肢と「その他」から選ぶよう求められている[2]。

オンライン学習を「実証性が確認されていない」媒体として位置づける機関はなく，専門分野として適切でないと回答した機関はごくわずかであった（4％，27機関のうち2機関）。

職員や学生の間でオンライン学習を求める声がほとんどないと回答した機関は，2002年の42％からは減少し，26％（27機関のうち7機関）である。このうちカナダの調査対象機関が占める割合は，半分程度である。2002年の調査において，中心的な戦略を持たない大学の多く（59％，27機関のうち16機関）は，全学的な戦略を持たない最大の理由として，「ボトムアップ」か「学部主導型」アプローチを挙げている。

全般的にこの質問に対する回答からわかるのは，要請がないことや，専門分野として適切性が乏しいことや，効果が実証されていないことを理由にして，事実上オンライン学習を避けている大学はひとつもないことであり，2002年の結果から一貫している。

2.4 結論

OECD／CERIの調査対象機関の大半が，何らかの「オンライン学習戦略」の存在や開発に言及している。各機関が文書化したものからは，機関の考えや発展の一端しかみえてこない。大半の戦略は多様であり，議論の余地を残すものの，機関全体を通じた戦略のトップダウン的な実施が，主流のアプローチである。この傾向は，全学的なeラーニング戦略が一般的になりつつあることを示唆するOBHE調査と一致している。ただし，全学的なオンライン学習戦略は必ずしも，全学的にeラーニングを取り入れている（例えば，実質的なオンライン教材を学問的プログラムの大半で全学的に使う）ことを意味しない。さらに，統合的戦略は必ずしも個別的戦略より優れているとは限らず，戦略を持たないからといってeラーニング全体へ無関心であるわけでもない。逆に，戦略的な

---

2) 選択肢は次のとおりである。①職員や学生の要請はほとんどない ②専門分野としての適切性がない ③「ボトムアップ」すなわち学部主導的なアプローチを好む ④インフラストラクチャが不十分である ⑤オンライン配信はテクノロジーとして，また学習の媒体として「実証性が未確認」であると思う ⑥現時点ではほかの問題の方が重要である。

目標がすでに達成されている場合もある。

　事例検討の対象とした教育機関は，eラーニングの戦略原理として，配信の柔軟化や教育の促進に言及している。またすべての事例で，eラーニング戦略は学生数の確保が主眼にある。OECD / CERI 調査と OBHE 調査からわかったのは，相対的にみて海外市場やコスト削減にはほとんど関心が寄せられていないことである。「混合型学習」が，キャンパスを拠点とする大学の大半で主流となっている。

引用文献

- Albrecht, B., B. Bender, R. Katz, J. Pirani, G. Slaway, T. Sitko and J. Voloudakis (2004), "Information Technology Alignment in Higher Education", Research Study from the EDUCAUSE Centre for Applied Research, Boulder, Colorado.
- Cornford, J. and N. Pollock (2003), "Putting the University Online: Information Technology and Organisational Change", Society for Research into Higher Education/Open University Press.
- Green, K. (2003), "Campus Computing 2003: the 14th National Survey of Computing and Information Technology in American Higher Education, Encino", CA, The Campus Computing Project.

第II部
教育法，技術，組織

第3章 chapter 3 impacts on teaching and learning

教育と学習への影響

> 本章では，大学がいかにeラーニングの教育への影響を理解するか，そして，どのようにそれを高めようとしているかを探る。特に「学習オブジェクト」のモデル，すなわち教育に対するeラーニングのアプローチで最も革命的なものに焦点を当てる。

　本章では，大学がいかにeラーニングの教育への影響を理解するか，そして，どのようにそれを高めようとしているかを探る。特に「学習オブジェクト」のモデル，すなわち教育に対するeラーニングのアプローチで，最も革命的なものに焦点を当てる。eラーニングの教育への影響は，研究者，実務家，そして大学の経営層に興味を持たせる重要なトピックのひとつである。我々はそれに関して何を知っているだろうか。本章は，大学がこれをどう理解するか，そして，どのように展開しようとしているかを探る。eラーニングの教育への影響は，どのように認識されているか。大学は，eラーニングによる潜在的な影響を高めるため，学生に特別な支援をするだろうか。教育は，大学本部主導で行われるのか，あるいは教員が個別に行うのか。

　章の最初の部分はこれらの質問（3.1～3.3）について述べる。次に，教育と学習を変革し得るインターネット学習の象徴的な特徴のひとつである「学習オブジェクト」に焦点を当てる。学習オブジェクトは，さまざまな大学が使用し，異なった文脈や内容で再利用できる電子ツールである（3.4）。学習オブジェクトは未熟なツールであるとみなされているが，この調査は，大学が学習オブジェクトに多くの注意を払っていることを示している。今後さらに発展するであろう「学習オブジェクトの経済性」，特に知的財産についても焦点を当てる（3.5）。

3.1　教育への影響（調査票の質問 4.1, 4.5）

　OECD教育研究革新センター（OECD／CERI）調査に参加する19の大学すべてが，教育と学習にeラーニングを使用した際の「肯定的な」影響を報告している。一方，5つの大学が懸念を述べている。この調査では，今後5年間，どの程度オンライン学習が

キャンパスでの学習の質を高めるかを尋ねた。平均的な反応は1.8（肯定1—否定5）である（6つの大学のみが否定している）。これは，少なくともキャンパスでの学習では，eラーニングの可能性に肯定的であることを示している。より一般には，eラーニングの効果を評価するために使用されるツールや評価基準について，さまざまな例がある。

OECD / CERI に回答した機関のうち，肯定的な影響の詳細な証拠を示したものはわずかである。さまざまな方法でさまざまな回答が寄せられている。一部の機関は，eラーニング（あるいはこれまでのeラーニングの不在）の影響の，表面的な研究を示すにとどまっている。また，伝聞による証拠や間接的な証拠，印象について述べている機関もある。これは例えば，教育や学習における戦略の活性化，学生や教員の満足度，教材配信の柔軟性の高さ，コミュニケーションの改善，知識定着や成績が対面学習とオンライン学習で同等であること，などである。

これから述べる分析は，この質問とおのおのの大学の状況に関して寄せられた回答の，最初のかつ最も重要な報告である。その後，これらの結果をほかの報告と比較していく。

◆教育に対するeラーニングの肯定的な影響

次に述べる大学だけが，これから述べる視点を持っていると考えるのは誤解である。というのは，eラーニングの教育におけるメリット（例えば，アクセスの柔軟性や，対面での教材配信の価値を高めることなど）は，世界中の大学で共通しているからである。以下のコメントは，質問の解釈による相違（例えば，公式な証拠と非公式な証拠）を大きく反映している。また，その大学に関わるeラーニングの性質や経験も反映している。

回答者は，教育に対するeラーニングの肯定的な影響を報告している。

特定のテクニック

OECD / CERI の調査への回答で，ほとんどの回答者が何らかの学習者中心の教育に言及している。それは，非指示的，構成主義，ストーリベース，問題ベース，などの教育方法である。しかし，eラーニングによって教育と学習の手法や影響がどのように変化したかについて詳細に述べている機関はほとんどない。

Carnegie Mellon University は例外であり，伝統的なモデル（「講義のみ」）とは異なる特殊なeラーニング技術の利用によって，学生の学習が改善したことについて述べている。例えば，StatTutor（大学の心理学者のMartha Lovettによって開発された）は「ITS (intelligent tutoring system)」であり，学生がデータ分析にまつわる問題の解決法を学ぶことを，支援するよう設計されている。実際には即時にフィードバックを行い，解く

のが困難な学生にはヒントを提示し，統計における問題解決の段階を繰り返す。このようなさまざまな『ヒント提示』は学生の必要性に応じて減少する」．

Box 3.1

3.1 Carnegie Mellon West とストーリ中心カリキュラム

2001 年に設立された Carnegie Mellon West は，米国のピッツバーグにある，Carnegie Mellon University の新しいキャンパスである。この大学はカリフォルニアにあり，現在のところ大学院レベルの研究と生涯教育に限定されている。この大学にはソフトウェア工学と経営の専攻があり，それらはさまざまな総合的なプログラムを含む（技術専門家の法律教育など）．

Carnegie Mellon University のプログラムは，「学生に新しく，よりよい学習機会を与えるために設計されている。授業の代わりに実地訓練，競争の代わりに協調やマンツーマンのメンタリングというように，体験による学習に着目している」。この大学は，認知科学とその学習への適用を専門とした上位組織の数十年にわたる研究成果を利用している．

Carnegie Mellon West の取り組みは，学習における「ストーリ中心カリキュラム」（Story-Centred Curriculum：SCC）のアプローチに基づいている。これは，大学院の主流のカリキュラムからの「劇的な発展」であるといわれている．

「ストーリ中心カリキュラム」の背景にあるアイデアは，良いカリキュラムは学生が重要な役割（例えば，e ビジネス技術やソフトウェア工学のマネージャ）を果たすストーリによって構成されるべきである，ということである。これらの役割には，プログラムの卒業生が働く際に実際にその役割を担うか，または知っておく必要があるものが選定される（学生は将来，そういった役割を担うメンバーの管理職となるか，またはチームを組むであろうからである）。学生は，働いている仮想の会社の詳細情報と実際の詳細なプロジェクトを与えられ，グループで取り組む。このカリキュラムは，教員やオンラインメンタのほかにも，必要な教材や資料を提供して学生の疑問に対応し，必要に応じて学生を正しい方向に導いていく．

SCC モデルの効果は，設定された任務を達成するストーリを通じて，学生が仕事の成功に必要なスキルを身につけることである。SCC は，単一のコースのなかだけではなく，カリキュラム全体を通じて，実際の「体験による学習」を導入する。事実，SCC は有益なストーリを含むカリキュラムにより，「コース」というものを排除しつつある。このストーリは，学生が卒業後に実際の世界で果たすであろう役割のストーリである．

プロジェクトウェブサイト：http://west.cmu.edu/index.htm

Carnegie Mellon University の「Open Learning Initiative（OLI）」（研究主導のオンラインプログラムの開発と提供を目的とする，外部資金を受けた取り組み）に関しては，Box3.2 を参照されたい。

Carnegie Mellon University はもうひとつ，「ストーリ中心カリキュラム」と呼ばれるカリキュラムがある。このカリキュラムは，教育や学習の根幹にeラーニングが据えられている Carnegie Mellon West の特有のものである。「ストーリ中心カリキュラム」で学生は，教員やオンラインメンタの助けを借りながら，シミュレートされた作業環境について学び，実際のプロジェクトに取り組む仮想グループのなかで協力して働くことができるようになる（Box 3.1 を参照のこと）。

キャンパスを拠点とする大学は今後，対面学習とオンライン学習の混合へと進むのだろうか，という疑問がしばしば起こる。Sloan Foundation は，Sloan Consortium（Sloan-C）(www.sloan-c.org/index.asp) を設立した。その狙いは，教育組織がオンラインプログラムの品質，スケール，および幅を継続的に改善できるよう支援することである。

Sloan-C は 2004 年夏にオンライン研究ワークショップに着手した。研究課題のひとつは「環境の混合」であり，教育と学習における ALN（Asynchronous Learning Networks 非同期な学習ネットワーク）の影響を具体的に調べることを目的としている（Hartman et al., 2004; Harwood and Miller, 2004; Laster, 2004）。さらに，学習が効果を持つためには，インタフェースや教えること，学習者の特性の問題に関する糸口の重要性が強調されている（Swan, 2004）。

教材やほかの資料への柔軟なアクセス

これは，授業の箇所を復習しようとする学生や，授業で用いられる言語をあまり理解していない学生には特に貴重である，と指摘されている（青山学院大学）。ほかには，単位履修生向けの全般的なアクセスの柔軟性（青山学院大学，Monash University），そして図書館資料への遠隔アクセス（Monash University）も指摘されている。

対面型セッションの充実

オンラインで蓄積された授業が利用できるため，教員はeラーニングの困難な点や応用に取り組む時間を作ることができる。eラーニングは対面型セッションの価値を高める，といわれている（Asian Institute of Technology，青山学院大学）。eラーニングの導入がきっかけとなり，伝統的な教室での授業を含む教育方法全般についての議論が始まった，という報告もある（University of Zurich）。

コミュニケーション

eラーニングが，学科や学生のコミュニケーションを容易にするという，「複数の証拠」がある。例えば，文化的あるいは個人的な学生の羞恥心を軽減する（Asian Institute of Technology），学生の質問に教員が即座に対応する（Monash University），相互学習を促進する（Monash University）。外国にいる教員も，オンラインの講義を実施し，遠隔地の学生と合同授業を行うことができる（青山学院大学）。

知識定着と到達度

多くの回答が，この項目に関する証拠を示している。Open University of Catalunyaは，9年間にわたる完全なオンラインの大学として，4000人以上の学位を授けてきた経験を述べている。

UCLA ExtensionとUniversity of Maryland University Collegeは，学生や卒業生を対象とした，大規模かつ定期的な満足度調査の結果を引用している。この調査では，対面型やほかの遠隔教育と比べて，オンライン学習がその質や学問的な厳密度に関して高い満足度を得られていること，またアクセスの柔軟性の高さが評価されていることが明らかになっている。

University of Sao Pauloは大規模な，（オンラインと対面が）混合して用いられている教師教育プログラムの評価について報告している。落第率は10%未満で，大きな需要があるという。

University of British Columbiaは，通常の印刷物を用いたコースに比べて，完全なオンラインコースが，10～15%も良い評価を得た，と述べている。功績の上昇は，オンラインコースで，仲間同士で議論やテストができるようにしてほしいという，ニーズを背景としたものによると考えられる。印刷物を用いたものは，開始や終了の日程が柔軟だが，期限を守ることができない学生もいる。University of British Columbiaはまた，学部レベルでは，完全なオンライン型コースが対面型コースと同程度の成績を修めたが，全体の及第率は対面型よりも5～10%低かったと報告している。その理由は述べられていないが，オンライン学習の性質（例えば，学部レベルでは対面学習より単独での学習を多く必要とする）や，集団の特性（例えば，フルタイムの学生か単位取得生か）などにより説明できるかもしれない。

Open Polytechnic of New Zealandは，従来の通信教育よりも多い学習者が，完全なオンラインのプログラム「Open Mind Online」を受講している証拠がある，と述べている。オンラインプログラムは年平均で30～40%増加している一方，従来型の教育は

一桁の増加である。

ほかのオンラインプログラムへ再登録する割合の高さを指摘している機関もある。すなわち，ひとつのプログラムを終了した学生は，別のプログラムに登録している（Open University of Catalunya, Virtual University of Tec de Monterrey, UCLA Extension）。UCLA Extensionは，キャンパスへのeラーニングの導入に伴い，学生の満足度が安定して高まっていることを報告している。しかしながら，因果関係を示すことはできていない。eラーニングの成長は，学習体験を改善しようとする全般的な流れと並行して起こっている。

雇用者の関心

雇用者は，完全なバーチャル機関の修了者に関心を示しているように思われる。というのも，完全なバーチャル機関の修了者は，「粘り強く，ITに関する知識を持ち，一貫性があり，勤勉である」（Open University of Catalunya）からである。

学生の満足度

UK Open Universityの回答者は，eラーニングに対する学生の満足度は，ほかの学習活動と同様に，ある活動が義務か否かと相関していたと述べている。これは，学生は評価の対象にならない活動にあまり関わろうとしないことを意味している。このことから，ある活動を義務付ければ，必ず満足度が上がるだろうとまではいえない。しかし，義務化によってさらに深く活動に参加するようになるため，学生はその活動の長所や短所について肯定的に評価「せざるをえない」のだろう，ということはできる。逆に，学生は知識よりは経験の方がないため，自発的な活動を否定的に捉えているかもしれない。

eラーニングに対する，学生の満足度に関する研究は増えてきている。米国での研究は，学生の学習管理システム（LMS）の利用度と，LMSの効果の肯定的な評価の間に相関関係を見出している（Borrenson Caruso, 2004, p.3）。

Sloan-Cは，「学生の満足度」を中心のひとつとして置き，学生の満足度に影響するものを調査している。そして，学生の高い満足度は，アクセス，プログラムの質，学生のサポート，個人的な対話の機会などの結果として生じるものだと報告している（Benke et al., 2004）。

従来の，教示的な教師中心の対面型の学習環境から，自分で進める学習に変わる際に，学生の役割は変化する。この変化は学生の満足度と教育の成功にとって最も重要である（Garrison and Cleveland-Innes, 2004）。また教えるということ自体は重要であり，そ

のため教員開発（FD）が学生満足において極めて重要である（Shea, Pickett and Pelz, 2004）。

品質保証のプロセス

回答者は言及しなかったが，教育法に関連するeラーニングの特性のひとつに，Slater（2005）が「QA能力」と呼ぶものがある。これは，eラーニングコースの開発が，その教材と活動に関する厳密な仕様を必要とする，という事実を示している。これにより，eラーニングが品質保証のプロセスをより受け入れやすくなる。プログラムリーダ・教員・機関への提供に関する適正な管理をゆだねることに加え，eラーニングの形式もまた，プロセスと内容に関して多くの情報を学生に提供する可能性がある。eラーニングにおける品質保証のプロセスを促進するために，いくつかの国が政府レベルで動き始めている（第8章を参照のこと）。

◆教育に対するeラーニングの否定的な影響

複数の機関は負の影響，つまり効果的なeラーニング教育を損ねる現象についても報告している。

不均衡

以下の項目が挙がっている。コースや教材の用語の不一致，学科や学生の技術へのアクセスの不均等，いくつかのインタフェースの不具合（Carnegie Mellon University），システムの信頼性，およびオンライン教材と印刷教材の間の統合の欠如（Monash University）。

対面機会の損失

University of British Columbia は，ある分野（農学）では全般的に学生が満足しているが，eラーニングは対面型授業の代わりではなくそれを補うものとなるべきだとする意向が強くある，との研究を引用している。

University of Zurich は，eラーニングの導入によって，教員が教室での教育を失う可能性に対して全般的に懸念が生じていると述べている。ここで主要なテーマとなっているのは，「社会的なアフォーダンス」（すなわち，学習を支える社会的な相互作用の形式）と，「オンライン学習（特に遠隔のオンラインプログラム）による学生参加の質」との相関関係である（Volet and Wosnitza, 2004）。

経験の不足

　Carnegie Mellon University は，ICT（情報コミュニケーション技術，LMS の管理機能など）の管理的な側面の導入と，教育に対する実質的な影響の間にある隔たりに焦点を当てている。2001 年に行われた調査では，70％の教員が「コースを管理すること」に LMS を利用したが，LMS の利用が肯定的な影響力を持つと考えた教員は 22％であった。LMS に合うように，コースを再設計した教員は 13％だけであった。これは，多くの教員は授業管理を第一目的として，最も一般的な e ラーニングツールである LMS を利用している，という第 4 章の主張と一致する。LMS の利用による教育上の利点が着想され，適用されるには，長い時間がかかる傾向がある。

　Carnegie Mellon University は 2001 年の LMS 調査のフォローアップを計画している。フォローアップでは，教員が e ラーニングの経験を蓄積するに伴い，教育的な影響に対する肯定的な認識が増えたかということと，設計し直す頻度が以前と比較して増えたか否かについて，尋ねる予定である。

◆教育の評価

　前述したように，e ラーニングの教育の影響に関する印象は，全体としては肯定的なものである。とはいっても大半の機関が提示した証拠は，正式なものではないか，全般的な教育の評価（ユーザ満足度調査や達成度データ）から抜き出したものである。e ラーニングの教育上の影響に関する系統的かつ多元的な研究は行われていないため，かえって目につきやすいものである。

　ボーダーレス高等教育研究所（OBHE）調査の回答者の 50％は，「オンライン学習が，学生や教員の活動に及ぼした影響に関する正式な評価」が，機関として行われているかとの質問に対して「はい」と答えている。しかしながら，この比較的高い数字は実際の取り組みの多様性を隠しているかもしれない。OECD / CERI 調査とは異なり，OBHE 調査では詳細な回答は求められていないからである。

　OECD / CERI 調査の回答機関のなかで，系統的な研究が行われている主な例は，Carnegie Mellon University の「OLI」に関する評価である（これは，最先端のアクセスが自由な e ラーニング教材を開発する試みであり，認知科学の知識や，大学における主要な個人やプログラムの実績に基づいていることが特徴である）。

　ほかの例としては，UK Open University, University of California, Irvine, University of Maryland University College, UCLA Extension による，長期間にわたる詳細な満足度調査がある。

UCLA Extension は，オンラインプログラムの授業評価報告を四半期単位で用意すると述べている。これは，「学生の経験や態度を，大学内の比較に広く用いる」ためである。
　University of California, Irvine の Student Focus Group3（「電子教育環境」のグループ）は，評価報告書をまとめた。これは，学生と教員が「電子教育環境」ツールを使う傾向が増加していることを示している。
　University of British Columbia は，現場主導の取り組みに触れ，複数の学科に固有の結果を報告している。例えば，初級英語のコースの混合型プロジェクトでは，肯定的な結果が得られた。地学では，オンラインコースの教材が有効であるとわかったが，対面学習に置き換わるものではなく，補完すべきものであることも判明した。教育学部では，eラーニングを使うことで，学生中心の教育や学習の強固な文化が創られたことがわかった。
　University of Zurich は，eラーニングプログラム専用の，評価モデルを調査したことを報告している。これによると，「eラーニングに拡張されたコース」は前期の終了後に評価されるべきで，教員と学生という両者の視点を考慮に入れる必要がある，と指摘されている。University of Zurich のeラーニングセンタは，これを容易にするために標準化された評価フォーマットを開発した。このシステムは評価を毎年繰り返すという想定で，2003年に導入された。この結果は大学の理事会に提出される。
　多くの大学が，より系統的なeラーニングの評価を計画している（Monash University, University of South Australia など）。
　University of British Columbia は，特定のコースに関する評価作業と，大学全体の系統的な評価の計画について簡単に述べている。これは新しく設立された教育工学オフィスを通じて行われる。
　FernUniversitat Hagen と Multimedia Kontor Hamburg は，評価範囲の拡大と洗練について述べている。これは LMS のユーザ追跡や，遠隔の学生の意見を聞くビデオ会議からなる。このような LMS ユーザの追跡は，Open Polytechnic of New Zealand ですでに導入されている（LMS 自身による自動化されたデータ収集が用いられている）。
　University of Paris Nanterre は，HEAL（Higher Education E-learning Courses Assessment and Labelling）における将来の評価データ提供元としての役割に触れている（Box 1.1 を参照のこと）。HEAL はヨーロッパの5か国が欧州委員会から資金を受け，ヨーロッパとしての単位認定の体制において，教材のオンライン配信を行うプロジェクトである。
　Greater Mekong Sub-region Virtual University（GMS-VU, Asian Institute of

Technology はこのメンバーである）は，当初から e ラーニングの教育評価を組み込んでいたと述べている（Box 2.2 を参照のこと）。

否定的なコメントは，大半が最適でない施設やユーザの経験不足に関するもので，教育の実務に関する批判や e ラーニングの可能性を否定するものではない。対面学習の機会削減は，e ラーニングと対面学習の位置づけに関する問題であって，e ラーニング特有の問題ではない。

Carnegie Mellon University の調査データは次の点を強調している。すなわち，あらゆる形態の e ラーニングは，ほとんどの高等教育機関において最近の現象のままである。こうした初期においては，計画や評価に関連した教育法上の影響が必要である。米国での最近の研究では，「ウェブに長く取り組むほど，教員は科学技術にある教授法上のメリットを追求し引き出そうとするが，このプロセスは長期間を要し，予期されるより多くの共同作業を必要とするかもしれない」と結論づけている（Wingard, 2004, p.34）。

教育と学習に対する ICT の影響や，ほかの新しい配信方法に関する研究は，確立していない。肯定的な効果や否定的な効果を報告している研究もあれば，明確な相違を報告していない研究もある。カナダのウェブサイトは，教育と学習への影響についてのさまざまな議論に関する多くの文献を載せている（http://teleeducation.nb.ca/significantdifference/ を参照のこと）。

いずれ「特効薬」となる研究が現れ，e ラーニングそれ自体が高等教育で有益であることを示すだろう，と考えるのは安易である。e ラーニングはひとつの「対症療法」ではなく，巨大で非常に多様なカテゴリの療法である。そして，教育と学習における有効性はただひとつの結果ではなく，多様でかつ相互に相容れない評価基準の集合で評価される。

アプリケーションの内容と状況の多様性（例えば，学生，教員，教材，経験，技術，規律，レベル，設定など）は，教育とその結果に重要な影響を与える（Sener, 2004）。これは，対面学習にはない e ラーニングの効果に関する研究課題に関する議論であり，そうした研究プロジェクトと用いられる研究方法が，ひとつの文脈として繋がるための議論でもある。基本的な問題は，オンラインか対面かにかかわらず，学習に貢献する要因の独立性に関係がある。

事実，高等教育における教育や学習の専門家は，何が学生に有効な学習体験を積ませるのか，という包括的な合意を得ている。これは，学習理論が，行動主義や認知主義から構成主義にシフトしていることを反映している。

構成主義では，学生が教材を受け取って「理解する」役割を強調しており，学生同士，

また学生と教員の相互作用の意味を重んじている。主要な要素は以下のものである。①学習の動機づけ，②明確な目標（学生からのインプットを踏まえたもの），③実践を通じて学習する機会，④さまざまな活動（読み，書き，議論，体験，直接参加），⑤仲間同士で学習することの価値，⑥教師主導の学習，⑦グループ学習とひとりでの学習のバランス，⑧個々の学生がさまざまな方法で学ぶことを好むという認識，⑨学習の長所と短所（そして教員が学習を学生に提供し学生の能力を伸ばすこと），⑩通常のまた構成主義的なフィードバックの価値，⑪個人アプリケーションやプロフェッショナルなアプリケーションで学習したことが「理解できる」機会，そして⑫達成度を何らかの形で承認すること，である。

　Twigg（2002）などは，前述の学習要素に従って，学習設計をサポートする ICT を利用することを試みている。その方法論では，ICT の利用により部分的に容易になった再設計の方針に従い，高等教育プログラム（特に大規模で，導入レベルの学部生向け）が学習効果を上げ，学生数を増やし，コストを削減することができた，という。これにより，ICT の利用が学習に多大で避けがたい影響を与えているという推測から脱却できた。その代わり，ある教育のアプローチが学習に最大の影響を与えること，そして特定の方法で使用する限り，ICT の使用がそのアプローチを容易にできることを主張している。

　Pew Charitable Trusts（米国の主要な基金団体）は 1999 年から 2003 年まで，米国の 30 の教育機関で，e ラーニングの試行を 4 年間後援し，肯定的な結果を得た。さらに，Pew から資金供給された機関は，教育の管理において標準化された計画を実行する必要があったため，影響の評価を難しくしていた多様性が減少した。

　この標準を定めるようなアプローチによって，原因帰属の新たな可能性が開かれた。Twigg の原理は，高等教育機関における ICT 利用の増加がもたらすコストやアクセス，教育上の影響に関する現在の不確実性を超えて動くもので，コストの上昇，アクセスへの圧力，教育改革に関する懸念に取り組んでいる。

　さらにこの目的は，研究者・大学の管理職・国の政治家が，ICT を主流の戦略と統合するような複雑な課題をこなすことを補助し，過去のボトムアップによる実験的なアプローチの効果を認識させ，組織的な変革に対する理解を促すことである。

　Pew Grant Programme の「コース再設計」での，大学や科目を超えた取り組みも重要である（このアプローチの概要に関しては，Twigg, 2002 を参照のこと）。Twigg は現在，フォローアップを行っている（Roadmap to Redesign）。フォローアップは，再設計の実践を広く紹介し，大学での取り組みに弾みをつけるためには特別資金が必要で

あるとする要請を断つよう設計されている（詳細は，www.center.rpi.edu/R2R/R2R.html を参照のこと）。Twiggとその協力者は，方法論を広める非営利の組織である National Centre for Academic Transformation を設立している。

結論として，eラーニングの教育への影響を評価するのは難しい。確かに，肯定や否定の両面で，影響の明確な証拠はない。しかし，ほとんどの大学が，学生の学習体験を改善したと考えている。教育と学習への影響はICTの利用だけで関係付けられるのではなく，学生の支援や新しい教授法など，ほかの要素も関係する。

3.2 eラーニング教育を決定する人物（調査票の質問4.3）

OECD / CERI 調査は，教育に関するeラーニング配信を，誰が管理しているかについて探っている。アンケートでは，本部主導，教員や学科の主導，個々の教員の好み，これら3種類のパワーバランスを尋ねた。

一般なパターンとして，eラーニングは個々の熱心な教員や，外部から資金提供されたプロジェクトとして発足していた。これは教員の研究テーマからeラーニングが発展したものであり，個人の研究テーマが変更した場合や特別資金の期限が終了した際には，個別の取り組みに困難が生じる可能性がある。

次の段階として，いくつかの学部や学科による大きなグループがジョイントベンチャーとなり，これと並行して大学本部のeラーニングユニットなどが創設される。これによって大学本部のアプローチの骨格ができあがる。

これに続く段階は，ある種のeラーニング戦略を定式化した企業体としての大学である。このなかで，その大学の支部が，青写真を作るよう意思決定が行われる。

Open Polytechnic of New Zealand は，興味深い「eラーニングユニット」の配置について説明した。「eラーニングオフィス」は2003年3月に設立され，2005年3月に解散する予定である。このオフィスは，eラーニングをプロジェクト状態から中核事業にシフトするために設立された。「eラーニングオフィスの存続期間が固定していることにより，このオフィスはほかのビジネスユニットより自由に動ける」が，その一方で，「永続的なオフィスより高いリスクにさらされるかもしれない」。このオフィスが実際に解散するか，または永続的な支援部門となるか，注目に値するだろう。

多くの大学は，教育と学習に関する本部の戦略（例えば，学生中心，問題ベース，対話的なアプローチなどの価値の強調）を開発している。しかし，こうした戦略が，教員の日々の教育の意思決定に対して直接影響することはほとんどない。これはおそらく，教員の自治と高等教育における学問の自由の重要性に起因するものである。

特異的な例のひとつは Carnegie Mellon University である。Carnegie Mellon University における大学本部の位置づけは，e ラーニングの採用や性質に関する意思決定を，最大限分散化するよう促すことである（また前述のように，Carnegie Mellon West はこれとは異なっている。少なくとも初期には中央集権的なアプローチであった。Box 3.1 を参照のこと）。

ほかの多くの大規模な大学では，このパワーバランスは研究にもある。全学的な規格としてどのような特定技術をあてがうか，ということと並んで，個々の教員が配信モードの詳細についての決定権を保有し，また ICT を利用するか否か，どのように利用するかについても決定権を保有していると回答した。

Multimedia Kontor Hamburg は，個々の教員の権利としての教育が，ドイツ憲法のなかに明記されていると述べている。カリキュラムは，プログラムや学部での合意により決定されるか，または Multimedia Kontor Hamburg のケースのようにコンソーシアムによって決定される。

University of South Australia では，すべての学生が「プログラムのいくつかをオンラインで経験する」効果がある，という理事会の方針文書が発行された。これがコースにとってどのような意味を持つのか，あるいはコースがオンライン要素を含むか否かは，個々の教員に託された課題である。

キャンパスを持つ多くの大学が，本部の委員会や，新しいプログラムに承認を与える委員会があるモデルを示している。しかし，授業内容の詳細は個々の教員に大きく委ねられている。

ツールの選択のような事柄（教育に大きな影響を与える可能性がある）は現場で決定されるべきだが，特定のプラットフォームに標準化するような事柄は，トップダウンに決められつつある。しかし多くの場合，学科や個人は自由にその好みを持ち続けることができる。詳細に関しては第 4 章を参照されたい。

多くの回答者が，本部の「e ラーニングユニット」が，革新や成功例を共有することに寄与すると報告しているが，それは個々の教員の独立性によるものである。

このようなユニットを使って特定の e ラーニングプログラムを開発することで，共通要素を強要することになるかもしれない。ユニットが割り当てるプロジェクトに基づいた資金が教員主導の開発を妨げるのではないか，という教員側の懸念から，University of British Columbia では，このような限定された中央集権の形態についての評価を行っている。この大学の回答者は，将来この資金がむしろ直接教員に割り当てられ，センタに申請して利用できる形より，教員が自由に裁量して使えるようになることを想定して

いる。このシナリオでは，「本部のeラーニングユニット（University of British Columbia では「遠隔教育と技術ユニット」と呼ぶ）は，成功例を広める役割としては残るが，資金管理により教員を操縦する立場にはならない」となっている。

University of Zurich では，大学の自治を記した宣言と同様，フリーのツールを利用するか，学外から資金供給されない限り，本部のeラーニングユニットが，すべての実質的なeラーニング開発を引き受けるべきであると考えている。

Slater（2005）が論じているように，委員会が「最終的」にコースを承認する伝統的なモデルは，eラーニングには不適当である。これは初期開発の場合，また実験的で高価なコース開発を行うため，頻繁に品質保証面で介入を必要とする場合は除外される。

これとは対照的に，Open Polytechnic of New Zealand では，さらに集中化されたアプローチを使用している。

eラーニング以前の時代でも，最近でも，大学の「Learning Materials Design Group」は，教材の設計と開発における主要な「ゲートキーパー」の役割を果たした。教員は開発グループのメンバーとなり，コース開発や再開発を先導するが，「学習設計グループが内容面をコントロールする」。プログラムの教育的側面（議論ツールの使用など）の大半は，設計段階であらかじめ作り込まれており，いったん開発が進み始めると，その段階で教員が何かを新たに導入することはない。

同様に，「教員には積極的に補助教材を追加する権限がない」。この中央集権的なアプローチの狙いは，均一な品質の確保であり，実際これは Open Polytechnic of New Zealand の競争における優位性とみなされている。

しかし，（印刷教材と比べた場合の）eラーニング教材の柔軟性とダイナミクスに関しては，再考の余地がある。最終的な形はまだ明確でないが，コース開発が学科レベルに分散するように，また（方針に従い，学習目標や評価方法に影響力を持たない）教員が，コースが進む過程で教育に実質的に介入できるように，改変されつつある。

Moodle という LMS の出現は，こうした変更を容易にしたといわれた。初期段階では改変が続くかもしれないが，「Open Polytechnic of New Zealand の Learning Materials Design Group」の機能は，サポートやベストプラクティスを提供しながら，ほかの大学の「eラーニングユニット」と同様のモデルへと戻っていくだろう。

いくつかの遠隔教育機関（特に Open University of Catalunya）は，中央集権的な教育ビジョンと開発プロセスを示している。

UK Open University は，eラーニングの教育方法の開発に関して，個々の教員，学科，学部が現在まで決定権を持っていると報告している。しかし，今後の方向性としては，

「将来はより中央集権化したアプローチになるであろう。これによりコースモデルを実装し，コースデザインの面で規範を示すことができる」としている。

UCLA Extension は，学部を中心とした教材やコース開発のモデルについて説明しているが，回答者は，これが「付加的，持続的で低リスクの取り組みを促進する傾向があるが，大胆さには欠けるかもしれない」と記している。この問題は，大学における戦略的策定の次の段階で記述する必要がある。

3.3　eラーニングに関する学生の指導 （調査票の質問 4.4）

eラーニングに関する学生の指導とサポートの有用性は，調査対象の教育機関に広く知られているわけではない。

一般的な IT や情報リテラシのプログラムは普及している。しかし，学生に対するICT やeラーニングサポートサービスのようなeラーニングの要素（LMSの使用法など）は，まだ始まったばかりである。後者は，技術の機能や単元の問題に対処するように設計されている。

回答者の大部分は，学生に対して，eラーニングに関する特別な支援や指導（すなわち，多様な形態の ICT を利用した学び方など）を中央からは提供しておらず，部署やプログラム単位で提供している。Monash University の回答者は，大学が「系統的に，キャンパス内外でこれらの学習スキルを学生に提供すべき」とコメントしている。

当然ながら，オンライン利用度が高くeラーニング配信の経験が豊富な機関では，eラーニングに対するガイダンスや学生サポートが提供されている。多くの大学（UK Open University, Open University of Catalunya）は，一般的な「オンライン学習序論」コースの利用を挙げている。また，さまざまな種類のコースベースのオンライン支援，教員やほかのスタッフが，彼らの経験を元に学生の質問に回答することも指摘されている。

Open Polytechnic of New Zealand は，関連するすべてのプログラムに関わる標準のオンラインサポートについて記述している。「提供されているオンラインサポートは，学年全体のサイクルを通して，すなわち履修開始から評価終了，最終試験に至るまで，学習者をガイドするように設計されている」。また大学は，オンライン FAQ，勉強のヒント，「ハウツー」ページなども提供している。Open University of Catalunya の回答者は，研究や教育に責任を持つ大学教員の役割を強調した。

University of South Australia では，すべての学生が学習のための「ラーニングコネクション」というウェブサイトにアクセスするようになっている。またすべての新入生

は，「University South Australia オンライン」の CD-ROM のコピーを持っている。これにより，University South Australia のオンラインコースをオフラインで再現できる。

UCLA Extension では，e ラーニングプログラムを始める前に，すべての学生が LMS オリエンテーションコースを取るよう強く奨励されている。おのおののプログラムは，サービス，政策，および技術的な事柄を扱う「Course Manager」を割り当てている。これは，「学生が学習プロセスに集中し，技術的なことを心配しない」よう，すべての未学習項目や，内容的な難しさに対して迅速でスムーズに対処することを保証するためである。

University of Maryland University College は，LMS とオンライン図書館導入コースを義務とし，年中無休で 24 時間の技術サポートとライブラリサービスを利用可能にしている。

Carnegie Mellon West では，メンタが雇用されており，e ラーニングのプロセスで学生を誘導し，仮想の仕事チームを支援する（ストーリベース，チームベース，問題ベースの教育アプローチを反映している。Box 3.1 を参照のこと）。本部の「e ラーニングユニット」（あるいは同等のもの）が，何らかの「e ラーニング／遠隔学習への導入」を開講しているケースもある。

University of British Columbia は，インストラクショナルデザインの成功事例として，新しいユーザが最小限の導入と経験により，オンライン講座を完全に利用できる点を強調している。

米国の 13 の高等教育機関における学生 4000 人以上を対象とした最近の研究は，学生の IT リテラシに大きな関心を向けることを勧めている。この研究によれば，一般に学生は「彼らの仕事を成し遂げるのに十分な，技術的な機能を知っている。…アプリケーションに対する徹底的な知識や，問題解決の技術を持っているわけではない」(Borrenson Caruso, 2004, p.1)。調査対象の教員の 16% は，学生が使いにくい技術を発見したことにより，LMS の使用が減少したと述べた（Kvavik et al., 2004, pp.83-84）。

この報告は，「この分野では効果的な実践研究がほとんどない」と述べ，導入における大学レベルでの標準のメリット，単位付与に必要な科目，仲間同士での学習，全般的なフォーカスと学科特有のフォーカスのバランスなどについて議論している。

結論として，学生の IT リテラシは限られたものである考えられる。オンライン利用度の高い教育機関では，ガイダンスや指導が全般的に提供されている。

3.4 教材と学習オブジェクト（調査票の質問4.8と6.6）

　学習オブジェクトは，潜在的な費用を削減し，教育を変革する有望な，eラーニングを発展させる道具としてみなされている。

　OECD / CERI調査は，大学が学習オブジェクトの発展と合理的をサポートする戦略や，それに関する問題を尋ねた。

　「学習オブジェクトの経済性」の記述は多い。教員が，外部の教科書を利用したり，外部の教材の利用権を取得することが普及している。「学習オブジェクト」は，教材開発のモデルを記述するために広く使われる用語となった。この教材開発とは，再利用や別目的のためにデザインされた教材のばらばらな「塊」を結合すること，あるいは再結合することである。

　「学習オブジェクト」のための決定的な定義はまったくない。そして，「オブジェクト」は一つの図からコース全体のダイアグラムまで，広い意味を持つ。さまざまなツールが利用可能であり，オブジェクトに対して一貫した方法でタグ付けしたり指定する方法がある。これにより，オブジェクトを使用し，また再利用する大きな柔軟性と，プラットフォーム間の相互運用性を提供している。

　「学習オブジェクト」モデルは，eラーニング教材開発への効率的なアプローチと一般的にみなされている。すなわち，時間の削減，費用の削減，教材品質の向上，教育にかける時間の拡大などをもたらす。また，教育への影響という意味で，学生の経験を高める（Roy, 2004）。後者は，学習オブジェクトモデルの改造や，学習メディアの多様化に起因する。

　「学習オブジェクト」モデルは，多くの問題を提起している。例えば，著作権，創造的なプロセスにおける行動の主体とその位置づけ，開発するか借用するか，などの問題がある。

　学習オブジェクトは，手工業モデル，すなわち仕事の大部分を教員に依存するようなモデルではなく，教材やコースを開発する別のモデルを示している（これは一般に，コースが既存の教材を寄せ集めるのではなく，全体として作成されるモデルである）。

　そして，個人が外部の教材から広く，全体のコースを組み立てるか，または第三者のコースをまるごと採用するものである。個人的に収集しているものは別として，個人が利用できるさまざまな公共の学習オブジェクトの「倉庫」，すなわちリポジトリがある（MERLOT：www.merlot.org，eティーチング：www.e-teaching.org など）。

◆教材の開発と採用

　多くの大学が，教材開発に対してさまざまなアプローチと格闘している。多くの学習管理システム（LMS）が，教材オーサリングの機能や「コースパック／電子コースパック」を作る機能を提供し，個々の教員の活動を助けている。また，大学本部の資金や戦略によって支持された「e ラーニングユニット」は，さまざまな開発と支援の機能を持っている。

　例えば，本部のユニットが，教員や個人が応募する競争的な開発資金を管理する場合がある（FernUniversität Hagen など）。多くの大学が興味を示し，初期の計画や試行を引用しているにもかかわらず，学習オブジェクトを広く利用している大学はない。回答者全般で，学習オブジェクトモデルは可能性を持っているが，試行されていないという共通認識がある。

　University of South Australia は，「成り行きを見守る」方針を採用したと述べている。

　最も活動的な大学のひとつは，University of British Columbia である。この大学では，本部が管理する競争的な資金により，さまざまな学習オブジェクトプロジェクトに 30 万カナダドルを投資し，プロジェクトを支援し結びつけるコーディネータを任命した。

　また，University of Calgary で開発された CAREO と呼ばれるリポジトリを採用し，カナダの Canarie ICT 基金から資金を調達し，Massachusetts Institute of Technology（MIT）の D-Space システムを検証している（D-Space はオンラインの検索可能なアーカイブであり，研究論文などを扱う。このシステムはほかの大学も利用可能である）。

　第 4 章以下で述べるように，OBHE 調査では，コンテンツ管理システム（すなわち，さまざまな種類の学習オブジェクトの開発と利用を調整するソフトウェア）の基本的なレベルの採用に関して調査した。

　全体として，全学的な採用は 2002 年の 4%から 2004 年には 6.6%とわずかに上昇しているが，多くの機関は今後さらに発展すると述べている。多くの団体（2002 年の 64～61%と減少しているが）では，コンテンツ管理システムの採用は，今後 1 年から 5 年の間に戦略的に優先して扱われる。

　学習オブジェクトモデルをまっさきに述べた大学の好例は，米国の University System of Georgia である。University System of Georgia の「Advanced Learning Technologies Unit」では，1 年次と 2 年次のコースをウェブサイトに集めたものに満足せず，コースを学習オブジェクトに分割し，題材，主題，学習目的に従ってオブジェクトをグループ化している（この学習オブジェクトは，再利用を容易にするため SCORM

(Shareable Contents Object Reference Model）準拠形式とされた。次項「相互運用性の規格」参照）。この学習オブジェクトは主流の商用 LMS に蓄積されている。その目的は，1 年次と 2 年次のコース開発の時間と費用を削減することである。しかし，正式な費用対効果のデータはまだ出されていない（詳しい情報は，Lasseter and Rogers, 2004 を参照のこと）。

◆相互運用性の規格

　質問 4.8 では，国際的な相互運用性の規格の使用に関して尋ねた。これらの規格は，さまざまのアプリケーション間のスムーズなデータ流通を保証し，教材リポジトリのなかで，より詳細で一貫したデータマイニングを行うために重要とみなされている。SCORM と IMS（Instructional Management Standards）は，この業界のなかで世界的な標準である。

　SCORM は米国国防総省によって開発され，サードパーティが開発した異なるシステムや教材を結びつけ，大学の「先進的な分散学習」を支援するために開発された。SCORM の「参照モデル」は，さまざまな規格の仕様（あるいはその一部）をまとめたものであり，LMS のなかの学習オブジェクトの開発，展開，動作などの全体を記述する（www.adlnet.org/index.cfm?fuseaction=scormabt）。

　IMS Global Learning Consortium は 1997 年に設立された。技術規格の団体，民間企業，政府，教育団体／法人が集まり，学習リソースの相互運用性の規格の開発を共同で行っている。IMS 仕様の例は IMS Enterprise である。これはひとつのアプリケーションが別のものにデータを移すための仕様である（例えば，LMS の学生記録を中央の学生情報システムに転送する，など）。

　概して，SCORM と IMS は相補的である。そして，両者は「コア」となるメタデータ（IEEE「学習オブジェクトメタデータ」）を利用している。SCORM のさまざまな改定は IMS 仕様を反映している。Advanced Distributed Learning Initiative から新たに発表されたモデルは CORDRA（Contents Object Repository Discovery and Resolution Architecture）である。これには Carnegie Mellon の Learning Systems Architecture Lab が参加している。CORDRA は，学習コンテンツ管理，配信，コンテンツリポジトリ，デジタルライブラリの世界を結びつけるよう設計されている。

　OECD／CERI 調査の回答者からは，この分野の詳細は得られなかった。多くの回答者は SCORM と IMS の存在を報告しているが，利用している LMS に対して何らかの不満があることを示唆する回答もある。

UK Open University のみが，LMS（IMS）に活発な貢献をしていると述べている。この大学は，適切な規格が存在しないことが問題であるという感覚はまったくなく，むしろ，系統的なコンプライアンスのための基準や手順（すなわちこの規格が学習オブジェクトの経済性にどの程度寄与するか）がすべてにわたってあまり明確でない，と指摘している。

Multimedia Kontor Hamburg は，教材の品質を改良するため，すべてのeラーニング開発に国際規格を義務化する意思があると述べている。第4章にあるように，OBHE 調査からは SCORM や IMS の導入率が低いことが明らかになっている。

◆学習オブジェクト周辺の問題

多くの OECD / CERI 調査の回答者が，高等教育において「学習オブジェクトの経済性」を広範囲に採用することは制限すべきである，という関心や問題意識を持っている。なかには，未来の学習教材としての学習オブジェクトを「building-block」に例えることに批判的な者もいる。教育における主な問題は，脱文脈化された学習オブジェクトと，学習の過程に存在する文脈の調整である。

Carnegie Mellon University の回答を引用する。「有益なコースは，コースを通じて流れるテーマを設定することで，より良いものとなることが多い。テーマは内容の『全体像』を学生に伝える。例えば，物理の教員は，電磁気学コースの各項目を対話形式の教材で教えることを選ぶかもしれない。また，学生が多くの知識を吸収するにつれて，より精度が高く複雑な内容を扱う単一の例だけからでもテーマを引き出すことができる。こうしたコースを結び付ける糸の必要性によって，コースは学習オブジェクトに細分化しないのである」。UK Open University の回答者も同じ点を指摘している。ここで主張したいのは，ばらばらな学習オブジェクトが持つ教育上の価値が過大評価される懸念である。

Carnegie Mellon University の OLI（形式的教育によらず，学習者個人が使用するオンラインコースを開発する試み）は，学習オブジェクトという概念を持ってはいるが，オブジェクトモデルの教育的有効性を確実にするためには，多くの取り組みが必要であると考えている。

また，重要な課題として教員の動機付けがある。大学間で内容を標準化するこの試みは，単なる効率の問題なのか，それとも高等教育の「レベルを下げる」ことなのか，あるいは大学の自治に対するブレーキなのか。学習オブジェクトモデルは，報酬や職業の構造との不一致があるのだろうか。

University of British Columbia の回答者は以下のようにコメントしている。「再利用できるリソースが，教育の実践のなかで役立つ可能性があることを，教員に納得させるのは挑戦である」。一般に，前述したような教材開発の伝統的な「手工業モデル」は，サードパーティの教材の採用，または既存の教材を採用することより，魅力的ではある。

　Monash University の回答者は，サードパーティの教材の著作権をクリアするよりは，教員が自身の教材を開発する方が，しばしば安価で簡単であると評している。米国のXanEdu など，著作権フリーの教材リポジトリが増えている一方で，多くの教材が使用料を請求している。そしてすべての場合，ある大学が欲している教材はリポジトリにはない。

　別の回答者は，学習オブジェクトの開発が特定の学科の需要（コスト削減など）に合致したときのみ，それを学科で購入すれば十分である，と述べる。

　こうした見解に対しては，教育を過度にコンテンツ中心とみており，また個人の貢献を重視しすぎている，と反論できる。

　Slater は，教材の内容は「価値が理解されるのと同時に，徐々に習得されていく」と述べている（Slater, 2005, p. 16）。このことが意味するのは，コンテンツ自体は学生の経験のなかでは比較的小さい役割しか果たさないという認識である。

　MIT は，すべてのコース教材を徐々に，すべてオンラインで，フリーで置くように決定した。この決定は，場所，教員，対面相互作用，評価，認定，研究環境などに相対的価値を見出したものである。MIT の学生は，このために高い代金を喜んで支払っている。

　特に学部学生のレベルでは，少なくとも同一の国においては，大学によって科目の内容が異なることはない。そのうえ，「壁」のなかで教えられたあらゆる科目が最先端である，と主張する大学は少ないだろう。コンテンツ作成に対する関心は薄れており，それに代わって学習支援や，教材による学生の誘導へと関心が移っている。

　ほとんどの大学で，サードパーティ（例えば，おのおのの学問領域で主導的な一握りの大学）で作られた国際的な教材を信頼している。その個人や学科が純粋に貢献する価値を持つ場合にのみ，教材作成に対して投資される。

　Carnegie Mellon University の OLI は，このアプローチの例としてみることができる（Box 3.2 を参照のこと）。OLI の目的は，（Carnegie Mellon University の科目と教育の専門家に基づく）高品質な教材を開発し，これらを第三者に（無料あるいは有料で）利用できるようにすることである。この疑問点としては，①ほかの大学がこれらの教材を採用するか否か（コース全体か，あるいはより小さい単位で），②教員や学科が実際，

標準化された教材を外部から採用するか，また，③ どの程度改良する必要があるか，といったものがある．米国は，この分野でリードしている．ケーススタディとして，Carnegie Mellon University の OLI，MIT の Open Courseware，Rice University の

> **Box 3.2**
>
> 3.2 Carnegie Mellon University の OLI
>
> 　OLI は，William and Flora Hewlett 財団（ヒューレット財団）から資金を供給され，2002 年秋に始まった．財団の意図は，地理的，経済的，時間的な制約のために教育機会から除外されている人々のために，高品質な高等教育ならびに教材へのアクセスを提供することである．これらの目的は，高品質のオンライン教育の作成に関して豊富な経験を持つ Carnegie Mellon に在籍する，多くの教員の研究・教育上の利益に呼応したものである．OLI には 2 つのターゲットがある．オンラインコース形式での教材配信と，学習支援のなかでコースをより効果的にする方法の研究である．
> 　OLI プロジェクトの目的は，以下のとおりである．
> a) 認知科学や学習科学の知識を使用し，オンラインコースとコース教材を設計すること．
> b) コース開発の方法，アプリケーションに内在する仮定，認知科学や学習科学の見識や方法を文書化すること．
> c) コースを評価するための規定を確立し，実行すること．そして，修正や継続的な改良に，その形成的な評価を使用すること．
> d) これらの評価情報を，前述の設計の基礎となっている理論を提供している学会にフィードバックすること．
> e) OLI コースを使用するコミュニティ，コースを配信するだけでなく，教材の継続的な開発と改良に貢献するコミュニティを形成する．
> f) 学習者個人がコースへフリーアクセスし，かつ単位を認定するコースへ有料アクセスするような，経済モデルを探ること．
>
> 　2005 年 2 月現在，OLI ウェブサイトには 6 つの科目分野があり，フルコースか，あるいは利用可能なコースの教材が載っている．これは，因果推論，統計推論，統計，経済学，論理学，生物学，物理学などである．微積分，フランス語，統計，研究方法論のコースは現在開発中である．これらのコースの教材は，2005 年春に完了予定である．
> 　プロジェクトのウェブサイトは，www.cmu.edu/oli である．
> 出典：Smith and Thille (2004)．

Connexions, Utah State University の Open Learning Support, Footfill-De Anza Community College District の Sofia Open Content Initiative, および Eastern Oregon University の Eduresources Portal がある。

University of British Columbia の回答者は，標準規格に関連する著作権と技術的な複雑さを考慮して，「教員主導でリソースに貢献するというモデル」は少なくともこのモデル自体では「あまり見込みがない」と回答している。教員からの教材の流れは「期待はずれである」というが，その一方でこの欠陥を埋める多くの戦略を持っている。これはストリームラインプロセスと呼ばれ，利用可能な支援の実現可能性に関する予測を立て，大学の遠隔教育や授業支援部門で作られたリソースを生かすものである。また，十分に蓄積された既存の教材（MERLOT や National Science Digital Library, NSDL [US] など）を，ワークショップを通じてコミュニティに紹介し，共有可能な学習リソースがうまく設計されれば教育と学習に役立つということことを示すことも，期待されている。

University of Maryland University College は，「学習オブジェクトの経済性」が適切である限り大学がそれを確実に利用できるよう，将来の需要を見越して，本部がeラーニング教材に積極的にタグ付けを行っていると報告している。これは学部レベルで行われており，教育設計チーム（学部生のオンライン教材の開発に携わる）は，400以上のコースの「学習オブジェクト」にタグ付けをした。対照的に大学院では，本部の教材開発ユニットがあるにもかかわらず（例えば，Centre for the Virtual University と Faculty Media Centre の両者が教育メディアの開発ユニットである），教材にタグを付け複数のコースで再使用を容易にする試みは，それほど組織的に行われていない。

学習オブジェクトに関する懸念としてはほかに，コストの問題が挙げられている — 独占的な LMS の導入により利用が可能になるサードパーティの教材パッケージを使う際に，学生に対してかかるコストである。また，高度なマルチメディア開発機器を備えるために，大学が支払うべきコストにも関心が寄せられている。小さな大学では，そのようなコストを負担できないといわれている（Paulsen, 2003）。以上を踏まえると，多くの機関では，内容中心や手工業的なアプローチでは教材開発を行わず，サードパーティの教材を採用することを好む傾向があると考えられる。

◆学習オブジェクトの共有

学習オブジェクトの経済性の効率化に，学習オブジェクトの共有が重要であるならば，それはどの程度実践されているのだろうか。質問 6.6 は，学習教材を共有する学内の仕組みを確立しているかを尋ねている。共通する回答としては，eラーニングユニットな

どの協調,「発表会」でのセッション，研究会，教員の非公式な接触（完成した教材より，むしろ設計段階における）などが挙げられている．FernUniversität Hagen のみ，学内の学習オブジェクトリポジトリの存在に言及し，ほかの機関（Monash University, UK Open University など）はその開発に言及した．Virtual University of Tec de Monterrey は,「Digital VideoTec」と呼ばれるシステムについて説明したが，これはこの大学が初めて開発した視聴覚教材のリポジトリである．University of British Columbia では，学習オブジェクトのプロジェクトコーディネータは「学習オブジェクト運営委員会」のメンバーであり，リソースや経験を共有している．University of Zurich では，各学科は教員間のコミュニケーションを容易にするために「e ラーニングコーディネータ」を配置している．Open University of Catalunya は，大学すべての学科と教員がすべての教材を利用可能になることが大学の方針であると述べている．

　University of British Columbia は，e ラーニング教材開発のための共同グループを作っている典型的な例である．事実，回答者は，e ラーニング教材の開発に際して大学を援助した，複数のネットワーク企業や団体を挙げている．University of British Columbia は Edusource メンバーであるが，これはカナダの学習オブジェクトリポジトリネットワークである（Box 3.3 を参照のこと）．Edusource の目的は，既存のリポジトリを徐々に関連付け，それらを検索可能にし，「基盤を支える関連ツール，システム，プロトコル，実践事例などをリードする」ことである．また University of British Columbia は，米国 National Learning Infrastructure Initiative（NLII）（EDUCAUSE：高等教育での ICT の使用に関するネットワーク）で活動している．NLII は，高等教育における教育や学習を ICT を用いて改善する取り組みであり，「実践的な学習オブジェクトの仮想コミュニティ」としての特徴を持つ．Edusource を通して，University of British Columbia は，米国のリポジトリ，MERLOT の二次パートナとなっている．

　さらに，回答者は，University of British Columbia が Universitas21（U21）に加盟していることに触れている．これは世界規模の研究指向の大学のグループであり，そこでは「学習オブジェクト戦略を開発する専門家の業務において実践的なコミュニティを作り，またツールを開発し，選択するという二面で，非常に役立つ」機会が得られると言及している．University of California, Irvine も，MERLOT のメンバーである．もちろん，MERLOT などのいくつかのリポジトリは，団体会員とともに個人会員も認めている．そして，何人かの回答者は，教員がこれらの活動に関連していることを知っている．2 大学のみ，教材を共有する会員資格は良いアプローチでない，と述べている．Carnegie Mellon University は，彼らの見解からすると費用対効果は望ましくないと述

べている。また University of Maryland University College は，学内での教材作成に取り組んでいる。

結論として，一般に，学習オブジェクトは未成熟なツールと考えられている。多くの大学がその可能性に注目しているが，いずれもそれを主軸としては用いていない。学習オブジェクトの経済性はいくつかの難局に直面している。それは，相互運用性，知識管理の問題，また伝統的な大学の独立性と価値ある連携体制の間の葛藤である。

Box 3.3

3.3 Edusource ─ カナダの学習オブジェクトのリポジトリのネットワーク

Edusource は，さまざまな学習オブジェクトのリポジトリをカナダ中で共同利用できるように関連付ける試みである。また，教員が学習オブジェクトを簡単に利用できるよう，関連したツールとメカニズムの開発を進めている。プロジェクトの主なパートナは Athabasca University（遠隔教育の大学）と University of Waterloo（伝統的な学習と技術の面でリーダシップをとる，研究中心の大学）である。また，TeleEducation NB（New Brunswick の遠隔学習ポータルと開発センタ）や Netera（アルバータ州の情報基盤企業であり，政府，大学，会社の集合体）もメンバーである。二次パートナは，多くのカナダの大学と単科大学を含む（University of British Columbia など）。Edusource は，CANARIE（カナダのインターネット開発団体）とパートナの大学によって資金を供給される。

プロジェクトはまだ開発途上であるが，その目標は，学習オブジェクトの評価システムを開発すること（教員がオブジェクトの性質と可能性を判断するのを助ける）と，再利用を最大限とするための基準を策定することである。主なパートナは，Edusource 構想の重要な側面をすでに開発したか現在取り組んでいる段階である。相互運用性を促進するために，Edusource は CANCORE，すなわちカナダのメタデータスキーマ（IMS のような国際的な規格と互換性がある）を採用している。

ブロードバンド通信が，学習オブジェクトの経済性の活発化には必要だと考えられ，そのため Edusource は，国や地方の通信会社との連携を進めている。長期目標は，（供給元によっては，オブジェクトへのアクセスが特定のライセンス基準に従うことはあるにしても）すべてのカナダ人がメタリポジトリを自由に利用できるようにすることである。さまざまな資金のモデルがあり，メンバーシップ，購読，サポートやサービスの契約，ライセンス，利用ごとの単価設定，などがある。すべての教材が，英語とフランス語の2か国語で利用可能になる。

プロジェクトのウェブサイトは www.edusource.ca を参照されたい。

3.5 知的財産（調査票の質問 6.9）

　eラーニングのために収集され，使われる学習オブジェクトは，誰が所有しているのか。大学はこの知的財産の問題に対処しているのだろうか。OBHE調査の結果によれば，39％の団体には「オンライン学習の教材や資料に関する知的財産権の正式な方針」があり，さらに29％が方針を策定中である。当然ながら，eラーニングを活発に行っている大学ほど方針を策定していることが多い。例えば，33％のカナダ，36％の英国と比べ，アジア・太平洋からの肯定的な解答は76％である。

　OECD / CERI調査をみると，方針の整備に関して不均衡があることがわかる。いくつかの場合，解答は明確に分かれている。教材を所有するのが大学なのか開発者なのか，また，所有権が大学の方針で明記されているのか，国の法律で指定されているのか，といった具合である。

　いくつかの大学（例えば，Monash University, Asian Institute of Technology）では，所有権の問題は流動的である。米国では，就業中に開発されたすべての教材が大学に帰属することは，ごく普通である。また，例えばニュージーランドでは，就業中に作られたすべての生成物は，雇用者に帰属すると法律で定められている。多くの解答（例えば，University of British Columbia, University of Maryland University College）では，「大学の実質的な資産」を利用したものでなければ，開発された教材の所有権は教員に帰属するという。

　いずれの場合にも，双方の権利を明記した契約が調印される。例えばUniversity of British Columbiaでは，「Distance Education and Technology Centre」が関与して教材を開発する場合，センタ，著作者，所属大学の間の契約を結ぶことから始まる。教員は一般に，アイデアや内容をほかの形式で使用する権利を保有し，コース開発の前に作成されたすべてのものに関する所有権も保有する。大学はウェブサイトを含む最終成果物を所有する。University of British Columbiaの回答者は，この取り決めは論議を呼んでおり，大学の教員組織から訴訟を起こされていると述べている。この調査が行われたあとに，教員組織側の勝訴が確定した。

　UCLA Extensionでは，大学が所有権を持つカリキュラムと，教員が所有する「コース内容の表現」，すなわち関連教材も含めた，個人が行うすべての教示動作を区別している。大学はカリキュラムを自由に開発できるが，個人の教材を許可なく別の教員に渡すことはできない。UCLA Extensionの回答者は，ほかの教員が使うために大学が個人の教材を供出することには賛成しない，と述べている。そして，UCLA Extensionの評

判の一部は，個々の教員の専門的技術に基づくものであるから，「缶詰講義」，すなわち複数の教員が共通の教材を用いることは，質という点からみて避けるべきである，と述べられている。

　Carnegie Mellon University は，大学がある教材の利用を希望している際，教員が教材を所有していると問題が複雑になると言及している。

　University of California, Irvine は，ある教材の権利をはっきりさせるために，特定の教員と交渉していると言及した。

　Virtual University of Tec de Monterrey では，「ロジスティクス」の専門部署を設け，教員が持つ権利を所属部署に移す交渉を担当している。

　Multimedia Kontor Hamburg では，教材が公的資金を用いて開発された場合，大学が2年間（延長オプションがある），教材の権利を所有する（協定校で賃金を支払った場合を含む）。

　University of Zurich では，大学は公的資金による教材の権利を無期限に所有している。

　Open Polytechnic of New Zealand，UK Open University，University of South Australia，および University of Paris Nanterre では，従業員によって開発されたすべての材料の所有権が大学にある。

　Open University of Catalunya は，再使用を容易にするため，教材の所有権を持つことを望んでいるが，開発者との交渉が行われている。

　Carnegie Mellon University の回答者は，共同開発と所有権に関する重要なポイントを挙げている。多くのeラーニング教材は，教員のみならず，インストラクショナルデザイナと技術者から成るチームによって作成されている。多くの教員は，大学に雇用されている間に製作した教材は自分達が所有していると「思って」おり，ほかの教員への貢献を考えに入れていない可能性があった。

　そこで Carnegie Mellon University では，帰属に関する方針が定められた。サードパーティの教材使用権に関する疑問に答えるため，「著作権担当役員」を任命したとも報告されている。また特に，大学が法的に多様な解釈を持ち得るあいまいな立場で運用するので，教員個人の仕事量が圧倒的に増えてしまった。そこで，新しい仕組みが導入され，各学科に配置された専属の著作権管理者が，教員の質問に対する「最初のフィルタ」となり，本部と各組織をサポートする体制が敷かれている。

　いずれの場合も，eラーニング教材の知的財産の所有権は重要で複雑であることがわかる。大学，教員，技術者の3者間の正しいバランスをみつけることは，今後eラーニングオブジェクトと教材を開発していく際の課題のひとつである。

3.6 結論

多くの回答者は，eラーニングは教育に良い影響がある，と考えている．しかし，この効果について行われた学内調査の詳細を，根拠として示すことができる回答はわずかであり，間接的な証拠（例えば，学生の満足度調査，知識定着，達成度など）を示すものが大多数である．

Carnegie Mellon University や，Renneslaer Polytechnic Institute の Centre for Academic Transformation では，プログラム再設計の研究が行われている．これにより，特定形態のeラーニングが教育に良い影響を及ぼすという，有力な証拠が示されている．これらは，再設計（例えば，既存のソフトウェア，サードパーティの教材，対面や自動でのフィードバック，規模の経済など）は，eラーニングが主な教育上のメリットと費用対効果を高めるうえで重要であると示している．これらは，他大学の専門家の貴重な情報をほかの大学に提供するという，方法論の普及に関係する．

eラーニングは，特に「学習オブジェクト」モデルによって再設計の可能性が広がる．いくつかの教育機関では，学習オブジェクトモデルに対する関心を示しているものの，文化的・教育学的な問題があり，広範囲に採用されるには至っていない．これは例えば，文脈から切り離されたされたオブジェクトと文脈化された学習方法やプログラムの関係，教員がサードパーティ教材を使いたがらないこと，再利用・著作権等の問題を含んでいる．教材の再利用はまだ実現に遠いという認識から，学内での教材開発の分業を始めている機関もある．

現時点では，学習オブジェクトの経済性が不在なまま，eラーニングがその規模と重要性において拡大を続けているといえるだろう．これは一部には，「従来の」コース開発パラダイムの影響を反映しているが，経済性が未成熟である（そしてその結果，十分使われていない）ことも暗示している．時間が経つにつれて，費用，教員の時間，および競争力の問題，有用な学習オブジェクトモデルなどが，eラーニングを「学習オブジェクト」の方向に追い立てていくと予想できる．

引用文献

- Benke, M., T. Bishop, C. Scarafiottiet, C. SchWeber and M. Thompson (2004), "Promoting Student Support and Satisfaction in Online Learning", Sloan-C series, CD-ROM Vol. 5.
- Borrenson Caruso, J. (2004), "ECAR Study of Students and Information Technology, 2004: Convenience, Connection and Control", ROADMAP – *Tools for Navigating Complex Decisions*, EDUCAUSE Centre for Applied Research, Boulder, Colorado.

- Garrison, D.R. and M. Cleveland-Innes (2004), "Critical Factors in Student Satisfaction and Success: Facilitating Student Role Adjustment in Online Communities of Inquiry", Sloan-C series, CD-ROM Vol. 5.
- Hartman J., C. Dziuban, P. Moskal, S. Sorg and B. Truman (2004), "Three ALN Modalities: An Institutional Perspective", Sloan-C series, CD-ROM Vol. 5.
- Harwood J.T. and G. Miller (2004), "Using ALN in a Blended Environment: Implications for Institutional Planning", Sloan-C series, CD-ROM Vol. 5.
- Kvavik, R., J. Caruso and G. Morgan (2004), "ECAR Study of Students and Information Technology, 2004: Convenience, Connection and Control", Research Study from the EDUCAUSE Centre for Applied Research, Boulder, Colorado.
- Laster, S. (2004), "Model-driven Design: Systematically Building Integrated Blended Learning Experiences", Sloan-C series, CD-ROM Vol. 5.
- Lasseter, M. and M. Rogers (2004), "Creating Flexible e-Learning Through the Use of Learning Objects", EDUCAUSE Quarterly, Vol. 27, No. 4.
- Paulsen, M.F. (2003), "Online Education and Learning Management Systems: Global E-learning in a Scandinavian Perspective", NKI Forlaget, Oslo.
- Roy, M. (2004), "Learning Objects", report from the EDUCAUSE Evolving Technologies Committee, EDUCAUSE, Boulder.
- Sener, J. (2004), "Escaping the Comparison Trap: Evaluating Online Learning in its Own Terms", *Innovate – Journal of Online Education*, Vol. 1, No. 2 (http://innovateonline.info/index.php?view=article&id=11).
- Shea, P., A. Pickett and W. Pelz (2004), "Enhancing Student Satisfaction through Faculty Development: The Importance of Teaching Presence", Sloan-C series, CD-ROM Vol. 5.
- Slater, J. (2005), "Spent Force or Revolution in Progress? eLearning after the eUniversity", Oxford, Higher Education Policy Institute, sponsored by webCT.
- Smith, J. and C. Thille (2004), "The 'Open Learning Initiative' – Cognitively Informed E-learning at Carnegie Mellon University", Observatory on Borderless Higher Education. Available at: www.obhe.ac.uk/products/reports/
- Swan, K. (2004), "Learning Online: A Review of Current Research on Issues of Interfact, Teaching Presence and Learner Characteristics, Sloan-C series, CD-ROM Vol. 5.
- Twigg, C. (2002), "Improving Quality and Reducing Costs – Designs for Effective Learning Using Information Technology", Observatory on Borderless Higher Education (www.obhe.ac.uk/products/reports/).
- Volet, S. and M. Wosnitza (2004), "Social Affordances and Students' Engagement in Cross-national Online Learning: An Exploratory Study", *Journal of Research in International Education*, Vol. 3, No. 1, pp. 5-29.
- Wingard, R. (2004), "Classroom Teaching Changes in web-Enhanced Courses: A Multi-institutional Study", EDUCAUSE *Quarterly*, Vol. 27, No. 1, pp. 26-35.

第4章 chapter 4 it infrastructure

IT インフラストラクチャ：
学習管理システム（LMS）と
ほかのアプリケーションの利用状況

> 本章ではさまざまなソフトウェアおよび技術の導入と活用に関しての概観を述べる。最初に学習管理システム（LMS）の導入，活用および課題に焦点を当てる。LMS は正式な教育環境（例えば，在籍者数データ，電子教材へのアクセス数，教員・学生間対話，評価）に関する一連の学務・教育サービスを提供する目的で設計されたソフトウェアである。
>
> 　本章ではプロプラエタリを使うかオープンソースシステムとするか，機関内開発かアウトソーシングか，などの教育機関での決定理由について報告するとともに，特に機能性と統合に関する追加開発の課題について指摘する。また，e ラーニングを支援あるいは補完するための機関による IT 基盤への投資と，LMS 以外の応用ソフトの利用について調査する。すなわちこれらは，IT ネットワーク，学生ポータル，LMS 以外の教育学習関連アプリケーションの利用，学務（入学，登録，無償化，購買）のオンライン化拡大，学務・事務システム統合，教員と学生のコンピュータやネットワークへのアクセス，オンラインジャーナルや e ブック戦略などである。

　情報コミュニケーション技術（ICT）は，高等教育の領域にどのような広がりをみせたのだろうか。IT 基盤と適切なソフトウェアへのアクセスは，e ラーニング開発の障害となるだろうか。

　本章では，さまざまなソフトウェアと技術の導入・利用について概観する。まず，LMS，すなわち正式な学習環境（在籍者数データ，電子コース教材へのアクセス，教員学習者間の対話，評価など）に関わる一連の学務・教育サービスのために設計されたソフトウェアの導入，利用および課題について焦点を当てる。LMS 導入の増加について述べ，プロプラエタリを使用するかオープンソースシステムを使用するか，あるいは機関内での開発を行うか，企業への委託を選ぶかといった機関の決定の理由について報告し，とりわけ統合と機能性の観点から，将来的な開発の課題について指摘する（4.1，4.2）。

　LMS の導入は，世界中の高等教育分野における際立った特徴のひとつのように思わ

れるが，OECD 教育研究革新センター（OECD / CERI）調査とボーダーレス高等教育研究所（OBHE）調査は，これまでのところクラスルームへの影響が限定的であることを明らかにしている。

本章の後半では，IT インフラストラクチャに対する投資と e ラーニングの支援，あるいは補完のための各機関による LMS 以外のアプリケーションの利用に関して検討する。IT ネットワーク（4.3），学生ポータル（4.4），LMS 以外の指導・学習関連アプリケーションの使用（4.5），オンライン化された学務（入学，履登録，学費納入，購買）への拡張（4.6），教育・学務システム統合（4.7），教員と学生のためのコンピュータやネットワークへのアクセス（4.8），オンラインジャーナルと e ブック戦略（4.9）である。

OECD / CERI の調査対象機関の多くは，IT インフラストラクチャと関連のある開発計画において，サービスの拡張（例えば，無線），回線容量の管理の向上（さらに広範な AV を活用できる十分な容量の提供と学生利用の管理），およびサービス全体の品質の向上に注力している。

4.1 LMS の利用（調査票の質問 2.2～2.6）

LMS とは何か。本書では専門用語 LMS を，一連の学務・学習サービス（公式な教育環境関連，例えば，在籍者数データ，電子教材へのアクセス，教員・学生間対話，評価など）を提供するソフトウェアとする。この種のシステムで世界で最も共通なのは，Blackboard と WebCT である。類似のシステムを示すものとしてはほかに，「仮想学習空間」や「コース管理システム」という用語も用いられている。

前述の活動に加えて，ほかの一連の管理業務（例えば，学費支払い，人材，資金調達など）などのより広い機能性を含めて LMS と呼んでいる機関もある。一方，このようなより広い構成を「管理された学習環境」とするか，拡張 ERP（Enterprise Resource Planning；企業資源計画）システムあるいは CRM（顧客関係管理）システムの利用に準拠して表現している機関もある。

本書で用いる LMS という語は，前述した狭義による。ERP 型のシステムを含むほかのアプリケーションの利用については 4.3～4.7 で述べる。

◆ OECD / CERI 調査のデータ

大多数の調査対象機関が「LMS」を利用していると報告している。表 4.1 に LMS の形式と数量の詳細を示す。

調査対象機関のうち，2 機関のみが LMS を現在使用していないと回答した。そのう

ち1機関は，オンライン学習にほとんど取り組んでいないことから予測が可能である。もうひとつの機関は，遠隔教育大学であり，プログラムの多くでオンラインを高度に利用していると報告している。これはLMSがオンライン配信の本質ではないことを思い起こさせてくれる。この機関は電子メールとオンライン会議を幅広く用いて，オンライン配信を行っている。しかしながら，この両機関とも，LMSの導入は積極的に検討中と回答していることは注目に値する。こうした事実が示すのは，LMSはオンライン配信にとって本質ではないものの，高等教育においてはeラーニングとほぼ同義になったことである。特にeラーニングの経験の乏しい2，3の機関は，表面上はLMSという名目で多様なシステムを挙げていた。そのシステムの多くは典型的なLMSのように大規模に構築されたものではなく，限定的に機能している。それらを表4.1に示す。

　ほかの機関はすべて，少なくとも1種の全学的なLMSを導入している。7機関（37％）は単独の全学的LMSを利用しており，ほかのシステムの局所的な使用はない。3機関は2つの全学的LMSを立ち上げている（同様に他システムの局所的な使用はない）。残りの機関では全学的なLMSと局所的なLMSを併用している。

　10の機関（53％）では，プロプラエタリシステムを利用している。そのうち8機関が少なくとも全学的なシステムの一部としてプロプラエタリシステムを導入しているが，そのなかで単独の全学的システムとして位置づけているのは2機関だけである。ちなみに，University of British Columbiaで用いられているプロプラエタリシステムWebCTは，まさにその機関で開発されたインハウスシステムとして始まった。7機関は最近のオープンソースシステムの利用に特に言及しており，さらに4機関はそのようなシステムが稼働中であることを示唆している。4機関ではプロプラエタリシステムとオープンソースシステムの両方を使用しているが，双方を全学的標準に採用しているのは2機関だけである。オープンソースシステムを独占的な全学的標準として用いている機関はなく，1機関のみがインハウスシステムと組み合わせて全学的基準として利用していた。ただし，Open Polytechnic of New Zealandは，2005年半ばまでにOnline CampusとBlackboardを終了し，以後はMoodle（オープンソース）を採用して，それを単独の全学的標準にする計画である。現行のLMSを継続的に採用することを示唆する機関もあれば，現行のものに変わるLMSの模索に言及している機関もある。

　多くの機関は，新たな大規模オープンソースモデルに興味を示している（例えば，米国における新Sakaiプロジェクト，Box 4.1を参照）。

　Open Polytechnic of New Zealandは，政府からの資金提供を受け，オープンソースの「eラーニングプラットフォーム」（コアのLMSと同様に，コンテンツ管理システム

表 4.1 LMS の形式と数量

機関	形式	全学的 LMS	局所的 LMS	LMS の形式
Multimedia Kontor Hamburg	C	Clix Campus, WebCT	学部レベルでほかに数種類	プロプラエタリ；Clix Campus
University of Zurich	C	OLAT, WebCT, BSCW	BSCW, Hyperwave, IBT Server	オープンソース，プロプラエタリ
京都大学	C	検討中	検討中	未決定
University of Sao Paulo	C	CoL	Panda, FEA-EAD Online, CyberTutor	インハウス
Carnegie Mellon University	C	Blackboard	CMU Online, OLI LMS	プロプラエタリ；both 1 ローカルはインハウス 少なくとも OLI はオープンソース
青山学院大学	C	Dot campus	Financial Trading System	プロプラエタリ
Asian Institute of Technology	C	VClass	数種（未確認）	オープンソース（インハウス）；ローカルはプロプラエタリも使用
University of California, Irvine	C	Electronic Education Environment, Moodle	なし	インハウス，オープンソース
University of Paris Nanterre	C	E-Comete	なし	インハウス，オープンソース
Monash University	C	WebCT	InterLearn	プロプラエタリ，インハウス
University of British Columbia	C	WebCT	なし	プロプラエタリしかし最初はインハウス開発
University of Maryland University College	M	WebTyco	なし	インハウス
FernUniversität Hagen	D	Platform 2003	なし	インハウス，オープンソース
UK Open University	D	検討中	なし	未決定
UCLA Extension	D	Blackboard	なし	プロプラエタリ
Open Polytechnic of New Zealand	D	Online Campus (2005 中に Moodle に移行)	Blackboard (2005 中で中止の計画)	インハウス；プロプラエタリ，オープンソース 2005 中から
University of South Australia	M	UniSAnet	なし	インハウス
Virtual University of Tec de Monterrey	D	Blackboard, WebTec,	Docent, WebCT	プロプラエタリ，オープンソース（インハウス）
Open University of Catalunya	D	UOC CV	なし	インハウス（プロプラエタリ）

注：C＝Campus-Based；D＝Distance；M＝Mixed．
出典：OECD

とポータルを含む）を開発する国家的コンソーシアム（大学，技術専門学校，民間プロバイダを含む 20 の機関を包含する）を主導している。このプロジェクトはまた，コンソーシアムが会員団体向けのホスティング，ヘルプデスク，技術サポートおよび職員開発（SD）をどのようにまとめるかを検討している（ニュージーランドの e ラーニング戦略の概略は Box 7.1 を参照）。このシステムは徐々に現行 LMS を置き換えると予想されている。

University of Sao Paulo は，地域にあるすべての機関に共通する LMS のために出資する自治体の計画に言及している。

11 の機関がインハウスシステムについて述べ，そのうち 6 の機関が単独の全学的標準として利用している。インハウスシステムはオープンソース（コードがサードパーティにとって無償で提供されるという意味において）かもしれないが，機関にとってはプロプラエタリなものであろう。ある機関では，サードパーティのオープンソースシステムに対して拡張的な追加変更を行い「プロプラエタリ」なシステムに転換したが，オリジナルなオープンソースライセンスの条件によると，生産物はオープンソースとして残ることになろう。インハウスシステムは，教育機関のオンライン開発の度合いとは無関係に利用されている。

最も意欲的な機関のうちの 5 機関が，インハウス LMS の開発を報告しているが，主流となる機関や発展の進んでいない機関でも，LMS のインハウス開発を報告している。Open University of Catalunya の回答者は，インハウス LMS（プロプラエタリ）をほかの大学（例えば，アルゼンチンの Quilmes National University）と民間会社に販売したと述べている。

サンプル数は少ないものの，これらの事実は，Blackboard や WebCT といった主要な専用システムベンダが，高等教育でかなりのマーケットシェアを獲得している（そして複数の教育機関が挙げる唯一のプロプラエタリシステムである）一方で，多くの大学が，局所的なシステムにかなりのリソースを投資していることを示している。このことは，主要商用ベンダのマスマーケット（ますますカスタマイズ可能になるとしても）モデルや，共同開発のオープンソースモデルとは対照的に，個別ニーズにあわせカスタマイズされた LMS が，機関にとって価値の高い知的財産であるということを示している。

遠隔教育・混合型の機関では一般にインハウスシステムが使われ，一方キャンパス主体の機関では専用システムがより多く使われる傾向がみられる。しかし例外も多い。このような規模でのインハウス開発が，教育の中心にあるプロセス全体にわたって機関にとって価値ある自主性を意味するのか，それとも無駄な努力の二重投資を意味するのか

を推測することは興味深い。

◆ OBHE 調査からのデータ

　OBHE 調査では，ひとつ以上の LMS の導入をしたか（そして導入が全学的か局所的か）と，どのシステムが使われたかについて尋ねた（表 4.2 参照）。

　回答は，学習管理プラットフォームの全学的導入の価値について，持続的な理解が広がっている証拠を示している。2004 年には回答者の 73%（2002 年には 60%）がこのようなシステムを全学規模で持つべきであると主張し，5 年以内にこの数値は 90% になると予想されている。アジア・太平洋が主導的であり，84% が全学規模のプラットフォー

表 4.2　LMS（例．Blackboard / WebCT）の全学的導入の状況

	全学規模で導入済	12か月以内に全機関	5年以内に全機関	組織のひとつ以上の部門	戦略的優先度なし	無回答	計
2004							
英国	35 (74%)	1	4 (9%)	6 (13%)	1	0	47
カナダ	22 (73%)	2 (7%)	3 (10%)	3 (10%)	0	0	30
オーストラリア	15 (79%)	3 (16%)	1	0	0	0	19
南アフリカ	8 (80%)	0	0	1	1	0	10
アジア・太平洋	21 (84%)	3 (12%)	1	0	0	0	6 (25)
低・中所得国	9 (47%)	1	5 (26%)	1	3 (16%)	1	10 (20)
その他	34 (85%)	2 (5%)	2 (5%)	2 (5%)	0	0	(40)
計	87 (72%)	7 (6%)	13 (11%)	10 (8%)	4 (3%)	1	122 (100%)
2002							
開発途上国	9 (41%)	5 (23%)	3 (14%)	1	3 (14%)	1	22
ほかの先進国	28 (76%)	6 (16%)	1	1	0	1	37
英国	24 (57%)	8 (19%)	5 (12%)	4 (10%)	1	0	42
その他	26 (67%)	6 (15%)	5 (13%)				(40)
計	61 (60%)	19 (19%)	9 (9%)	6 (6%)	4 (4%)	2 (2%)	101 (100%)

出典：OBHE

ムを立ち上げており，その数値は1年以内に96％まで上がると予想されている。また，オーストラリアと南アフリカも広範な全学規模の導入を報告している。カナダと英国は最近の全学的導入に関してはアジア・太平洋より10％低い結果であったが，長期的開発の展望については大きな数値を示している。低・中所得の国の予想は一様に楽観的である（2009年までに79％）。ただし，南アフリカ以外の1機関が唯一現在全学的に導入している。また同様に南アフリカ以外の低・中所得国にある1機関で，今後12か月以内に導入する計画があるとし，5機関が5年以内に導入する計画があるとしている。すべての回答者の8％（英国とカナダのほぼすべて）だけが学部主導の取り組みに賛同し，わずか3％が学習管理プラットフォームを現在の戦略的優先事項ではないと考えている。オーストラリアとアジアで，局所的な導入に依存すると回答した機関がなかったことは，注目に値する。

　2002年と2004年のデータの分析からも，前述の傾向がみられる。2002年にLMSを全学的に導入する計画（12か月以内か5年以内に）を示した11機関（28％）のうち，8機関が2004年までに導入を完了したと報告している。2機関はいまだに開発中であると報告し，残りの1機関は学部レベルでの導入について報告している。しかしながら，初めの議論から明らかなように，キャンパスであろうと遠隔であろうと，学習プラットフォームを全学的に導入していることは，オンライン学習を全学的に利用していることと必ずしも同一ではない。学習プラットフォームを全学的に導入している割合と，実質的なオンライン化が主要なコースやプログラムに浸透している度合いは，印象的に対照をなしている。さまざまなレベルでオンラインを利用している現在のコースやプログラムの比率についての問いに，革新的な変化を示唆する回答はほとんどない。

　2004年は平均的な回答として，既存のコースやプログラムの44％がまったくあるいはほとんどオンライン化されていないと報告され，平均して32％のコースやプログラムが「中程度」にオンラインを利用している（例えば，コース情報と講義ノートのオンライン化）。平均してクラスの15％でオンラインが「かなり」利用されている（オンライン討議や評価ツールなどの主要な「活動」の要素を組み込む）。しかし，キャンパス主体の機関のうち，十分にオンラインを利用しているためクラスで費やす時間を大幅に削減できた，と報告したのはわずか6％である。「完全にあるいは非常に大規模にオンライン」提供されているコースは平均してわずか4％である。同様の不均衡は米国においても報告されている。2003年に82％の機関が「コース管理システムのための単独の製品基準」を採用していたが，そのシステムを利用していたクラスは34％だけだった（Green, 2003, p.15）。LMS利用についてのある研究は，このようなシステムは「多くの

人々によって価値があるとされているが，わずかな人々にしか革新的に利用されない」と結論している（Dutton et al., 2004, p.147）。

プラットフォームの導入がクラスルームでの利用を促進するか否か，またどの程度促進するか，オンラインでのコースの提供が「中程度」のレベルに落ちつくのか，あるいは「かなり」のレベルに進展し続けるのかは，興味深い点である。第1章で述べたように2002年データと比較すると，「まったくない・ほとんどない」が49％から44％に下がり，「中程度」は変化せず，「かなり」（2002年ではクラスで費やされる時間がかなり削減されたことと，削減されていないことが区別されていなかった）が15％から25％に上昇し，「完全にオンライン」には変化がなく，全体としてはいくらかの進展を示している。

多くの機関でオンライン学習が相対的に未熟であることはほかに，「コンテンツ管理システム」（すなわち，電子教材が操作可能であり，多目的で再結合できるような「学習オブジェクト」に分割されるソフトウェア，第3章参照）があまり導入されていないことと関連がある。「コンテンツ管理」はオンライン学習を，学務連携をこえた教材開発と配信の中核にあるものとして位置づけるものである。全体的に全学規模での導入率は，2002年の4％から2004年の6.6％にかろうじて上昇しており，大半の機関（2002年の64％から61％に減少）では，今後1～5年の間で戦略的な優先性を持つ事項として位置づけている。多くの学習プラットフォームベンダは，2002年から2004年にかけて，何らかの形でコンテンツ管理機能を開発してきたが，2004年のデータでは教育機関が大規模に導入する兆候はみられない。

この分析の結果を説明するものとして，多くの機関では学習プラットフォームの全学的な導入や教員による採用は，中核的な学務管理機能のみに関連して行われており，教材の開発や教育に対する直接的なアプリケーションとしては行われていないことが考えられる。これは，学生によるLMSの利用やその能力（および一般に情報コミュニケーション技術）が，一般的に限られているという，米国の研究結果によって裏打ちされる（Kvavik, Caruso and Morgan, 2004）。

OBHE調査では，オンライン教育学習を開発するために何らかの正式な奨励金を教員に支給しているかについて尋ねた。34％が「はい」と回答し，50％が「いいえ」，16％が報奨金のプログラムを開発中であると回答した。特定の報奨金の不在は，オンラインインフラストラクチャと教員による採用の間に不均衡が生じる要因となるかもしれない。

採用されたプラットフォーム

表4.3にOBHE回答者の採用しているプラットフォームの概要を示す。

WebCTは,最も好評なプラットフォームである。回答者の46％がWebCTを全学的なプラットフォームとして導入しており,一方Blackboardは22％（2002年には19％）,インハウスシステムは12％（2002年には5％）である。WebCTに関する数値は,2004年のカナダからの回答の多さによって歪められている（表4.3など,後述参照）。仮にカナダの機関を除外すると,WebCTの総シェアは2002年の数値と同様の38％まで低下する。

米国ではBlackboardがWebCTをしのいでおり,2003年には「単独の製品基準」として回答者の40％がBlackboardを,33％がWebCTを挙げている。「その他」のシステム（Lotus Learning SpaceとeCollegeを含む）は米国の回答者のうち約9％を占める（Kvavik, Caruso and Morgan, 2004）。

2004年のOBHE調査では,インハウスシステムの利用の急増が顕著である（前述のケーススタディが裏打ちしている）が,Blackboard,WebCT,オープンソースその他に比べ,インハウスシステムは単独の全学的なシステムには最もなりにくいことに留意すべきである。

また,回答機関はこの領域での発展を示しておらず,全般的な増加の背後にある要因としてはサンプリングの影響が考えられる。4機関のみがオープンソースシステムの全学的な導入を報告しており,1機関がLotus Learning Spaceを,6機関が他システムを導入している。わずかに3機関（2.5％）がオープンソースシステムのみを採用しており,9機関（7％）がインハウスシステムのみを,6機関（5％）がほかのシステムのみを採用している。

システムの組み合わせ方は回答者によって多様である。WebCTとBlackboardの両方を全学的に導入しているのは3機関（2.5％）のみである。ほかの機関はBlackboardかWebCTのいずれかとインハウスあるいはほかのシステムとの組み合わせか,Lotus Learning Spaceとほかのシステムの組み合わせ,あるいはオープンソースとほかのシステムの組み合わせを導入していると報告している。最も共通的に触れられたオープンソースシステムはMoodle,Claroline,LON-CAPAであった。そのほかの列挙されたシステムにはFirst Class,LearnWISE,Centraが含まれている。

国々によって著しい相違がある。カナダではLMSの全学的な導入を報告した28機関のうち,22機関（79％）がWebCTを使っており,18機関がWebCTを単独の全学的システムとしている。Blackboardを使用したと回答したカナダの機関はない。カナ

表 4.3 LMS ごとの OBHE 調査の回答

	Black-board	Lotus Learning Space	WebCT	オープンソースシステム[1]	インハウスシステム	その他	検討中	なし	無回答	計
2004										
英国	17 (15)[2]	0	16 (14)	1 (1)	5 (4)	2 (2)	4	1	0	47
カナダ	0	1 (0)	21 (18)	2 (1)	6 (2)	2 (2)	0	0	0	30
オーストラリア	6 (5)	0	12 (11)	0	0	1	0	1	0	19
南アフリカ	0	0	5 (4)	1 (1)	0	0	1	2	1	10
アジア太平洋	8 (8)	0	14 (12)	0	4 (3)	0	0	1	0	25
低・中所得国	2 (2)	0	4 (4)	1 (1)	0	2 (2)	3	7	1	20
その他	14 (11)	0	20 (15)	2 (2)	2 (0)	2 (2)	2	2	0	40
計	27 (25)	1 (0)	56 (48)	4 (3)	15 (9)	6 (6)	7	9	1	122
2002										
開発途上国	2 (1)	0	7 (6)	N/A[1]	1 (0)	1 (0)	5	12	0	22
ほかの先進国	10 (8)	0	20 (19)	N/A	2 (1)	4 (2)	1	0	1	37
UK	10 (10)	0	12 (12)	N/A	2 (2)	2 (2)	4	1	1	42
その他	12 (10)	0	17 (17)	N/A	1 (0)	3 (2)	4		5	40
計	22 (19)	0	39 (37)	N/A	5 (3)	7 (4)	10	13	2	101

注：1. 本カテゴリは 2002 年調査にはなかった。
　　2. かっこ内の数字は単一の全学的な特定プラットフォームを導入している機関数を示している。ほかの数字は 1 つ以上の全学的プラットフォームの導入を報告した機関を含む数字である。機関によっては 1 つ以上をマークしているため，列の合計は各カテゴリごとの回答者と合致しない。

出典：OBHE

ダの機関で WebCT が支配的であるのは，このシステムがカナダ発（University of British Columbia）であることに起因する。Blackboard はまた，南アフリカの回答でも言及されていない。オーストラリアでは WebCT が Blackboard を 2：1 の比率でしのいでおり，英国では 2 大主要ベンダがほぼ二分されている。

　少なくともひとつの全学的な LMS を報告した 105 機関のうち，30 機関（29％）は同

時にほかのシステムを学部，部門レベルで利用していると回答した。この結果は2002年に比べわずかに上昇している。2002年の調査では25％の機関が，少なくともひとつの全学的なLMSを利用し，同時にほかのシステムを局所的に利用していると回答した。この上昇は，局所的な活動がより多く行われるようになってきているとともに，そういった局所的な活動について中央機構がよく把握するようになってきていることを示すものかもしれない。局所的なLMSの利用が中央機構の方向性（例えば，分野特化型ツールへの志向）にとって，どの程度不満の種となっているのかを測定することはできなかった。

寄せられた回答によれば，2002年に全学的なLMSを採用しているとした29機関のうち，23機関（79％）が2004年にも同一のシステムを採用している。残りの機関のうち，1機関がWebCTからBlackboardへ移行し，1機関がほかのシステムからWebCTとBlackboardに移行し，2機関がインハウスシステムやほかのシステムから単独の全学的システム（BlackboadもしくはWebCT）へ移行した。これらの事実は，2大ベンダへの集約が進むことを示唆する。

2つの機関は，全学的規模の実装をあきらめたようであった。これらの2つの機関は南アフリカであり，おそらく国内横断的な機関統合に関連したインフラストラクチャの変更を反映したものであろう。残りの11の回答機関（すなわち2002年に全学的にLMSを導入していなかった機関）のうち，6機関は2004年までに導入を達成していた。

全体的には，2002年におけるLMS導入の傾向と，2大ベンダであるBlackboardとWebCTの優勢傾向を示している。LMSの全学的な導入はいまや，英連邦諸国の大学において圧倒的な形態になっている。前述のようにLMSはeラーニングのサクセスストーリであり，高等教育においてはeラーニングとほとんど同義である。しかしながら，LMSの導入には，まず第1に資金確保と技術的背景に関する問題がある。個々の教員がこのようなツールをどのように，そしてどの程度導入するか（LMSの導入率と比較した場合の，コースやプログラムレベルでの「オンライン利用」の平均的割合）は，非常に複雑な方程式である。

4.2 LMSの課題（調査票の質問2.3〜2.6）

LMSの導入が必ずしもeラーニングの拡大を後押ししないという事実からは，教育機関が実際にどのようにLMSを用いているのかについて，また，現時点でどのような制約があるについて，疑問が生じる。OECD／CERI調査は，LMSの機能性，利用の傾向，他システムとの統合，管理の所在についての報告を調査対象機関に求めた。

◆機能性

　各機関が列挙している LMS の機能性は，同一システムの別バージョンは別として，どのシステムでも似たり寄ったりである。高等教育が過去7年間に LMS を集中的に開発・導入し，それに加えて着実に更新と機能の追加を行った結果，かなりのシステム収束が認められる（例えば，コンテンツ管理）。回答者のなかには，あるシステムは「正真正銘」の教育機関向け LMS であるとか，素晴らしく使いやすいシステムであると断言しているが，この主張を証明することは困難である。また，主要な商用システムは，教授法の多様性に対応するには不十分であると不満を漏らしている回答者もいれば，意見を異にしている者もいる（繰り返すが，こういった差異は同一システムの異なるバージョンによって説明される）。ある機関は，柔軟性の欠如に関する懸念はときとして，LMS の「唐突」な重要性を不快と感じる学校関係者の「自己防衛」を反映する，と推測している。

　インハウスプログラムを持つ機関は，局所的な開発の最初の動機として，市販プログラムでは選択肢がなかったことを指摘している。例えば，University of South Australia のシステム「UniSAnet」は，デスクトップからアクセスでき，特別なプラグインやプログラマの介入を必要としないノンテクニカルなインタフェースを構想していた。多くの機関が 1997 年以降の LMS ブーム[1]に先立って（そして前述のシステムの統合と主流化に先立って），開発作業に着手した。最近になってから，大量の商用プログラムやオープンソースがあるにもかかわらず，最近インハウス開発に着手した機関もあった。

　ある機関は，LMS のインハウス開発における重要な検討事項として，地域の回線容量の違いへの対応を挙げている。2つ以上の全学的なシステムを持つ機関はしばしば，単一のシステムに頼ることに対する教員の不安に対処するには，選択肢があることが有用な方法であると述べている。商用システムについては，マーケット分析後に LMS を導入した機関もあれば（ある回答者は 171 のベンダ，180 の対象を調査し，2 システム選択前に最終的に 5 システムを試用に LMS を導入している），パートナ機関（教育関係，企業にかかわらず）が利用していたシステムを導入した機関もある。また，ある機関（前述のように University of British Columbia）は歴史的経緯を持っている。WCET（高等教育における技術の効果的使用に取り組む米国の協同組合）が主催している edutools のウェブサイトは，ユーザが多くの機能や特徴を介してさまざまな LMS を比較することができるリソースである。edutools はコンテンツ管理システムについても同様のリソ

---

1) Blackboard と WebCT という2つのリーディングプロバイダに関する研究。

ースを開発しているところである（www.edutools.info 参照）

異なるシステムの間で中核機能となる以外に，特定の商用システムのメリットについての議論，すなわち商用のオープンソースとインハウス開発のオープンソースの比較に関する議論がまだ残っている。米国における Sakai プロジェクト，Learning Activity Management System（LAMS）（オーストラリアの Macquarie University で国際協力を得て開発された。Box 4.1 参照），およびニュージーランドの Open Source Virtual Learning Environment（NZOSVLE）プロジェクト（Box 7.1 参照）といった大規模なオープンソースの取り組みが，ノンプロプライエタリなモデル（コストとコードアクセス環境に関して）の好例とされている。重要なのはそうした取り組みが，主要な商用システムは過度にコンテンツ中心であるという確信に基づいていることである。

LMS の機能と利用に関わる将来的な課題のひとつは，技術的にサポートされた協調学習環境である。LAMS のウェブサイトを引用すると「e ラーニングは，コンテンツ主体で，単独学習者を対象とし，個人のペースに合わせた学習オブジェクトを開発し，編集するための成熟した方法である。しかしながら，共同作業を必要とするように構造化された環境で，グループ学習者同士が交流することを含めて，効果的な一連の学習活動

Box 4.1

4.1 Sakai・LAMS

Sakai と LAMS は，中核の教育ソフトウェア（例えば，LMS，ポータル，評価ツールなどの機能性を拡大するために設計された）オープンソースについての取り組みである。どちらも e ラーニングを相互運用性に根ざした柔軟な教育法として捉えており，プロプライエタリな開発よりもコミュニティをサポートしている（そしてサードパーティのプロプライエタリなソフトウェアとの相互運用を推奨している）。また両者は，主要なプロプライエタリなシステム（特にポピュラーな Blackboard や WebCT のような LMS）が，重大な所有権上と教育上の限界を持つという見解を共有している。

Sakai プロジェクトは，680 万 US ドルのコミュニティソフトウェア（すなわちオープンソースではあるが，参加者のより具体的な関与を求めるもの）であり，Andrew W. Mellon 財団の支援のもとで University of Michigan，Indiana University，Massachusetts Institute of Technology（MIT），Stanford，uPortal コンソーシアム，そして Open Knowledge Initiative（OKI）が出資した開発プロジェクトである。

Sakai は特にメンバー機関にすでに存在する多くのアプリケーション上に構築さ

れ，機関間での相互運用性を改善し，ニーズに適合できるよう「コードの機動性」を構築することを目標としている。そのねらいは機能性を拡張し，開発実装を容易にし，コストを削減することである。

製品には企業サービスベースのポータル，高機能評価ツールを含む完全なコース管理システム，研究支援協調システム，ワークフローエンジン，教育アプリケーションのコアセットを拡張可能とする記述機能のための明確な基準としての技術移管プロファイルが含まれる。

最初のリリースは2004年7月であった。Sakai Educational Partners' Programme（SEPP）がこのコミュニティソースプロジェクトを世界中の教育機関に拡大しており，William and Flora Hewlett財団（ヒューレット財団）とSEPP会員の参加によって支えられている。

LAMSはより教育・学習にフォーカスしたソフトウェアであり，特に「オンライン協調学習活動を設計，管理，配信するための革新的新ツール」を開発することに焦点を当てている。この構想はドニーのMacquarie Universityで行われており，LAMS Foundation（非営利企業），LAMS International（商用サービス会社），Macquarie University内のeラーニング技術と標準の開発を専門とする研究センタである Macquarie University E-learning Centre of Excellence（MELCOE）の共同の取り組みである。

LAMSの背景には，eラーニングがこれまでは教師や同級生との対話よりもむしろコンテンツとの対話の観点から構造化されていたという論拠がある。LAMSの開発者は，対人関係での対話が学習の重要要素であると主張する。開発者らは，現在の学習オブジェクトの構想があまりにコンテンツ中心であることに異論を唱え，学習プロセスをテーマ，コンテンツ，技術とは独立に記述できるように，新たに考案された教育的メタ言語（教育管理システム［IMS］とほかのコンポーネントを記述している）を用いている。

LAMSは2005年2月より，オープンソースとして無償で提供されることが決まっている。取り組みのなかで商用サービスを受け持つLAMS Internationalは，単独で進めたくないと考える機関に向けて，一連の導入支援サービスを提供する。LAMSの利用は，2段階のライセンス契約として，サードパーティがソフトウェアを購入し，プロプラエタリなアプリケーションと統合できるように（そして伝統的なオープンソース契約のもとで統合されたソフトウェアが，ほかにオープンソースとして提供することを強要されないように）する予定である。

プロジェクトのウェブサイト：www.sakaiproject.org/and www.lamsinternational.com
出典：Sakai and LAMS

をいかにつくり，提供するか，についての理解は乏しい。また，一連の学習活動をどのようにして教員が容易に再利用できるようにするかについての理解も乏しい」[2]。英国の今はなき eUniversity のためにサンマイクロシステムズが開発したインハウス LMS の背景には，同様の開発理由があった（Garrett, 2004）。こうしたインハウスのシステムが，現行商用システムとは明確に異なる優れた機能を開発できるのだろうか。そして革新に関して，あとから来た者が元からいる者の裏をかき続けることができるのであろうか。その根底には，教師の持つ影響力や，教師が用いる何らかの「標準」LMS ツールの影響力と比べて，LMS 自体の機能性が教授法にどれだけ影響を与えるのかという疑問がある（Carmean And Heafner, 2002）。

◆他システムとの統合とオープンスタンダード

単一システムの標準化と一連の学務管理プログラム（例えば，学生情報，入試，評価，財務など）を統合する動向がある。こうした取り組みに対し，政府からの資金提供や（例えば，Joint Information Systems Committee（JISC）の「Linking Digital Libraries with Virtual Learning Environments」プログラム），初期からあらかじめ統合する試み（例えば，Sakai プロジェクトでは，中心的な LME とライブラリシステムの連携，すなわち学習オブジェクトリポジトリを促進させる狙いがある）が行われている。

この点では当然のことながら，100％バーチャルな機関がより先進的な発展を報告している。一方キャンパスを持つ機関やほかの遠隔教育機関は全体的に，複雑な統合戦略のさなかにある。統合を推進するためにしばしば LMS ベンダの協力を仰ぎ，LMS と相性の良い学務管理システムを作成している機関もある。しかし，まだ統合に着手していない機関もあり，その多くは二次的な要因によるものである（例えば，大規模な LMS 利用にいまだ着手していない機関もある）。ある回答者は，学生は，異なる目的のためには異なる場所に行かなければならないということを「期待」しているから，統合は必要ないとする異例のコメントをしている。多くの機関では，LMS と他システムの統合を広い意味での「ポータル」戦略の一環としている（後述参照）。ある機関は，システムの統合の拡大によってデータの質や一貫性に関する欠陥が明らかになることを「問題」であると指摘し，統合は技術的な水準を超えた問題であると述べている。

多くの機関は，Blackboard や WebCT などの主要なベンダが提供するいわゆるオー

---

[2] "Learning Activity Management System" のウェブサイトを参照。http://www.lamsinternational.com/about/

プンスタンダード（すなわち，異なったソースのアプリケーション間で相互運用性を高める共通の技術的基準）への移行を高く評価している。オープンスタンダードは，カスタマイゼーションを向上させ，サードパーティアプリケーションとの統合を促進させる。プロプラエタリとオープンソース間での歩み寄りは，オープンソースからの「脅威」を避けたこともあり，ベンダに受け入れられたといえるかもしれない。ベンダは，2つの事柄の間での対立的な課題に直面している。ひとつは，サードパーティとの相互運用性を最大化することとである（コアプロダクトがほとんど姿を消し，その結果として高価な「オープンソース」システムとなるリスクを伴っている）。もうひとつは，最大限に高品質で柔軟な中核的なシステムを作ることに注力し，中核機能と考えられる（あるいは実際に中核機能となるような）領域で相互運用を行う必要性をなくすことである。後者の戦略は，プロプラエタリなLMSが，多くの研究開発を要する高価なものでありながら，あらゆるものを包含するソリューションであることを主張している。「すぐに使える（Out-of-the-box）」ソリューションの質の向上は，オープンソースに対する良好な防衛策であるとも考えられる。さらに，プロプラエタリなベンダは一連のサポートサービスを販売し，各教育機関に対して，LMSの開発もサポートも高等教育機関にとってのコアビジネスではないと説得を試みている。

ベンダにとっての危機は，オープンソースLMSの採用に関して大学の「プログラミングコミットメント」がかなり減少している領域で，全般的にオープンスタンダードが採用されるかもしれないことである。Open Polytechnic of New Zealandの回答者は，ニュージーランド政府のナショナルオープンソースeラーニング戦略に対する支援が，多くの面でこの結果に一致していると述べている（Box 7.1参照）。

◆管理の所在

LMSコンテンツ開発に関わる管理の所在については，ほとんどの機関が高度に権限を委譲されたシステム（権限委譲モデル）を報告している。そしてそのシステムによって，コンテンツを載せるか否か，載せるとしたらいつどのように行うのか，またそのコンテンツの内容全体に関して，教職員がかなりの管理を行っている。ある回答者が予想しているように，このようなアプローチは大学の自立に有利に働くが，同時にそれは，大学のあり方や品質が一貫性を欠くことをも意味している。すべての機関は，この領域に関して教員にアドバイスやサポートを行い，土台となる技術面でのサポートに責任を持つ，中心的な単一の機構や複数の機構について，何らかの形で報告している。

もうひとつのモデルは，このような機構により強大な中央管理の権限を与えることで

ある。すべての教職員は，プランが中央集権型インストラクショナルデザインにある程度合致するよう，議論することを求められる。権限委譲モデルとは対極にあるもので，中央集権アプローチは大学のあり方や品質の一貫性を保障するものではあるが，いくぶんか当たり障りのない均質性につながるとも指摘されている。

もうひとつの課題は，コンテンツの均一なマイナーチェンジのためには，中央機構が動くことが必要になるという障害である。Open Polytechnic of New Zealand は，2つのモデルの最良の要素を組み合わせ，中央集権を減少させるプロセスの途上であった。Moodle（オンラインコースの開発，メンテナンスについての大幅な局所管理を可能にし，伝統的な役割分担と責任の所在を一変させる）の導入に加えて，専門的な SD がこの施策を前進させたといわれている。中央集権型アプローチがみられるのは，主として最近作られたバーチャル機関か伝統的に自治が弱い機関である。

◆職員と学生による利用

LMS の利用に関しては，正確な数値を挙げた機関はひとつもないが，いくつかの機関はかなり詳細なデータを提出している。当然のことながら，バーチャル専門の機関では，職員と学生から身近なものとして利用されている。ある混合型の機関は，過半数が利用していると報告している（しかし特定のデータは収集していない）。また比較的積極的な機関（質問 1.6 で定義）から提供されたデータによると，教員の使用率は 20〜40％の間である。比較的消極的なある機関では，2, 3％の教員がインハウスのシステムを利用していると見積もっている。

京都大学は，ほとんど LMS を使用していないと回答しており，ほとんどのシステムはメディア（パソコン ─ 国内の学生は携帯電話をより好むといっている）と教授法（学生・教師・同級生の交流が学習プロセスの中心として仮定されている ─ ところが国内の学生は，学習に対してもっと受動的なアプローチをするといわれている）を考えると，国内の学生に特に適合しているとはいえない，としている。日本の学生は一般に「自ら学習する」意思がないといわれている。このことは，拡大していく製品（特に Blackboard と WebCT）としての LMS の課題と，マスマーケティングとローカルのカスタマイゼーションの間での対立を際立たせている。またいくつかの回答は，「e ラーニング」を対面型授業の補完ではなく，遠隔教育として捉えていることを反映している。LMS は学生・教師・同級生の交流によって特徴づけられるとするコメントが，LMS は過剰にコンテンツ中心であるという一般的な批評と並んでなされている。

4.3 IT ネットワーク

　OECD / CERI 調査は，LMS 以外の IT アプリケーションについても質問している。すべての調査対象機関が，キャンパスでの取り組みや遠隔教育を支援することを目的とした重要な継続中の投資について報告しており，その多くが，短中期的に e ラーニングを支援するのに適した機能性や回線容量について報告している。

　キャンパスで標準的なモデルは，建物間やキャンパス間を光ファイバーで接続したイーサネット（典型的には 1G ビットのバックボーンとデスクトップまわりの 100M ビット）であり，建物内を 1G ビットのイーサネットにアップグレードする計画を報告している機関もある。容量の目安に関しては，多くの機関が運用レベルのマルチキャストストリーミング機能を報告しているか，そのためのアップグレードが差し迫っていると報告している。

　イーサネットに加え，同軸ケーブルによるネットワークの継続を報告している機関もある[3]。多くの機関は，日常利用のインターネットと専用の広帯域学術ネットワーク（例えば，インターネット 2）に同時に接続している。

　調査機関には，高等教育における IT ネットワークに関するパイオニアが含まれている。例えば，1980 年初頭に Carnegie Mellon University は，米国で最初のコンピュータワークステーションによる分散ネットワークを開発した。1990 年半ばからはすべてのオフィス，教室，構内学生寮にイーサネット接続を行った。

　大半の調査対象機関の IT ネットワークの現在の容量について，e ラーニングにおけるオーディオビデオの利用の（オーディオビデオを用いた講義という伝統的な利用を超える）拡大を予期するものとして考える回答者もいる。

　Carnegie Mellon University は，P2P のビデオ会議と主要なテーマを解説する短いビデオの機関としての蓄積に熱心である。帯域当たりのコストに関する懸念を示し，これが e ラーニングのスケールアップの障害となるかもしれないと考える回答者もいる。Open Polytechnic of New Zealand は，より高速な接続を研究している「Next Generation Internet New Zealand」コンソーシアムのメンバーである。

　UCLA Extension の回答者は，機関が遠隔教育を重要戦略とみなさない場合には，親機関の立場が障害となると述べている。このことは，UCLA Extension が親機関の経験

---

3) 同軸ケーブルは，ファイルやプリンタなどを共有するために，2 台以上のコンピュータを接続する。イーサーネットは，数台のコンピュータが通信ケーブル上でデータを転送することを可能にするローカルエリアネットワークである。

やアプリケーションあるいはより大きなリソースデータベースの恩恵を十分に受けていないことを意味している。

　OBHE調査では，回答者は今後3年間の「成長するキャンパス技術インフラストラクチャ」についての重要性（非常に重要性が高い「5」から非常に重要性が低い「1」まで）を示すように求められた。全体的な平均スコアは4.1であり，重要性が高いことが示された。

　カナダの機関が報告した重要性の平均は最も低く（3.9），低・中所得国が4.3と最も高いスコアを示した。わずかに3機関（カナダの1機関，低・中所得国の1機関，英国の1機関）がスコア1，あるいは2を記したが，これは重要性が低いか最も低いことを意味する。

　回答者の34％がこの質問に「5」を記入している。調査対象国では，主要なプログラムやプロジェクトでインフラストラクチャの支援にすでに取り組んでおり，今やコンテンツ開発とプロセス支援へと関心が移行しているにもかかわらず，多くの教育機関が，現在のインフラストラクチャでは決定的に不十分と考えていることがわかる。

　無線アクセスに関しては，多くの調査対象機関が，少なくとも部分的にはキャンパスをカバーしていると報告している。例えば，主な打ち合わせや会議施設とクラスの増加をカバーするものや，いくつかあるキャンパスのうちのひとつをカバーするもの，全学的にカバーしている大学もある（例えば，University of British Columbia）。

　この点に関してもCarnegie Mellon Universityが主導的である。2000年から学生寮を含むキャンパス全体が802.11bの無線ネットワークでカバーされ，現在では9,000人以上が登録している。この回答者の報告によれば，完全にカバーされて以来，無線ネットワークの利用は劇的に増加したという。

　実際，無線ネットワークは最も重要なネットワークになってきており，eラーニングの形態を可能にするといわれている。例えば，教員はクラス内でのプレゼンテーションやクラス内でのコンピュータベースの作業の評価に関して，ますます無線ネットワークに依存するようになっているといわれている。

　上昇する利用数とさらなる回線容量の拡大への要請に対して，Carnegie Mellon Universityでは，802.11g/aへのアップグレードを計画している。無線ネットワークの利用が限定的であるか，あるいは利用していない機関（例えば，青山学院大学）は，開発計画について，将来的に学生からの要請があることを期待している。

　University of Paris Nanterreは，無線による包括的なカバーは，主要なeラーニングにとって重要要素であると述べている。ほかの報告者（例えば，Monash University）

は，今後無線を整備するうえでの障害として，基準の競合や学生のノートパソコン所有率の低さに言及している。

一般に短中期のうちに，無線が有線の基盤を置き換えることはないと思われる。高コストと無線様式の機能的限界から，無線と有線は補完関係を目指し，異なる目的を提供し，異なるニーズを満たす（Paulsen, 2003）。この2つの世界は，機関にとって高い基盤コストを意味するかもしれない。

OBHE調査回答者のうち，8%のみが全学規模の無線ネットワークを報告しているが，61%以上が部分的なカバレージを報告している。また，16%が実装計画（部分および全体）を示し，15%は無線機能は当面の優先的戦略ではないと回答している。全体／部分のカバレージはアジア・太平洋が最も高く（88%），ついでカナダ（80%），そして英国（72%）となっており，それから低所得／低中所得国（21%）である。

4.4 ポータル（調査票の質問2.7）

ポータルは，一連の教育・学務情報サービスのための単独のゲートウェイのことであり，典型的にはシングルサインオンで使われる。多くのOECD／CERI調査の対象機関では，機能ポータルを持っており，その範囲と機能性を徐々に拡大している（多くの場合専門委員会の後援のもと）。共通機能には，コースカタログの検索，コース登録，評価結果へのアクセス，ライブラリアクセス，コースシラバスと学生，職員，教員のためのさまざまなレベルのアクセス（と個別対応化オプション）が含まれる。

ポータルとほかのシステムの統合（例えば，財務とLMS）の計画を述べている機関もある。ほかのポータルはもっと限定的である。例えば，eラーニングシステムとプログラムについての一般的情報だけのものもある。遠隔教育機関のなかには，特にOpen University of Catalunyaのようなオンライン専門の機関では，最初からポータル機能を開発することが不可欠であった。ポータルには，学生情報システムを基にしてインハウスで開発されたものもあれば（例えば，Asian Institute of TechnologyのSIS，あるいはUniversity of South Australiaで「最小のリンクエンジン」として記述されたもの），ベンダから購入したもの（例えば，Carnegie Mellon Universityで採用されたVignetteポータル），あるいは共同のオープンソース開発の結果として生じたもの（例えば，米国のuPortal，グループウェアTikiWikiの採用，Open Polytechnic of New Zealandでのコンテンツ管理ソフトウェア）がある。University of Maryland University Collegeは，サードパーティERPの一部としての専用ポータルを展開する計画について報告している。

多くの導入事例では最近，価値や利用についての綿密な評価がいかなるものであれ行われていない。Open Polytechnic of New Zealand では，ポータルの新設と拡張は，計画された新しいプラットフォームの構造における重要な要素であり，政府の出資と多くの地域高等教育機関およびほかの機関のパートナシップによって開発された，一連のオープンソースツールを含んでいる（Box 7.1 参照）。

　UK Open University においては，計画された LMS は伝統的な概念とは逆に，現在のポータル機能を含んでいるように思われる。何が LMS か，何が学生情報システムか，何がポータルかで線引きすることには，明らかに誤解を招くおそれを伴う。

　包括的な構想はアプリケーションの統合である。実際，機能的な学生情報システムは，ポータルの開発に欠かせない。University of Zurich は，2005 年に大学規模のポータルを採用することを目標として，中央情報システムの改善が進行中であると回答している。

　多くの回答者が，ポータル開発の理由を明確に説明している。Carnegie Mellon University の回答者は「大学内のイントラネット上で利用できる（強力な検索とともに）情報を収集し，必要な情報を選り分ける能力がないと，個人が活動に必要な情報と資源をみつけることはますます困難になる」と主張している。Monash University の回答者はこれに同意し，ポータルの開発は，情報の検索に伴うユーザのフラストレーションと，複数のエントリポイントの提供がときとして混乱や異なる情報を提供することに対応するためのものであるとしている。

　重要な課題は，ポータルが大学外も含めてすべてのユーザに，単一のエントリポイントを提供することである。そのとき初めてポータルはその役割を果たし，シングルサインオンを可能とするであろう。技術は未熟にみえ，その潜在能力についてのわかっていることも乏しいが，Carnegie Mellon University の回答者は，ポータルが，学生や職員が情報を入力し，獲得する主要な手段となるだろうと期待している。

　OBHE 調査では，31％の機関が全学規模のポータルシステムを現在設置しており，さらに 24％が 1 年以内にそのようなシステムを設置するであろうと回答した。ほかの 24％は 5 年以内に実装に取り掛かるだろううと回答した。少数の機関がポータルの局所的な利用を報告し，17％が全学的なポータルは現在戦略的優先度がないと回答した。

　現時点での全学的な導入に関しては，アジア・太平洋の回答者（オーストラリアに独占されている）の 50％が肯定的な回答をしているのに対して，カナダと英国は約 1／3 であり，低・中所得国では 15％であった。米国では（サンプルの規模を反映して数値は小さいが），2003 年は 28％がポータルを運営しており，19％がポータルを 1 年以内に運営する予定であった。

Campus Pipeline（現在は SunGard の所有。30 億 US ドルの財務サービスに特化したソフトウェアと情報管理会社）のみが，「自国製・局所的」よりも多く挙げられている（Green, 2003, p. 14）。ポータルの重要性が高等教育において急激に高まるにつれ，とりわけ弱体化を警戒する主導的な LMS ベンダから，商業利益が追求され統合が進められるだろう。

4.5　その他の教育・学習関連アプリケーションの利用（調査票の質問 2.8）

調査対象機関は，e ラーニングを支援するために広く機関で使われているその他のツールやプラットフォームについて，コメントを求められた。質問のなかで与えられた例（インスタントメッセージとハンドヘルドコンピュータ）は類似した方向での回答を促し，スタンドアロンの訓練用のソフトウェアは多くのテーマで幅広く使われていると見込まれたが，ほとんど触れられていない。e ラーニングの経験が少ない機関は全体的に，——いくつかの機関によって報告されている無線の着実な拡大からは，ハンドヘルドコンピュータとほかの協調ツールの利用の増加が予想されるが —— ほかのツールやプラットフォームをそれほど利用していない。

Open Polytechnic of New Zealand も同様の状況を報告している。いくつかの学部で，インスタントメッセージとほかのスタンドアロンツール（マクロメディアのリソースとビデオ会議）が使われているものの，取り組みは小規模で，中央のサポートはなく，正式な e ラーニングに統合されることはまれであると述べている。

主な動きがみられるのは，LMS ブーム以前から e ラーニングの形態を長く経験してきている機関である。LMS が高等教育において主要なものとなり，広く適用されるようになるにつれ，LMS は以前のスタンドアロン技術を補完・吸収するようになりつつある。

ポータルについての質問に対する回答のなかで Open University of Catalunya は，この機関が導入している LMS「バーチャルキャンパス」が，すべての必要な機能を含むよう繰り返し修正されてきたことについて述べている。最近の主要な LMS ベンダ（例えば，Blackboard と WebCT）の傾向は，サードパーティアプリケーション（例えば，インスタントメッセージ，ビデオ会議）との相互運用を可能にすることであるが，それは LMS と非 LMS アプリケーションの境界線を不明確にしはじめている。例えば，Virtual University of Tec de Monterrey は広範囲にわたるツール（ライブラリ，協調，評価，ビデオ）に触れているが，これらがスタンドアロンなのか LMS の一部なのかは明確でない。

取り組みが行われている主要な機関は，Carnegie Mellon University と University of British Columbia である。Carnegie Mellon University では，インスタントメッセージシステムと電子掲示版サービスの両方が広く使われており，現在のeラーニングのLMS 中心モデルの先取りをしている。これらは同級生間とクラスルーム外の学生・教員間のコミュニケーションのツールとして長く使われてきた。これらの2つのツールは，AOL とマイクロソフトから提供される無償の商用インスタントメッセージサービスと，Blackboard の掲示板機能のような LMS ベースのツールに徐々に移行してきたと報告されている。

Carnegie Mellon University の回答者は，近頃の不十分な機能の何点か，特に掲示板の投稿と電子メール通知の統合がないことなどを不満として挙げている。さらに，この大学で長く続いているツールに「Andrew File System（AFS）」がある。このシステムは，学生がコンピュータプログラムの課題を特定のロケーションから提出すると，その課題を自動的に評価するものである。いまや商用の自動採点ツールは一般的になっているが，AFS の代替は報告されていない。この機関では，AFS を未来のeラーニングの先駆者とみなしており，知的自動フィードバックプログラムの利用の増加を見込んでいると考えられる。これはコンピュータサイエンスのような正式なシステムを超えるアプリケーションのように思われる。

Carnegie Mellon University では，英語学部長 David Kaufer 教授が読者の応答パターンを構文解析する自動ツールを開発し，それが学生の作文のフィードバックの一部に使われていると報告している。またこの機関は，無線への取り組みの一部としてハンドヘルドコンピュータを開発したが（例えば，学生がクラスで応答したり学外で共同作業をするツールとして），利用は現時点では最低限であり，費用対効果には疑問がある（例えば，コストの割にハンドヘルドコンピュータの機能は大したことがない），と回答者は述べている。

University of British Columbia では，電子ポートフォリオに試験的に取り組み，学生や教員が学術およびそのほかの成果のオンラインポートフォリオを作成し，教育と就職の両面で支援を行えるようにしている。この大学では，Iwebfoil と呼ばれるベンダホスト型のツールをはじめとして，多くのソリューションが試行されている。Iwebfoil は，Nuventive という会社のツールであり，WebCT とオープンソースの OSPI システム[4]のもとで動く。全体の狙いは，University of British Columbia のポータルへの投資と

---

4) オープンソースポートフォリオ構想。

一致しており，「学生と教員の管理能力と蓄積能力を強化し，仕事の成果に基づいて評価を行い，個々の能力が実証される体制をつくり，より思慮深い学習者と実践者となる能力を強化すること」である。報告によれば，多くの科学のクラスでは，簡単な学生応答技術が教室で使われており，医学看護学部では Personal Data Assistant（PDA）（医学・看護学生に実習年限でさまざまなテキストリソースへのアクセスと大学との連絡を密にする PDA を貸し出す）が試行されている。また，教育アプリケーションの利用に加え，ブログ（個人のオンライン記録・ジャーナル）と wiki（単純なウェブサイト作成編集ツール）の利用が University of British Columbia では増加しているという。

LMS の導入が比較的遅いか，まだ導入していない機関からも，ほかのツールやプラットフォームを多く利用していることが報告されている。

例えば UK Open University では，多くのスタンドアロンシステム — コンピュータによって仲介する会議，オーディオ会議，インタラクティブホワイトボード，課題処理，電子ライブラリ — が報告されている。ほかのツールやプラットフォームの利用に関するほかの例としては，学生情報に対する携帯電話でのアクセス（京都大学 — 学生の広く所有するツールの利用），基本通信ツールとしての SMS メッセージングの利用（University of Zurich の 1 学部）がある。UCLA Extension の回答者は Adobe の GoLive のようなウェブサイト作成ソフトや，Apple の Final Cut のようなビデオ編集ソフトを挙げている。University of South Australia では，州規模の活動の一部として，米国企業 Centra の同期型ビデオ会議やオーディオ会議を利用している。

4.6 学務管理のためのオンラインアプリケーション

教育学習の側面と並行して学務機能のさまざまな方法でのオンライン化が広く進んできている。例えば，アプリケーション，コース・試験登録，学費支払い，ライブラリサービス，学生・教員による購買などである。こうした e 学務管理は e ラーニング開発の柱として位置づけられ，情報へのより柔軟で深いアクセスと日々のプロセス，また通信を提供するものである。University of British Columbia では，e 学務管理や e ビジネス開発が，すべての e 戦略に含まれる要素のひとつであり，相互依存に関する課題があることを強調している（Box 2.1 参照）。

すべてかあるいは大半の教育的・商用通信が，完全にオンライン化（例えば，Open University of Catalunya, Monash University）していると報告する教育機関もあれば，極めて初期段階にあると報告する機関もある（例えば，青山学院大学，京都大学，Multimedia Kontor Hamburg）が，大半の機関は，e 学務管理と広範な学務教育システ

ムを統合する長期計画の途上にある。アクセス性と統合は，ポータル開発においてしばしば着目される（前述参照）。

e学務管理の機能について詳細に説明している機関もある。例えば，University of British Columbia は，学生向けのe学務管理の機能の詳細な一覧を提出している。これにはオンライン登録（93％の申込者がオンライン登録を求めた），登録状態チェック，クラスへの登録・削除，授業料とその他の費用，財政支援の申請，学生選挙への投票，申請書化，電子メールアドレス・パスワード変更，住居・食事の計画管理，駐車スペース予約などが含まれる。サードパーティの人材管理・財務管理システム（典型的にはオラクル，ピープルソフト[5]，SAP からのもの）と並行して，同様のインハウスの学生管理システムも用いられている。

University of South Australia の図書館システムは，ユーザが本の予約，キャンパス横断的な図書館内貸し出しの申し込み，貸し出しの延長，ジャーナルアラートの設定，電子メールによる電子記事の受信をできるようにしている。

ほとんどの学務管理システムは，商用であるか機関的な対応であるのに対し，University of Paris Nanterr は，国家的な学生情報管理システム，APOGEE（Application pour l'organisation et la gestion des enseignements et des étudiants）を挙げている。

現在，ますます大きくなるe学務管理システムに対する主要な障害には，証拠書類となる（例えば，英語能力の証明）紙媒体の供給と，長年のシステムによる制約がある。

例えば，Open Polytechnic of New Zealand の回答者は，機関の現在の LMS のバージョンとインハウスの学生データベースでは，オンラインでの支払いができなかったと述べている。

UK Open University では，2005 年までにすべての学生がオンライン学務管理を利用するよう求められており，アクセス性に関する重要な疑問が提起されている。

Carnegie Mellon University の回答者は，インハウスの学生情報システム（全機関横断の学生情報システムの将来計画の一部）を書き換える作業について，余談として触れている。現バージョンのシステムが「教室中心」，「教員中心」で書かれているのに対して，書き換えの目的は「学生中心」である。これはeラーニングを行う時間と場所の多様性に応えることを目的としている。これによって，標準的な学期構成のほかに提供される短期クラスのような，一連の非伝統的な授業を「標準化」することが可能となる。また，学生が内容を習得したと実証できるまでクラスに登録することを勧める「完全習

---

[5] 2004 年後半にオラクルがピープルソフトを買収した。

得設計」が可能となる。

　OBHE 調査では，e コマース機能（例えば，学生・教員のオンライン購買や支払い）が，現在全学的に稼働しているかどうかを質問している。これは OECD / CERI 調査と比較して多少限定された質問ではあるが，かなり近い近似値を示している。回答者の 20％ が肯定的であり，22％が 1 年以内に稼働する可能性に触れ，さらに 29％が 5 年以内に稼働する可能性に触れている。

　この回答の「中間」（最大 5 年以内に稼働する計画）への集中は，OECD / CERI 調査のデータと一致する。13％が局所的な e コマースへの取り組みがあると回答し，14％がこの領域には現在戦略的優先度を置いていないと回答した。

　同様にヨーロッパにおける 200 以上の大学での調査では，20％弱の回答者がオンラインコースや試験への登録のようなものは，すべてのプログラムで利用可能であると回答し，30％程度がいくつかのコースや試験で利用可能であると回答している（PS RAMBOLL Management, 2004, p.38）。

　学務管理を目的としたオンラインアプリケーションの利用はこれまでと同様に今後も増加し続けるだろう。現時点では伝統的な手続きに代替するものではなく，補完している。

4.7　教育と学務管理システムの統合

　教育と学務管理ソフトウェアの範囲と幅は広がっているため（典型的にはインハウスとサードパーティソリューションの両方を含む），異なるシステム間で通信できない非効率が起こる。本質的に異なるシステムの統合や，あるシステムをより総括的な単独のアプリケーション（例えば，ERP の導入 — 後述参照）に置き換えることを試みるのが，最近の傾向である。統合は，従来使われていたレガシーシステム[6]を合理化し，各システムがどのようにほかと関係するか，そして連結や統合がさまざまな利害関係者にどのように影響するのかを，本格的に検討する機会を提供する（Duncan, 2004）。ほとんどすべての回答者が統合計画について述べている。

　ひとつの際立った事例は，Open University of Catalunya であり，回答者は学務管理と事務管理システムは「完全に統合されている」と単純に述べている。このことは

---

[6] レガシーシステムとは，これまで国が用いてきたコンピュータのシステムやアプリケーションプログラムのことである。レガシーシステムは，交換や再設計のコストが高く，現在のシステムやプログラムと比べると競争力や互換性の点で弱いという欠点を持つ。つまり，システムは巨大で一枚岩的であり，修正が困難である。

Open University of Catalunya が専用のバーチャル・ユニバーシティとして比較的最近設立されたことから説明される。

どんな統合プロジェクトにも寿命があるという明らかな要因はさておき，一連のサードパーティソリューションをむりやり一緒に動くようにするよりも，インハウスシステムを開発する程度の方が，有効な選択のように思われる。例えば，統合は初めから一連のアプリケーションに組み込まれるかもしれない。

従来のインハウスシステムを適合させるのではなく，Asian Institute of Technology のように ERP システムを調達している教育機関もある。ERP システム（独立した従来のシステムを統合し，置換するため単一のデータベースを基本として利用する）は，システムの多くは高等教育での利用に最適化されていないが，統合の活動に傘となる構造を提供する。

Cornford and Pollock（2003）は，汎用的な ERP システムと高等教育機関の不一致についての詳細な説明を提供している。そして高等教育機関に対して，適合するための構造とプロセスを明確に示すよう強く要請している。また，機関が調達のために集団で価格交渉を行う傾向が，標準化や画一性を悪化させる可能性についても論じている。

OECD / CERI 調査の対象機関のうち，UCLA Extension などサードパーティ製品を持つ数機関では，インハウス開発することを選択した。e ラーニングと教育に関わるさまざまなオープンスタンダードの着実な開発と普及は，より一般的には（IMS 企業標準のような）統合の取り組みに集約される。しかし，規格が定められ採用されるには程遠い。University of British Columbia の回答者は，シングルサインオンのために，うまく開発された技術標準がないことが特に課題であり，この機能の提供の遅れが，しばしば統合システム導入の主要な障害となると述べている。

回答者は統合の利点を数多く明示しており，情報管理に関わるより高い効率（学生，教員，スタッフの観点から），データの完全性改善，紙コストの削減，アカウントのより詳細なレベルの提示，コアシステムへのセルフサービスアクセスなどがある。ある回答者は，統合は部門リーダに，情報の取捨選択や情報による影響の強化という，武器を提供するものであると論じている。「功を奏する集約というのは，図書館と IT のリーダが，機関の財務・事務のリーダに対して，増え続ける支出を正当化できるものである」（Duncan, 2004）。高等教育向きでない複雑なシステムを，時間をかけて高等教育に適合させることは，時間と予算の超過や新システムに対する職員の抵抗という，難点をもたらすことになる。

Asian Institute of Technology では当初，ERP システムの導入に外部コンサルタント

を起用したが，その後は完全なインハウスの運用に移行した。このことは，内部人件費は高いものの，外部コンサルタントの限界を経験したこと（高等教育の背景についてコンサルタントが著しく知識を欠いていたこと，従来のシステムを再構成し書き換えるには内部の努力が必要なこと）を示唆している。

　ある回答者は，統合がセキュリティを危うくする（言い換えると非認証ベースで極秘情報を得ることが容易になる）のではないかと経営層が恐れたために，統合が試みられなかったと報告している。この回答者は，このような考えはITシステムとセキュリティについての不適切な理解を例証するものであると，述べている。

　Open Polytechnic of New Zealandの回答者は，5つの独立した教育システムと学務システムを列挙し，今後5年間にこの5つを統合し，2つ（ユーザの観点からはひとつのものにみえる）にする計画を示している。その2つは，学習環境と学生管理システムとして区別されている。OnlineCampusやBlackboardからMoodleへの移行は，学習環境に関する重要な要素である。

　OBHE調査は，増大する国際的な相互運用のための規格への準拠と，学務と事務ITシステムの統合を質問した。わずかに11%の回答者が，利用しているITシステムが現在関連する国際規格に準拠していると回答した。この低い数値は，対応している規格が多くの場合開発中であり，Carnegie Mellon Universityが前述したシングルサインオンのケースのように，ある分野では一致には程遠い状況にある結果のため，部分的に説明が可能である。また，対抗する相互運用のための規格が存在することもあるかもしれない。41%の回答者が最大5年以内の準拠を予測している（そして18%は「局所的な」あるいは限定的な準拠であると回答した）。30%は，現在この分野に戦略的優先度はないと回答している。

　eラーニングと特に関連する相互運用のための規格の例として，SCORM（Shareable Contents Object Reference Model）とIMS（第3章参照）について質問をした。もし，高等教育機関で利用しているITすべてを通じて規格に準拠することを（正式な規格でも事実上の規格でも）考えるならば，整合性の度合いは非常に高くなるであろう（細かい部分では不均一としても）。

　相互運用のための規格への準拠は，システムの統合と一致しているのだろうか。回答者の多く（25%）が，全学規模の効果的な統合システムを持っていると回答している（それに比較して国際的な相互運用のための規格への準拠はわずかに11%であった）。このことは，いくつかの機関では，専用の基準にあわせて統合が達成されたことを示唆している。実際に多くの回答者が，全学的システム統合に対し，国際的な相互運用のための

規格にはわずかな興味しか払わなかったと回答している。61％の回答者は，最大5年以内のシステム統合を示し，わずか8％の回答者が，戦略的関心がないと回答している。こうしたシステム統合と相互運用基準の不均衡は，数人の回答者が「国際的な相互運用のための規格」に関して過度に狭い定義を行っていることによって，部分的に説明されるだろう。

4.8 教員と学生のためのコンピュータネットワークアクセス

（調査票の質問3.1〜3.5）

　コンピュータとネットワークへのアクセスは，eラーニングの前提条件である。調査対象機関は，学生と教員のためのコンピュータやネットワークへのアクセス（機関内外の両方について）の提供について質問された。また学生に関しては研究室間のバランス，機関によって負担されたか準備されたポータブルコンピュータ，また学生自身が所有するコンピュータについても質問された。以上の質問は，学生や教員がどのようにコンピュータを使っているかの方針（例えば，エチケットと守秘義務）に関するものではない。

◆コンピュータ所有についての方針

　すべての回答者は，少なくとも過半数の学生がパソコン（あるいはそれへのアクセス）を（インターネットアクセス付で）所有していると報告している。また，これらのハードウェアへのアクセスが深刻な問題になっているとする報告はない。

　しかしながら調査対象機関の大半では，主にコストの理由からコンピュータの所有を義務化はしていない。例えば，Asian Institute of Technologyでは，すべての学生がパソコンを購入できることを期待するのは現実的ではないだろうと回答している（調査の時点では学生の2/3がコンピュータを所有していると回答している）。

　個人所有に対する学生にとって可能な選択肢としてリース方式を運用している機関もある。Asian Institute of Technologyでは，このような方式はベンダからの利益がなくなることから，障害となるかもしれないと考えている。この機関は，寮でのブロードバンドアクセスと，常に安くコンピュータを提供できることが，個別の学生の購買を促す鍵であると述べており，2，3年以内に機関のすべての学生がパソコンを所有するだろうと予測している。

　100％の調査機関が例外なく，フルタイムの教員はパソコンにアクセスできると回答している（例えば，教員ごとの専用コンピュータ）。非常勤教員のアクセスには，共用設備の利用も含まれている。ひとつの機関（Monash University）のみが，スタッフ（教

員にも計画中）の最低限の IT 能力についての基準を報告している。

　調査対象機関のなかで唯一学生にコンピュータの所有を要求しているのは，Virtual University of Tec de Monterrey である。回答者は，学生の購買ガイド用に設計された詳細仕様（例えば，プロセッサ速度，ハードディスク容量，画面精細度，インターネット速度など）を提出している。

　Open University of Catalunya は，公式には学生にコンピュータの所有を要求しないが，実際にはすべての学生が所有（あるいは少なくともそれへのアクセス）しており，そのような設備なしには Open University of Catalunya のプログラムを取ることは不可能であると述べている。これは University of Maryland University College も同様である。典型的なオンライン学生（勤労社会人）のプロフィールは，コンピュータの所有（あるいは雇用者を通じたアクセス）を非常に容易にしている。

　いくつかの機関では，特に学部や部門にコンピュータの所有を義務付けている。例えば，Carnegie Mellon University の Graduate School of Industrial Administration（ビジネススクール）と Heinz School of Public Policy では，すべての学生にコンピュータの所有を要求している。Open Polytechnic of New Zealand では，2005 年からビジネスを専攻しているすべての学部学生に，コンピュータとインターネットへのアクセスを求め，その他のコースについては先例に従うことを期待している。

　UK Open University では，IT アクセスについての大学の 2002 年の方針で，「2005 年には…学生は勉強のための情報コミュニケーション技術（ICT）へのアクセスを持つ」と述べている。いくつかのコースには，勉強と評価のためにコンピュータが必要とされ，一方，ほかのコースは「よい学習経験のためには時々のアクセスで十分であり，アクセスがないことはより劣った学習経験とならざるを得ないが，それでもコースをパスすることは可能であるべきである」としている。方針のほかの部分では，「学生は，2005 年までに事務的な通信のためにインターネットを使うことが求められる」と述べられている。2004 年には，すべての Associate Lectuerer（遠隔が主体の非常勤講師）は，パソコンとインターネットへアクセスするよう求められている。

　Open Polytechnic of New Zealand では，ビジネスを専攻している学部学生は，コンピュータとインターネットへのアクセスが求めらる。この機関の回答者は，学生がコンピュータの調達に政府の財政支援を使うことができるため，こうした要請は間接的設備化であると説明した。財政支援なしにはこれは許容されなかったであろう。

　University of Zurich では，ベンダと特別な契約を行うことにより，ハードウェアとソフトウェアの大量購入割引を受けることができると述べている。特定のブランドのコ

ンピュータを学生が購入しなければならない機関は，調査機関や調査機関の部門としてはなかった．

Carnegie Mellon University では，機関全体として学生のコンピュータ所有の義務を方針とすべきかどうかが議論されたが，コストの理由により認められなかったという．実際には95％の学生が所有しているが，コンピュータを持つことができないとみなされた残りの5％に対して，このような要請することは不適切であると判断された．このような方針に反対するほかの理由は，強制所有には（ユーザ満足度調査ではなく），明白な教育的メリットについての（ほかの機関からの）証拠が乏しいこと，および教育的な価値を最大化するためには，多くのテーマで必要とされる専門化したソフトウェアが，すべてのコンピュータにダウンロードされる必要があることである．

Monash University の回答者は，オーストラリアの大学では，連邦政府が掲げる平等化の公約のため，学生のコンピュータ所有を全学的に義務化することが禁止されていると述べている．

OBHE 調査に対して「すべての学生によるコンピュータの所有の義務化が公式な方針である」と回答した機関はひとつもなく，わずかに6機関（5％）がそのような方針ポリシーを制定中と回答した．さらに13機関（11％）が学生にコンピュータ調達のための助成金を提供しており，1機関が準備中と回答した．

2003年に米国で行われた Campus Computing Survey では，回答機関のわずか5.4％がコンピュータ所有をすべての学部学生に要求し，39％が所有を推奨していた．特別な学問領域では，コンピュータの所有が求められる機関は12％に跳ね上がった．「すべてに必要」とする数値は，学校年次で2005年から2006年には約13％となるであろうと予想されている（Green, 2003, p.13）．

◆学生／コンピュータ比率

表4.4は，各調査機関における学生とコンピュータの比率の全体像を示している．表は時間軸上の開発に関する考え方（予想される開発も含む）を示している．また，教育機関が購入したり費用を負担したコンピュータ（機関的ローンや大量購入方式を通じて）の割合と，学生が個別に所有するコンピュータを含めた場合のコンピュータの割合を比較している．

遠隔のみの機関では，家や職場から教材にアクセスするが，最初のカテゴリ（機関が購入したり，機関が負担したコンピュータ）は適用されない．多くの回答者は，データが体系的に収集されなかったと述べており，それゆえ与えられた数値は推計値である．

表4.4 コンピュータ/学生比率

割合	購入されたコンピュータ/(機関による支援)			購入されたコンピュータ(機関・学生独立)		
時期	2000〜2001年	2003〜2004年	2006〜2007年	2000〜2001年	2003〜2004年	2006〜2007年
青山学院大学	1:3-5	1:2	1:2	1+:1	1+:1	1+:1
Asian Institute of Technology	1:3-5	1:3-5	1:5	1:2	1:1	1:1
Carnegie Mellon University	1:1	1+:1	1+:1	1:1	1+:1	1+:1
FernUniversität Hagen	—	—	—	—	「大半」	—
京都大学	1:21-50	1:21-50	1:21-50	1:21-50	1:11-15	1:3-5
Monash University	1:30	1:20	1:35	—	—	—
Multimedia Kontor Hamburg	該当なし	該当なし	該当なし	1:3-5	1:2	1:1
Open Polytechnic of New Zealand	該当なし	該当なし(ただし前述を参照)	該当なし	—	85%	増加の予定
UK Open University	該当なし	該当なし	該当なし	81%	89%	99%
Open University of Catalunya	該当なし	該当なし	該当なし	1+:1	1+:1	1+:1
Virtual University of Tec de Monterrey	1:21-50	1:6-10	1:3-5	1+:1	1+:1	1+:1
UCLA Extension	該当なし	該当なし	該当なし	不明	大半	不明
University of British Columbia	1:3-5	1:2	1:1	1:2	1:1	1+:1
University of California, Irvine	1:16-20	1:6-10	1+:1	1:2	1:1	1+:1
University of Maryland University College	—	大半	—	—	大半	—
University of Paris Nanterre	1:120	1:65	1:25	不明	不明	不明
University of Sao Paulo	1:16-20	1:11-15	1:6-10	1:3-5	1:2	1:1
University of South Australia	1:21-50	1:16-20	1:11-15	1:21-50	1:16-20	1:6-10
University of Zurich	1:150	1:75	1:21-50	1:2	1:1	1+:1

出典：OECD

何人かの回答者は比率をパーセンテージで表している。

表4.4から，学生の所有するコンピュータは，多くの調査対象機関において，最初に用いるハードウェアとして重要であり，その傾向は続くと予想される。

例えば京都大学では，機関が所有するか負担したコンピュータの比率は，2000年〜2001年と2003年〜2004年の間で一定を保っている（そして2006年〜2007年にかけて

も変わらないと考えられている）が，学生の所有するコンピュータを加味すると，時間とともに大幅に上昇していることがわかる。

　University of Zurich は，機関の所有するコンピュータが，学生の所有するシステムをはるかに上回る機関の好例である。

　独立に購入される学生所有のコンピュータが増加することは，いくつかの機関にとって所有財産を減少できることもまた明白なことである。Asian Institute of Technology と Monash University では，2006年7月に予測した機関が所有または負担するコンピュータの率は2003年4月に比べて下降気味であり，予想される学生所有の上昇によって明白に埋め合わされている。

　コンピュータラボを廃止するような方針を持つキャンパス中心の教育機関はなく，コンピュータラボには，便利で，最後の手段としての意味合いを持ち，制限のあるソフトウェアを利用できる役割を認めている。Carnegie Mellon University の新しい西海岸のキャンパスはまったくコンピュータラボはなく，すべての学生はノートパソコンを持つことを要求される。

　学生の所有率が増大すると，機関の課題は，学生の所有するコンピュータのためにネットワークアクセス（教室内を含む）と適当なソフトウェアへの柔軟なアクセスを提供することである。University of British Columbia の回答者は「現在の状況では，パソコンはほかの学習支援（例えば，教科書，紙）と同じであり，学生の責任である」という。このことは，パソコンにおいて機関が責任を持つことから学生の責任（購入と保守の両方について）に理解がシフトしているということを示している。eラーニングがICTへの柔軟なアクセスを要求する限り，この傾向を後押しするであろう。学生とコンピュータの比率の低さとeラーニングへの投資には，明らかな関係はない。

　政府はまた，アクセスに関しても役割を担っている。例えば，インターネットへのアクセスを安全にするため，フランスの教育省高等教育研究局は，一連の民間企業（ハードウェア企業，通信会社と銀行）と連携し，Higher Education and Research launched the Student Laptop Programme を2004年9月に立ち上げた。

　この計画は，学生がノートパソコンとWIFIカード（1日あたり1ユーロのクレジット機能）を買うことができるようにするものである。

　OBHE調査対象回答者は，機関が所有するか負担したコンピュータについて，ただひとつの機関が1対1あるいはそれ以上であると回答し，7%以上が学生3～5人当たり1台のコンピュータと回答した。最も一般的な回答であったのは1：6～10のカテゴリであり，36%であった。1：11～15と1：16～20は33%以上の回答であった。学生所有

のコンピュータが含まれると，ほとんどすべての機関で比率は改善される。

カテゴリごとの平均値をとると（事前に定義した比率カテゴリ1から9），全体の平均は6から3.9に改善された。このことから，学生所有のコンピュータが，全体の可能なパソコンハードウェアの比率をかなり引き上げると考えられる。

低・中所得国の平均的な学生の購買力が低いことを反映し，アジア・太平洋，カナダ，英国の回答者は，低・中所得国の回答者に比べ強い改善を示している。OBHE調査では，過去の割合は将来の割合の予測に関して，学生の所有率増加にあわせその所有財産を減らしたか，将来的にその計画があるか，という評価を除外するようには求めなかった（いくつかのOECD / CERIの調査対象機関ではすでに行ったようであるが）。

◆リモートアクセス

OECD / CERI調査のほとんどの回答者は，教員と学生のための何らかのリモートネットワーク（リモートアクセスサーバあるいはVPN（Virtual Private Network）— おそらくインターネットサービスプロバイダ（ISP）に委託される）を報告している。ある回答者が期待しているように，リモートアクセスは専門的・部分的なバーチャル機関においては最も総括的なもの（可能なサービスに関して）である（例えば，Open University of CatalunyaやUniversity of Maryland University College）。

Carnegie Mellon Universityなどいくつかの機関は，無償のダイヤルアップリモートアクセスを提供しているが，これらは今後5年以内に移行する計画である（マーケットの主流が国内ブロードバンドである限りは）。

個人のブロードバンドの主流がすでに現実的なのは日本である。University of British Columbiaでは月20時間の無償ダイヤルアップサービスを提供している。2003年のデータを引用すると，University of British Columbiaの学生の50％がブロードバンドに個人的にアクセスを持っていると報告している。

VPNのアプローチは，ユーザドメイン名で決定されるログインアクセスの問題を解消する（言い換えると，VPNは認証された「内部」状態をリモートユーザに提供する）。代替案としては，個人ベースの（ドメインベースよりむしろ）認証の利用や，機関間認証（例えば，Shibbolethプロトコル）の利用が挙げられる。

Carnegie Mellon Universityの回答者は，あるLMSにリモートアクセスする際に問題があると報告している（認証構造がファイアウォールを越えて働かないという）。個人ベースの認証の例は，UK Open Universityによって報告されている。インハウスで開発されたSAMS（学生アクセス管理システム）は，ユニークな識別子とパスワード

構造によって，学生のリモートアクセスを許可している。

　多くの機関にとっては，機関全体のネットワークに対して，世界中どこからでも安全なリモートアクセスを可能とすることが，長期的な展望である。これはAsian Institute of Technologyのような地域の機関にとっては，一層重要である。機関全体のネットワークに対するリモートアクセスは，前述のシステム統合計画の重要な一部である。

4.9　eジャーナルとeブックに関する戦略

　オンライン図書館支援助言サービスの開発と並行して，すべての調査対象機関から，eジャーナルの取得と利用，やや少ないeブックへの拡張が報告されている。一般論としては，とりわけ科学，技術，医学の分野において出版の障害を減らし，配送を効率化することにより，大幅にタイトルの範囲と数を増加させた。Emeraldのような主要なeジャーナル出版社では，機関コンソーシアムが大量のタイトルを，低価格で大量購入することが可能である。英国のJISCのような国立機関が，複数の機関や複数の出版社の取引を仲介する例もある（National E-Journal Initiative：www.nesli2.ac.uk）。Monash Universityは，図書館利用の約60％は学外から電子的に行われていると報告している。

　多くの回答者が，eブックの利用が最低限であることの主な理由として，現時点でタイトルが限られていることと述べている。eジャーナルを選択する理由は，紙ベースの同様のものと比較したコストとスペースの節約，アクセス性，機能性，および提供可能なタイトルへの要望で説明される。UK Open Universityの回答者は，オンラインジャーナルの取得は主に学部の研究によって牽引されているが，このことはこの種のリソースが遠隔の学生に対して提供可能となることを意味すると述べている。これは「大学キャンパスの学生が取り組んでいる独立したリソースに基づく，学習にしっかり適合した新しい教授モデルの開拓」であるといわれる。

　紙媒体のジャーナルの取得は減少傾向であると広く報告されており（特定の数値は提供されていない），紙媒体の本の購入は横ばいかやや増加傾向である。University of British Columbiaでは，コスト削減とアクセス拡大のため，「信頼でき，堅実で最新のオンライン版が存在する」ジャーナルのオンライン版のみの予約購読の方向に移行するとした方針がある。

　University of South Australiaでは，もしオンライン版が提供されていて関係する学部や研究センタの強い主張がない場合には，印刷物の予約購読をしないとしている。さらにその図書館では，需要のあるタイトルに関して，eブック版のみ獲得することを選択するとした。

これに対して，Multimedhia Kontor Hamburg の回答者は，多くの出版社がプリント版とオンライン版をまとめ売りしており，どちらか片方を購入することを難しくしていると強く主張している。この機関ではプリントに加えてオンラインジャーナルも提供することを実践している（出版社のモデルが変われば，2008年ごろからオンラインのみに移行する計画を持つ）。

オンラインリソースを中心とした構想を持つ機関もあれば，プリントとオンラインを補完的に利用することを考えている機関もある。例えば Carnegie Mellon University の回答者は，「デジタル中心ライブラリ」を作成する戦略の概要を述べており，一方で Open Polytechnic of New Zealand では，e ブックがプリントした資料にアクセスできない学生にとっての最初のリソースとみなされる。

Open University of Catalunya のようなバーチャル・ユニバーシティにとってさえ，紙媒体のジャーナルと書籍（ローカルサポートセンタに配置）が使われていると報告されている。この大学には，何らかの形の抄録を電子的に作成して遠隔の学生に試料の内容を伝えるための方針がある。

これと対照的に，Virtual University of Tec de Monterrey では紙媒体を保管する従来の図書館をまったく持っていない。

印刷された本が継続して力を持っている例は，University of Maryland University College であり，この大学では，米国内の学生と世界中の教員に対して本の配送サービスを行っている。University of Maryland University College でも，同様の e ブックサービスを検討中である。

多くの回答者が，この領域で目覚しい取り組みを報告している。Carnegie Mellon University の報告者は，大学で主催する「The Universal Library」を説明している。これは世界の知識をデジタル形式で保存し配布する試みであり，最初の目標は100万冊（Million Book Project）である。この研究は米国の National Science Foundation と多くの企業，財団によって資金提供されたものである。インドと中国のさまざまな大学がスキャン・目録の作成・管理に責任を持っている。Carnegie Mellon University はまた，「Text Archive」のパートナを探している。これは2004年12月に非営利の Inernet Archive によって発表された取り組みであり，米国議会図書館，Canadian universities of Toronto, Ottawa and McMaster, 中国の Zhejiang University, Indian Institute of Science, エジプトの European Archives and Biblotheca Alexandrina が参加している。「Text Archive」は，Carnegie Mellon University の Million Book Project を含む，多くの現存するデジタル書籍アーカイブの取り組みを取り込むであろう。

この提携のほかには，Oxford，Harvard，Stanford，Michigan の各大学，ニューヨーク公立図書館が参加する Google のデジタル書籍アーカイブパートナシップがある。どちらの取り組みも可能な限り多くの書籍を無償で提供可能とすることを狙いとしている。

　Virtual University of Tec de Monterrey は，Tecnológico de Monterrey（親機関）の「Biblioteca Digital（デジタルライブラリ）」構想の一部であり，33 の大学キャンパスが，電子書籍とジャーナル購入のためのコンソーシアムを構成している。デジタルライブラリでは個別の項目ごとに，出版社からではなく，主に Emerald のような主要な出版社・アグリゲータ[7]とネットライブラリから一括で予約購読をする。

　国家レベルでは，ニュージーランド国立図書館が EPIC（www.epic.org.nz/nl/epic.html）と呼ばれる同様の取り組みを行っている。EPIC は，すべてのニュージーランド人による e リソースへのアクセスを拡大することと，図書館や情報機関とその利用者が，良質な e リソースにアクセスすることを協議し支援するために設立された非営利コンソーシアムである。EPIC は EBSCO と Gale（2 大グローバル e コンテンツアグリゲータ）と国レベルの規模のライセンスについて協議している。ニュージーランドのすべての国民は，「ニュージーランドライブラリ」を通じて電子リソースにアクセスすることができ，全部で 171 の図書館をカバーしている。これは全国の高等教育機関の図書館の 94％，公立図書館の 91％，ニュージーランドの特別な図書館の 32％から構成されている。ニュージーランドのすべての登録校に参加資格があり，Open Polytechnic of New Zealand も参加者のひとつである。新しい「Libraries Australia」も同様の取り組みである[8]。

　多くの機関が，学部の研究論文のアーカイブのための電子リポジトリを開発している。例えば，Monash University は「e-press リポジトリ」を持っている。これまでは教員の利用がほとんどなかったということだが，今後の拡大が計画されている。

　University of Sao Paulo など多くの機関が，修士論文や博士論文のオンラインアーカイビングを奨励している。

　UCLA Extension では，500 万項目以上の一般的な学術研究に加え，ビデオとグラフィックスの商用リポジトリ Xan-Edu を配置している。教員は学生に特定の項目のアクセスを推奨し，学生は全体のリソースを予約購読することができる。

　UK Open University では，すべての教材をプリントと同時に e ブックで制作するこ

---

7) 訳注：コンテンツなどを集約し，提供すること。
8) www.nal.gov.au

とを方針としている。

　懸念事項や課題を明確にしている機関もある。オンライジャーナルに関する現在の課題のひとつは，大学間での複製に関する基準である。

　Carnegie Mellon University の回答者は，過去には，教員と学部学生が近隣の図書館の所有物を利用するように推奨されたと指摘している。e ジャーナルと e ブックの発達に伴い，ライセンス契約と認証の必要性が，この習慣における事実上の障害となった。機関間あるいは国家レベルの契約が，複製をめぐる対立[9]を改善する。ほかの問題は，ライブラリ型のリソースへの電子アクセスが拡大した結果として，学生が「長い文章よりも短い記事」により重い信頼を置く傾向があるといわれていることである。

　Open Polytechnic of New Zealand の回答者は，EBSCO や Emerald といったアグリゲータの役割に関して注意を促している。この機関においては，オンライン予約購読が，出版社と直接締結できる場合にのみ，紙媒体のジャーナルの予約購読を停止できるようになっている。この機関では，電子アクセスがアグリゲータ（特定のタイトルがその組み合わせから漏れるかもしれない）を通じてのみ可能な場合には，プリントの予約購読の取り消しに慎重となっている。

　Virtual University of Tec de Monterrey は，スペイン語のタイトルのような，よりローカルなコンテンツへの要請を認識している。この機関では，要望のある内容をデジタル化するベンダと接点を持つ計画がある。

　ジャーナルや本と電子教材の間の境界は，かなりあいまいなところがある。e ラーニングの配信に，オンラインの項目を統合することは容易であり，教育機関の図書館は，最も広い意味での包括的なリポジトリやゲートウェイとして成長している。OBHE 調査の大半の回答者（73％）は，オンラインジャーナルと e ブックに対するキャンパスライブラリへの投資は重要であると回答しており，わずかに 3 機関がこの分野に戦略的優先度を置いていないと回答している。

4.10　結論

　この章では，高等教育における e ラーニングを支援，あるいは補完する一連の活動について要約した。OECD / CERI 調査の対象機関の大半が，IT ネットワークと回線容量は，e ラーニングの要請に歩調を揃える以上の問題であるとの印象を持っている。

---

[9] Conyers, A. and P. Dalton (2005), NESLi2 – analysis of usage statistics (summary report), JISC. URL: www.jisc.ac.uk/uploaded_images/jiscnesli2summaryeb.pdf. Last Accessed: 12 May 2005.

OBHE 調査では，多くの機関が緊急にアップグレードするための広範な計画があることを明らかにしている。ネットワークへのアクセスや信頼性の拡大は，ネットワークそのものの開発よりも重要な共通戦略である。

ポータルの開発とシステム統合は一般に，本質的に異なる学務・事務のシステム・情報を，統合と一元化に向けた主要な傾向である。ほとんどの機関においてこのような開発がまさに「進行中」であり，インハウスのアプリケーションや商用アプリケーション，拡大しつつあるオープンスタンダードの適用など，いまだに不明確な変数が多い状況である。ポータルは LMS を包含するかもしれないし，あるいはその逆かもしれない。したがって高等教育における LMS についてはベンダの優勢傾向はみられない。

学生とコンピュータの比率のデータからは，学生自身が所有するコンピュータの役割が増大しており，いくつかの機関では，所有資産が減少していることが示唆される。学生の所有を義務化している機関もあり（プログラムレベルでも），このうち 1 機関では成功への鍵として政府の資金の利用に言及している。

e ジャーナルの採用は随所で試みられているが，タイトルの長期にわたる提供やライセンスの制約などに関して課題が残っている。e ブックはいまだ一般的ではないが，機関の多くは主要な国レベルや国際デジタル化構想に参加している。

いずれにしても LMS の導入は，世界的な e ラーニング開発のなかでも突出した特徴のひとつである。OECD / CERI 調査と OBHE 調査の双方において，広範な導入が報告されており，2 大商用ベンダである Blackboard と WebCT を全学的に導入し，統合する傾向がみられる。専門的なバーチャル機関や混合型の機関では，インハウスやオープンソースを代替策として持つことの方が一般的である。

インハウス開発は，ますます教育の中心となるプロセスにおける，教育機関の価値ある自立性の表れであろうか。それとも無駄な努力の繰り返しであろうか。主要なプロプラエタリなシステムは，教育に制限されたものであろうか（Sakai や LAMS のようなオープンソースの対抗馬を支持する者として）。また，ベンダから独立したツールの利用拡大が，重要な要因だろうか。機関レベルでの LMS 導入が拡大する一方で，両調査は，クラスルームへの影響が限られたものであることを明らかにしている。一方の研究は，LMS の利用が相対的に限られていても，変革が行われていないことの証拠にはならない，という結論に達している。必要な読み物の配信や評価結果の投稿といった基本機能は，「学生がどのようにコース教材にアクセスすることを好むかや，何がアクセスの場所に対して劇的な影響を持つのか，つまり学生が学ぶ場所や一人の講師が世界中の聴衆にコンタクトできるといったことに関して，基本的な変化をもたらす可能性のあるものであ

る」(Dutton ら，2004, p.146)。重要なのは，LMS は主流の製品として新規なものであり，時間の経過とともに革新を段階的に後押ししていく，ということである。教育機関はまだ，どのように LMS 中心のコンテンツ開発と管理を行っていくか，とりわけ，局所的な自立性と機関全体としての品質や一貫性の間のバランスをどうとるか，といった重要な課題に直面している。これらの答えが時間とともに現れることを願っている。

引用文献

- Carmean, C. and J. Haefner. (2002), "Mind over Matter − Transforming Course Management Systems into Effective Learning Environments", *EDUCAUSE Review*, November/December.
- Cornford, J. and N. Pollock (2003), "Putting the University Online: Information Technology and Organisational Change", Society for Research into Higher Education/Open University Press.
- Duncan, J. (2004), "Convergence of Libraries, Digital Repositories and Management of Web Content", report from the EDUCAUSE Evolving Technologies Committee, Boulder, EDUCAUSE.
- Dutton, W., P. Cheong and A. Park (2004), "An Ecology of Constraints on E-learning in Higher Education: The Case of a Virtual Learning Environment", *Prometheus*, Vol. 22, No. 2, pp. 131−149.
- Garrett, R. (2004), "The Real Story Behind the Failure of the UK eUniversity", *EDUCAUSE Quarterly*, Vol. 27, No. 4.
- Green, K. (2003), "Campus Computing 2003: the 14th National Survey of Computing and Information Technology in American Higher Education, Encino", CA, The Campus Computing Project.
- Kvavik, R., J. Caruso and G. Morgan (2004), "ECAR Study of Students and Information Technology, 2004: Convenience, Connection and Control", Research Study from the EDUCAUSE Centre for Applied Research, Boulder, Colorado.
- Paulsen, M.F. (2003), "Online Education and Learning Management Systems: Global E-learning in a Scandinavian Perspective", Oslo, NKI Forlaget.
- PS RAMBOLL Management (2004), "Virtual Models of Universities − Final Report", report commissioned by the European Commission.
- Paulsen, M.F. (2003), "Online Education and Learning Management Systems: Global E-learning in a Scandinavian Perspective", Oslo, NKI Forlaget.
- PS RAMBOLL Management (2004), "Virtual Models of Universities − Final Report", report commissioned by the European Commission.

第5章 chapter 5 partnership and networking

連携とネットワーク

> 高等教育における連携は過去10年間で急速に発展し，現在のeラーニングの主要な特徴になっている。連携の理由には，先進技術の取り入れ，充実した課程，市場参加の促進，そして低価格の実現などの利点が含まれている。この章では，eラーニングへの各教育機関の多様な取り組み，第三者が入手できるeラーニング教材の整備，eラーニングを第三者に委託している教育機関の例について取り上げる。

　高等教育における連携は過去10年間で急速に発展し，現在のeラーニングの重要な特徴を担っている（OECD, 2001, 2004）。連携の理由には，先進技術の取り入れ，充実した課程，市場参加の促進，そして低価格の実現などの利点が含まれる。どのような連携が形成されているか。連携によってどのような活動が行われているのか。

　この章では，多様なeラーニングへの各機関の取り組み（5.1），eラーニング教材を，授業料を前提として，もしくは無料で第三者に提供する準備（5.2），eラーニングの一部を第三者に外部委託している教育機関の例（5.3）について取り上げる。そのほかにもOECD教育研究革新センター（OECD／CERI）調査対象機関から報告された具体的活動や共有教材，技術開発，「バーチャル・ユニバーシティ」ネットワーク，共同プログラム，共同研究，共同マーケティング，共同開発資金，共同テクノロジ研修，などについても報告する。協議会は地域的なものから全国的，国際的なものとさまざまである。教材を共有することやeラーニングの基幹部分を委嘱することはまれで，あまり注目されることはなかった。

5.1 eラーニングと協議会

　世界中で高等教育は国際化し，情報コミュニケーション技術（ICT）に依存するようになり，営利化，大規模化しつつある。そのため各教育機関は近い将来，1機関のみでは独自の資源が不足してくると考えられる（Teather, 2004）。eラーニングがこれらの変化に対応して，近年の高等教育で多様な連携を特徴に発展したことは驚くことではない。

最も顕著な提携は，大学と民間部門（私企業部門）（例えば，Universitas21（U21）Global ― 商業的オンラインプロバイダ ― 世界の研究大学数校と Thomson Corporation を合併させたもの。Box 5.1 を参照）や，全国的レベル（例えば，多様な全国的バーチャル・ユニバーシティの形成。Finnish Virtual Universit や Dutch Digital University など）にみられる。また，地域の大学を創設しようという試みも行われている（例えば，University of Arctic, Mediterranean Virtual University や欧州各国のいくつか大学を含んだ「European Networked University」計画など）[1]。非配信連携には，学習オブジェクトのリポジトリ（例えば，MERLOT；the Multimedia Educational Resource for Learning and Online Teaching），IT 整備や効率的な実践などがある。

これらの事例に共通する理由は，連携により教育機関は課程を充実させ，先進技術を取り入れて，市場での存在を強固なものにし，低価格を実現するという利点が挙げられる。

もちろん，連携による概念的，構造的な弱みが協力を妨げることもある。ヨーロッパの研究は，e ラーニングの「先端」大学と関連した他組織の強力な関連を示している（PS RAMBOLL Management, 2004, p.34）。この結果は，OECD／CERI 調査によりおおよそ支持されているが，いくつかの重要な例外もある。

Box 5.1

5.1 U21 Global

U21 Global は，1999 年に会計，ビジネス，IT のコースをオンラインで提供する目的で，国際大学協議会「U21」の 16 大学と Thomson Learning（カナダの出版社 Thomson Corporation の子会社）の後援を受けて開設された。U21 は，世界中の研究集約的な 16 大学を集めた組織であり，英国の University of Edinburgh, 米国の University of Virginia, 中国の Fudan University, スウェーデンの Lund University などが参加している。2003 年のコース開設（MBA コース）に始まり，現在では「世界初」のオンラインビジネス大学院としてブランドになっている。

Thomson Corporation は U21 Global に技術的，管理的支援を提供すること，課程の新設，教員の調整などの責任を負っている。大学はこの事業に名前を提供し（そして教職員がコースの開発や指導を行い），U21 pedagogica に参加している。U21 pedagogica は，U21 Global の支部でコースを承認する部門であり，Thom-

---

1）ウェブサイトのメニューを参照。http://ans.hsh.no/lu/inf/menu/

son Corporationとは独立している。この事業にはU21とThomson Corporationがともに2500万ドルを出資している。これは，参加団体からの資金に依存するのではなく，新たな出資団体 — 実質的にはU21 Global自体 — を設立しようとする試みである。この点が，Global University AllianceやUK eUniversities Worldwideなどの現行または以前の競合者と，U21 Globalを区別している特徴である。生徒はU21 Globalの全16大学から単位を修得する。これは，プログラムがそれぞれの大学で提供されているものと同様であることを保障している。

U21の報告によると，2004年のMBAプログラムに25か国からおよそ400人の生徒が入学し，2004年の10月には1,400人以上の願書が寄せられ，選考を待っている。開設からわずか1年でこのような状態であるのは，成功と判断されるかもしれない。しかし，運営目標と予測に反した400人という入学者数は，最善からは程遠いものであった。当初U21は2003年に1,000人，2004年に5,000人，2005年に27,000の入学者を見込んでいた。

U21 GlobalのMBAプログラムは，完全なオンライン型単位取得課程を開発するには，非常に時間がかかるということを証明している。開始から5年で，U21は主なプログラムをひとつしか持っていない（生徒は学年にかかわらずMBAの各科目を履修してよい）。多くのオンライン型高等教育が準備不十分なまま開始され，わすか数か月または1年後に頓挫したのに対し，U21 Globalはドットコム・ブームの生き残りのひとつである。しかし，長期的な見通しを見極めるのは困難である。U21 Globalの収支がいつ合うのかについて公の情報，独立会計や生徒の在席率，成功率などは存在しない。

2004年下旬，Thomson Corporationはビジネスの多様化について興味深い発表 — LIBA (Loyal Institute of Business Administration) の混在型プログラムのうちオンラインの部分を提供するという発表 — を行った。すでに開発された教材やサポートサービスを売ることで，その主力プログラムであるMBAへの入学を促進し，U21 Globalは新しい収入源を徐々に形成できるかもしれない。

プロジェクトウェブサイト：http://u21global.com

回答者は，協議会や連携への幅広い取り組みを報告している。例えば，教材の共有，「バーチャル・ユニバーシティ」の共同技術開発，共同プログラム，共同研究，共同マーケティング，ベストプラクティス，共同開発資金，共同テクノロジ研修，接続性，発展的連携，IT整備や包括的教育機関協議会などである。協議会は地域レベルから全国レベル，国際レベルにわたっている。回答は回答者独特の解釈により理解された。例え

ば，いくつかの機関は，特定のeラーニング連携と同様に，包括的教育機関協議会への帰属について言及した（例えば，遠隔学習を提供する教育機関の地域連合）。UK Open University, Virtual University Tec de Monterrey, University of Sao Paulo の3つの教育機関は，どの関連協議会にも属していないと回答した。いくつかの回答者は，1対1の教育機関連携を，より大きなグループと同様に捉えていた。前述の分類に基づくと，報告された連携は次に述べるように分けることができるだろう。

◆一般的な遠隔学習 / IT 提携

例として，大学間遠隔学習連盟（University of Paris Nanterre—フランスの長年にわたる遠隔学習大学ネットワーク），ヨーロッパ遠隔授業大学協会（FernUniversität Hagen, Open University of Catalunya），自由学習や遠隔学習のための国際協議会（Fern Universität Hagen, Open University of Catalunya），ヨーロッパ遠隔学習 / eラーニングネットワーク（Open University of Catalunya），EDUCAUSE / EDUCAUSE 応用科学センター（ECAR），米国の西部教育技術共同組合（Carnegie Mellon University, University of British Columbia）が挙げられる。より選択的な例として，「Common Solutions Group」という教育機関のメンバーシップが挙げられる。これはリポジトリやプラットフォームや技術水準など，近年eラーニングへの関心に加えて，広範囲にわたる情報技術の経験やグッドプラクティスを共有する，米国を本拠地にした研究大学の団体である。

◆共有教材 / 共同技術開発

例としては，Asian Institute of Technology による取り組み Asia Pacific Initiative が挙げられる。Asia Pacific Initiative は，東京にある国連大学の指導のもと，環境維持や人間開発に関するeラーニング教材を，教育機関共同で開発することを目的としている。Asian Institute of Technology は，eラーニング内容と専門的知識をアジアとヨーロッパ間で交換を促進するために「Asia Europe Meeting e-Education Hub」を設立し，両地域の連携が少ない分野の資源にアクセスを提供することを目的にしている。

University of British Columbia はカナダの学習オブジェクトリポジトリのネットワークの一員であり，米国の Western Washington University と共同で「重要科学機器」（スーパーコンピュータなど）へのオンラインアクセスを可能にする教育と，学習のアプリケーションの開発に取り組んでいる。University of British Columbia は，大学の国際協議会 uPortal の創始メンバーであり，無料で提供するポータルアプリケーションを展

開するために設立された団体のひとつでもある。

◆「バーチャル・ユニバーシティ」ネットワーク

　この例には，Asian Institute of Technology の Greater Mekong Sub-region Virtual University（GMS-RVU）への参加と，京都大学の「京都大学協会」への参加が挙げられる。GMS-RVU は，対象地域の遠隔教育を提供する大学や放送大学の，資源をネットワーク化するための取り組みである。また「京都大学協会」は，京都にある大学が e ラーニングを共同で展開させるための連盟である。

　Multimedia Kontor Hamburg は，それ自体が 6 つの大学で形成される「バーチャル・ユニバーシティ」共同体である。University of British Columbia は，昔からある「放送大学協議会」の会員である。この協議会は，州内にある大学やほかの教育機関に遠隔学習を提供している。

　University of South Australia と Monash University は，似たような「Open Universities Australia」（32 のプロバイダを含む全国規模）の会員である。University of British Columbia も属している国際大学協議会「U21」は，e ラーニングの配信部門，U21 Grobal（Thomson Learning と共同で行われている。Box 5.1 参照），共同の品質保証機能（U21 プログラムと第三者へのサービス提供を改善する）を担っている。

　University of South Australia は，U21 と同様なイニシアティブ，Global University Alliance のメンバーである（オーストラリア，ニュージーランド，英国，米国の 6 つの大学が教育／雇用条件に関して集まったもの）。

　University of Zurich は全国的に e ラーニング開発を調整する連邦機構「Swiss Virtual Campus」の一部である（Box 8.1 参照）。

◆ジョイントプログラム

　青山学院大学の FAST（Financial Analysis and Security Trading）プログラムがこの例である。このプログラム（Financial trading simulation）は Carnegie Mellon University の Graduate School of Industrial Administration を主なパートナとして，ほかにもいくつかの海外大学と共同で行われている。青山学院大学の生徒と他校の生徒は，ビデオ会議を使ってデータを分析したり，実践技術を研ぎ，互いの意見を交換している。参加者は毎年協議を開催する。

　Tertiary Accord of New Zealand（TANZ）は全教育分野の教師を対象にした「Graduate Certificate in Applied e ラーニング」を共同で開発した。関連した開発に，新「BC

キャンパス」イニシアティブ（University of British Columbia を含むブリティッシュコロンビア州の高等教育機関の共同研究）がある。このイニシアティブの目的は，「課程開発のための共同枠組み」を作りeラーニングを提供するために地方のポータルを提供することである。

◆共同研究／その他の協力

例として，5つのニュージーランド科学技術専門学校協会である「TANZ」へのOpen Polytechnic of New Zealand の参加が挙げられる。TANZ の目的は，発展と経験の開放的な共有を促進すること，活動の重複を減らすこと，好事例を収集することである。eラーニングの共同研究を含め，協同は広範囲に及んでいる。

FernUniversität Hagen は，ヨーロッパの高等教育における ICT 開発を協同で行うための大学，企業，政府機関のネットワーク，EUROPACE のメンバーである。

◆共同マーケティング

Open Polytechnic of New Zealand は Wellington Education Cluster（ほかの2地域の高等教育機関と共同組合）の一部である。ひとつのプロジェクトはオンライン科目の共同マーケティングである。

すでに述べたように University of British Columbia は，州の高等教育を整備するためひとつのオンラインポータルを必要としている。そのための新「BCキャンパス」ポータルへの取り組みの一部である HEAL（Higher Education E-learning Courses Assessment and Labelling）は，大規模なプロジェクトで，欧州委員会が資金を提供している。HEAL の目的は，質の保証された（European credit transfer system；ECTS を利用した）eラーニングプログラムのためのヨーロッパポータルの開発と，生徒へのサポートサービスを提供することである。University of Paris Nanterre はこのプロジェクトに参加している（Box 1.1 参照）。

◆ベストプラクティス

例として，ニューヨーク州にある Rensselaer Polytechnic Institute の Centre for Academic Transformation が実施する「Roadmap to Redesign」プロジェクト（Carnegie Mellon University が主なパートナ）が挙げられる。「Roadmap to Redesign」への取り組みは「Pew Grant Programme in Course Redesign」プロジェクトに基づいて行われているが。このプロジェクトはeラーニングの様式を取り入れてプログラム配信費用を

下げ，生徒の達成を高める方法を模索し確立するために計画され，880万ドルが投入されている。この新たな投機は，最も成功すると思われる方法を，幅広い対象者に能率化し普及する試みである。

　Carnegie Mellon University は，オリジナルプログラムに対して資金を提供されている30教育機関のうちのひとつである。U21は，授業のベストプラクティスや学習技術開発に関する協力の共有などを含む，広領域にわたる研究集約的な大学の国際的ネットワークであり，University of British Columbia は U21 のメンバーである。University of British Columbia は「New Media Consortium」のメンバーでもある。このコンソーシアムは，「学習組織」（例えば，高等教育機関，博物館，美術館，図書館）とハイテク企業を非競合的な環境に集め，双方が共同して活動できるようにする組織である。University of Maryland University College は，US Sloan Foundation から資金提供を受けている学習技術ベストプラクティスネットワーク Sloan-C（Sloan Consortium）の一部である。

◆共同開発資金

　例として「Melbourne-Monash Grant Schemes」が挙げられる。これはオーストラリアの Monash University と University of Melbourne の共同イニシアティブであり，協同プログラム開発や革新的授業に資金供給を行っている。唯一報告された具体例は，WebCT の VISTA platform の研修教材で，オーストラリアの Monash University と Deakin University の共同で開発されたものだった。

◆接続性

　例として Asian Institute of Technology と University of British Columbia が挙げられる。Asian Institute of Technology は，広域な地域に接続性を提供する「Asia Internet Interconnection Initiative」に参加している。University of British Columbia は，州の研究団体や教育団体の高度な IT ネットワークを支援している非営利団体 BCNet のメンバーである。

◆特有のアプリケーション

　例としてはまず，Japanese Space Exploration Agency やマレーシアの Multimedia University との協同による Asian Institute of Technology の取り組みが挙げられる。そこでは，多地点のテレビ会議に基づいた e ラーニング配信が行われている。

また，京都大学は，日本政府が資金提供をしている「Space Collaboration Consortium」(SCC) イニシアティブに参加している。SCC の目的は衛星中継による配信を共同開発することで，50 近くの日本の大学や研究機関が参加している。

また University of British Columbia は，WebCT を利用しており，WebCT によって特徴付けられるネットワークを持っており，大学の教育と学習の目標と支援のために WebCT のアプリケーションを用いて，模範的な実践を行っている。

◆IT 整備

例として，すべての大学や高等教育機関（例えば，オーストラリアや英国）を網羅する全国的な売買契約（特定のハードウェア，ソフトウェアを対象に）が挙げられる。Open Polytechnic of New Zealand は，ニュージーランドの「Tertiary IT Procurement Group」のメンバーである。

UCLA Extension は，(University of California の全キャンパスにわたる) 全学的な整備や全州での整備について言及している。

5.2　第三者による利用計画（調査票の質問 6.8）

e ラーニングの学習機会が，第三者に売られることについて述べている機関はごくわずかである。数少ない例のひとつは，UK Open University の商業的部門で，教育機関のプログラムを国際的に企業部門に売却する目的で設立された Open University Worldwide である。もうひとつは，Open University of Catalunya が学習提供をほかの教育機関に売却した事例である。類似の例は Open Polytechnic of New Zealand でも行われている。

興味の対象となっていたり，検討されていたそのほかの活動として，教材の無料提供が挙げられていた。これに関して最も進んだ例は，Carnegie Mellon University の「Open Learning Initiative (OLI)」だろう。これは私的財団資金による計画で，実証研究に基づいた e ラーニングプログラムを公開し，個人が無料でアクセスできるようにしているものである（Box 3.2 参照）。ほかのいくつかの教育機関は，近年のポリシーの変更について述べている。

University of Zurich の現在の e ラーニング戦略は，オンラインのゲストに対して，2005 年の夏までにすべての e ラーニング科目を提供すると述べている / 京都大学は知的所有権に考慮し，教材の一部は無料，そのほかは有料での配信を行っている。

Multimedia Kontor Hamburg は，この分野での明確なポリシーを構築しようとして

いる段階であるが，利用者によって区別する（例えば，第三者により提供される学部プログラムは無料とし，大学院や継続的な専門能力開発を対象に提供されるコースは有料とする）ことを考慮している。

University of Sao Pauloの回答者は，第三者に対する教材や，ほかの資源の開発や，流布に基づく伝統的なミッションを指摘した。

一方で，青山学院大学は，ビデオ化された講義や共有ノートは，すでにウェブサイト上において，無料で入手可能になっていると言及している。

概して，教育機関のいくつかは，教職員が教材を所有している場合，それを一般の人が自由に入手できるようオンライン上に公開している場合もあると述べている。Carnegie Mellon Universityは教職員がこのような公開を躊躇する理由のひとつとして，主な学習プラットフォームの質の高いアクセスコントロール（例えば，学生の学年によってアクセス制限をする）が欠如しているからではないかと指摘している。

Asian Institute of Technology，UCLA Extension，University of South Australiaは教材への第三者のアクセス（詳細については記載なし）について早めに話し合ったほうがよいと報告している。一方で，Monash University，Open Polytechnic of New Zealand，Virtual University of Tec de Monterreyは，現在のところ第三者のアクセスについては計画に含まれていないとしている。

5.3 アウトソーシング（調査票の質問1.10）

アウトソーシング（委託）は，教育機関が連携をとるための重要な動機になるだろうか。大々的なアウトソーシングの例としては，大学のコンピュータセンタをCap Gemini/ENst and Youngに委託したオランダのUniversity of Utrechtが挙げられる（PS RAMBOLL Management, 2004, p.114）。質問1.10は，教育機関がeラーニングに関わるインフラストラクチャ，メンテナンス，運用のいずれかを委託して行ったかについて尋ねた。OECD/CERI調査対象大学の大半はこのような委託はほぼ行われなかったと回答し，7校（Asian Institute of Technology，青山学院大学，Carnegie Mellon University，FernUniversität Hagen，京都大学，University of Paris Nanterre，University of Sao Paulo）はまったくないと回答した。

特記すべき例外は，Open Polytechnic of New Zealand，UCLA Extension，Open University of Catalunyaである。完全なオンライン化配信の市場により早く参入するため，Open Polytechnic of New Zealandは，eラーニングの仲介・開発・後援を行う企業のNextEdと契約を結んだ。当初，この企業は中国の香港にあったが現在はオースト

ラリアに拠点を置いている。教育機関が独自で開発した完全にオンライン型の科目を利用して，NextEdは学習管理システム（LMS，Blackboard版），ホスティング，週7日18時間対応のテクニカルサポートと印刷物の編集などを要求に応じて提供している。この方式を採用した理由は「Open Polytechnicはよい教材開発システムを保有していたが，即時対応の利用者サポートやネットワーク提供などの経験は非常に乏しかったから」である。現在Open Polytechnic of New ZealandはMoodleに移行しつつあり（インハウス開発の「Online Campus」LMSとNestEdのBlackboard版の両方をMoodleに入れ替えている），全般的な委託水準は高まっている。ホスティングとサポートは地元の民間企業（Catalyst，ウェリントンで操業）に外注されている。

UCLA Extensionの場合，eラーニングに関する初期の取り組みはすべて外部の企業 — 現在は米国企業のLaureate Educationの子会社であるOnlineLearning.net — との連携のもとに行われた。コースの開発は共同で行われ，テクニカルメンテナンス，学生支援やマーケティングは委託されている。委託の理由は，専門家の技術を活用し，予測原価で専門でない活動を行うことである。Open University of Catalunyaは多くの活動（例えば，eラーニング教材のデータ構築と製作，個別指導，ヘルプデスク，週7日24時間対応のテクニカルメンテナンス，教材の配布）を委託していることを報告しているが，それ以上の仔細については記載がない。

University of South Australiaは，Global University Allianceの会員資格を用いて，ホスティングとテクニカルサポートの一部をNextEdに委託している。

そのほかのアウトソーシングの事例はごく小規模で，第三者の専門家と契約を臨時に結んだものである（例えば，インストラクショナルデザインやグラフィックデザイン，ウェブデザインなど）。例えば，UK eUniversityは，その終結の前にOpen Universityのプログラムを提供していた。UK Open Universityの設立目的は，第三者によるプロダクションプレゼンテーションマーケティングの手法と組織内で行った場合の差異を比較することである。実際に，Multimedia Kontor Hamburgのメンバー大学は，eラーニング展開の一部をコンソーシアム（Multimedia Kontor Hamburgの共有視聴覚スタジオやマルチメディア製作研究室など）に「委託」している。もちろん，多くの調査対象機関はeラーニング機能の基幹要素（例えば，LMSやほかのアプリケーション）を「買埋め」し，そこにはしばしば外部施設も含まれている。University of Maryland University Collegeは，コールセンタ業務の「補助程度」のみと述べている。

Open Polytechnic of New Zealandの回答者は，教育機関内での整備とアウトソーシングのバランスについて意見を述べている。教育機関がコース開発やマーケティングの

一部を（前述のように）委託しようとする試みは，常に効果的というわけでなく，また，印刷物などの委託を行うと柔軟に変更ができないという（一般的には，委託企業は信頼でき，経済的であるといわれている）。

　Moodle（オンラインコースの開発とメンテナンスに対する教員の監督権を高める）の採用，大規模な分権化計画の構築，ホスティングとテクニカルサポートの委託などを行うとした Open Polytechnic of New Zealand の決定は注目すべきである。これは，教育機関がプログラム開発という（中心的）活動への責任を保持，発展させると同時に，ホスティングやテクニカルサポートなどの（周辺的）活動を委託するというひとつのモデルを提唱している。

　UK Open University は，「現在までの経験では，外部組織は自分たちが達成し得た（より安い）内部対応や，システムをしのぐことができなかった」とコメントしている。

　UCLA Extension は，自分達の取り組みは，型にはまった仕事に対する健全な挑戦であると報告している。しかし同時に，方向性が「我々のパートナの戦略的目標と調和」しないときには，取り組みが制限されることにも言及している。

　University of British Columbia は，ベンダホスティングは，一般的には短期的な解決方法 — 特異なアプリケーションを（機関内でのホスティングの前に）追跡したり部分的な能力を構築する方法 — だと考えられていた，とコメントしている。これは長期的な開発サイクルで考えると，UCLA Extension の視点と合致する。

　UCLA Extension は現在，以前は委託していた機能のすべてに対応する能力を機関内に確立している。企業との契約は 2004 年の夏に終了し，すべての活動は組織内で行われるようになっている。すべての業務を組織内に移行する決定は，eラーニングに関する長期的視点に基づいている。長期的視点は，UCLA Extension における学生の学習への全般的な取り組みを進めるにあたって，中心となっているものである。

　University of Zurich は，技術支援や学生支援，ソフトウェア管理，マルチメディア製作の一部で短期の外部委託を行っていたが，その目的は常に外部の手法を学び内部の対応能力を高めることであり，そのような目的での委託は現在行われていないと述べている。

　全体的に，調査対象機関がeラーニング活動の主要部分に関するアウトソーシング（委託）に対して，最低限の価値や短期的な価値しか認めていないのは，特筆すべきことである。こうした結果は，eラーニングがコアビジネスに位置づけられていることとともに，高等教育環境が最良の長期的な開発環境であると考えられていることを示唆している。これは OBHE 調査（具体的には一般 IT の委託に関する質問項目）の結果により支持さ

れている。

　現在，IT機能における主要な委託を行っていると回答した教育機関はなく，そのような手法を来年度に計画していると答えたのは1機関のみである。今後5年間にそのような計画があると回答しているのもわずか8機関（7％）のみである。82％の機関が，この分野での委託は，今のところ戦略的な優先性がないと回答している。2003年のUnited States Campus Computing Surveyも同様に高い数値を報告している（Green, 2003, p.20）。

5.4 結論

　すでに述べたように，連携は，近年のeラーニングの主な特色となっている。連携により，eラーニングが影響を及ぼす範囲は拡大すると考えられる。この章で焦点を当てた連携の多くは，ごく最近の取り組みでいまだ形成過程のものも含まれるため，効果の測定などができない場合もあった。さらに，eラーニングに熱心に取り組んでいる教育機関（例えば，UK Open University, University of Maryland University College, Virtual University of Tec de Monterreyなど）は，あるとしてもごくわずかな連携しか結んでいないということは注目すべきことである。これは，連携が行われるのは，限られた範囲であることを反映しているかもしれない。しかし，「独立して存続していること」を「資源をためる」のと同じくらい頑健な戦略として考えられることを指摘しているとも受け止められる。

　UK Open University, Open University of CatalunyaやCarnegie Mellon Universityの「OLI」では商業的活動が限られていたのに対して，eラーニング教材をより多くの視聴者が利用できるようにする（無料でも有料でも）戦略に強い関心を示している機関もある。

　全回答者の傾向として，eラーニング活動やeラーニングサポートの主要な部分に関するアウトソーシング（委託）は珍しく，委託の際には一時的であることが多い。全体的に，調査対象機関がeラーニング活動の主要部分に関するアウトソーシング（委託）に対して，最低限の価値や短期的な価値しか認めていないことは特筆すべきことである。この結果は，eラーニング（最も広い意味でのコンテンツ開発，配信，技術，サポートなど）がコアビジネスとして考えられていることとともに，高等教育環境が優良で長期的な開発環境として考えられていることを示唆している。こうした捉え方が，「核」という考え方を過度に拡張したものか否かに関しては，議論の余地がある。

引用文献

- OECD (2001), *E-learning : The Partnership Challenge*, OECD, Paris.
- OECD (2004), *Internationalisation and Trade in Higher Education – Opportunities and Challenges*, OECD, Paris.
- PS RAMBOLL Management (2004), "Virtual Models of Universities – Final Report", report commissioned by the European Commission.
- Teather, D. (2004), "The Changing Context of Higher Education: Massification, Globalisation and Internationalisation", *Consortia – International Networking Alliances of Universities*, Melbourne University Press.

第6章 SD（スタッフデベロップメント）と組織改革

chapter 6 staff development and organisational change

> SD（スタッフデベロップメント）に焦点を当てる前に，この章では，調査対象の教育機関が組織改革やeラーニングに関する障壁を，どのように認識しているのかについての概観を述べる。調査対象大学のすべては，将来の大学組織の多様なあり方のなかにおける，eラーニングの潜在的貢献の可能性に関して，吟味と取り決めの最中にある。この章は，教育機関の人的資源を開発する方法の多様性を明らかにする。教育機関のeラーニング開発に対して「ベストモデル」や道筋は存在しないように，「万人向け」のeラーニング用の職員開発（SD）研修プログラムも存在しない。

　eラーニングは，近代において従来の高等教育のあり方に挑戦した，おそらく初めての授業と学習「配信」手法である。ほかの遠隔学習（印刷物，ラジオ，ビデオなどによる）への影響は，まず新たな教育機関（一元的な遠隔学習の専門家）を生み出し，次に二元的な教育機関（対面型と遠隔型の教育の提供）を強化したことだった。伝統的な対面型教育機関の大半は影響を受けず，遠隔型の提供を行う場合には周辺的な部分へ導入するだけであり，遠隔学習の革新はほとんど対面型授業に浸透しなかった。eラーニングブームは，コンピュータを利用した学習の数十年にわたる発展によって，対面型と遠隔型双方の学習環境にツールを提供することで，もっと大きな影響をもたらすはずだった（いくつかの事例では，実際に影響をもたらした）。eラーニングはどのような組織改革を引き起こしたのだろうか。教育機関はどのような変革がeラーニング発展のために必要だと考えているのか。そして，現在何がその変革の妨げとなっているのだろうか。

　この章では，まず調査対象の教育機関が，eラーニングに関する組織改革や障害をどのように捉えているのか，その概観を述べる（6.1〜6.3）。次に，人材育成に焦点を当てる（6.4〜6.5）。実際，教育機関でオンライン型の学習を発展させる過程での主な障害について問われたとき，19調査対象機関のうち11機関が人的資源の欠如を主な障害として挙げた。すなわち，技術者や専門家などの労働力の不足，一部の教職員の時間や意識や技術の不足である。eラーニングの進展を望む教育機関にとって，人的資源の問題は

決定的な問題のひとつである。この章では，機関がeラーニングに関する人的資源を開発する方法の多様性を明らかにする。

6.1 組織改革の背景（調査票の質問 8.1）

OECD 教育研究革新センター（OECD / CERI）調査では，多くの箇所で間接的にeラーニングに関する組織改革について関心を寄せているが，質問 8.1 ではこの問題を直接取り扱っている。多くの調査対象機関は，eラーニング開発の比較的初期段階にあるため，組織改革や変革への認識は必然的に似通ってくる。教育機関の変革への「意識」は，一様に生まれ始めたところである。加えて，調査対象機関は多様でもある。中心的な活動として特別の「eラーニングユニット」を創設した機関，機関全体でeラーニングを展開する機関，歴史的に遠隔学習を行っていた組織がeラーニングを採用した場合，設立当初から明確なeラーニング教育機関，コンソーシアムの構成員など，さまざまである。そのため，組織改革の方法や範囲は多様である。

変革は必然的に予測不可能な要素を含む。「情報コミュニケーション技術（ICT）革新は，計画的にテクノロジによって推進され，予測された結果をもたらすだろうと考えることはできない。…結果は，関係要因の相互作用と折衝によって予想外に形成されている」(Dutton et al., 2004, p.133)。もちろん，eラーニングに特化した組織の改革は，一般的な組織改革と重複している側面がある（例えば，資金の変化への対応，学生比率，規則と国際化など）。

eラーニングに関する組織改革は，達成された変革の事例およびその機序と，望ましい将来の変革を達成するために導入されたメカニズムに分類することができる。多くの回答者は，「組織改革」を新しい設備／プログラムの提供や新しい顧客の獲得であると述べている。しかし，そのような計画／戦略が達成されるためには機関がどのように展開するのが望ましいかについてはあまり述べられていなかった。多くの教育機関はeラーニング展開の初期の段階にあるため，このような傾向は避けがたいかもしれない。しかし質問に対するこの多様な解釈は，いくつかの教育機関で，組織改革が完全には具体化され反映されていないことを示唆している。いくつかの機関は背景となる文書を提供し，そのなかには組織改革に触れていた文書もある。しかし多くの文書は3～4年前のもので，戦略や方針に照らし合わせて実践を評価することは困難である。そのため，ここに述べた概略には必然的な制約がある。

回答者は，組織改革の側面について要約するにあたり，いくつかのキーワードを用いている。用いられているキーワードは，統合，主流化，集中化，標準化，柔軟性，学習

者主体,である。早急な変革を望む声は多く,変革はますます必須で迅速なものになってきていると述べる機関もある(例えば,Monash Univeristy)。その一方で,学生の利益や市場による受け入れが確認されてから,慎重に暫時改革を進めると述べている機関もある(例えば,Open University of Catalunya)。当然のことながら,eラーニングに関する教育機関の立場(例えば,キャンパス中心の大学とバーチャル・ユニバーシティ)が,変革の要因や性質,速度への認識に影響している。

　第三者の成果測定ツールを用いて,発展の度合いを戦略に基づいて評価している例は,ほとんど述べられていない。ある機関は,2003年から包括的戦略管理ツール Balanced Scorecard を利用して,組織改革の形式と進捗状況の評価を行っていることに言及した。米国で開発されたこの手法は,機関の戦略,運営データ,実績評価指標を関連付けるもので,(財務的実績の指標に加えて)非財務的実績指標の開発に取り組んでいる。Open University of Catalunya は,外部による査察(例えば,プログラムレベルは European Foundation for Management Development,機関レベルは European University Association による)が変革の促進要因であると述べている。

6.2　組織改革の形式

　表6.1は,調査対象機関が回答した,組織改革の主な形式と言及された頻度をリストにしたものである。ここでは達成度や進捗状況,熱意などによる区別はなされていない。

表6.1　組織改革の形式

組織改革のテーマ／方法	言及された頻度
職員／組織の統合 ― システムの統合も含む	多い
新たな職員／役職の採用	多い
キャンパス内外の学生への柔軟な配信	多い
教育と学習の新しいコンセプト ― 積極性,学生主体,自動化,非同期性など	多い
並列配信方法の合理化	中程度
新しい／標準化された教材開発の過程やメディアへの移行	中程度
主流化(特別資金の廃止,権限委譲など)	中程度
外部との提携	中程度
組織内の学生構成／学生の期待の変化	少ない
開発／承認／評価過程の改革;中央と委譲された権限間での協議	少ない
授業時間の短縮	少ない
商業化	少ない
国際化	少ない

注:多い=50%以上の回答者,中程度=1/4〜1/2の回答者,低い=1/4以下
出典:OECD

◆新しい指導計画とより柔軟な配信

　ほとんどの機関は，何らかの形による「新しい」指導と学習計画（例えば，補佐役としての教師，学習者主体，部分的に自動化）と，より柔軟な配信への取り組みに言及している。後者はデュアルモード配信，コンテンツのモジュール方式，印刷物からオンラインへの転換，学生による遠隔アクセス，国外の学生によるアクセスの改善など，多くの方法が用いられている。UCLA Extension は特に，教師主導，同期型，限られた授業参加者などの伝統的なモデルを修正して，アクセス拡大とコストの低下を，質を保ったまま実現することに関する困難に言及している。システムの統合については広く言及されていた。実際には，これはすべての IT システム（例えば，学習管理システム（LMS），財務，入学者選考，図書館，デスクトップなど）の相互運用性が達成されたことを意味している。このような統合は，e ラーニングのさらなる活用のために不可欠な運営的サポートであると広く捉えられている。第 4 章で述べたように，このレベルでの統合を実質上達成したと認められるのは，ごくわずかな回答者のみである。

◆職員の役割と開発

　言及頻度の「高い」残り 2 項目は，職員の役割と採用に関連していた。e ラーニングは確かに，職員の新たな必要条件とコースやプログラムの変革をもたらした。

　すべての機関は e ラーニングを前進させ，教員を補佐するために幅広く職員を採用する必要性（例えば，教育設計者，認知/学習研究者，技術者，マーケティング専門家など）を認識していた。例えば UK Open University は，「Learning and Teaching Solutions Unit」（LTSU）を中心にして各学部に「Media Account Manager」を任命し，教員に専門的アドバイスを提供し，機関全体と LTSU の一貫性を高めようと試みている。また，機関が課程開発の際に採用していた伝統的なチームアプローチが，e ラーニングに移行する際に役立ったと述べている。

　回答者の多くに共通することとして，中央集権的な専門家からの介入を比較的減らし，教員が独自の e ラーニング教材を開発して精密化できるようにする傾向が認められる。いくつかの機関は，学内での開発か第三者による「ウィザード」を利用することで，教員が通常のアプリケーションから比較的標準化されたオンラインテンプレートに教材をコピーアンドペーストすることができると指摘している。テクニカルスキルの提供というよりはむしろ，簡単に利用できるという面が強調されている。ある機関は，標準テンプレートを用いてオフラインの遠隔学習用の教材を作成する伝統が，オンラインへの大

量移行を促したと述べた。いくつかの機関ではこの移行が人材開発に影響し，技術的な事柄ではなく，教育に注力する取り組みが可能となった。

　Open University of Catalunya は同じようなモデルを運用している。同組織は教員や学部のない学際的研究機関として創始されたが，学生主体で／個人化した技術的枠組みの確保に加えて，プログラム間の共有を改善し，広く共通した教授法を保障することを目的として，このアプローチが考案された。

　Open Polytechnic of New Zealand は，歴史的な遠隔学習開発に根ざした中央集権型のプログラム開発や承認過程をやめ，より権限を委譲した仕組みにすることを決定した。この決定は，運営上の障害を減らし，教育スタッフのスキルや帰属意識を高め，オンライン開発を学科や教員により近いものにするために行われた。すなわち，削減された中央管理機能は，アプローチと質の一貫性に関しては維持され，中央「改革」ユニットは，臨機応変のアドバイスやサポートを提供する。

　また教育的関わりは，教育学的なグッドプラクティスや学生評価などの研究という形でも促進される。ある機関は，学部や中央から戦略的な優先性があると承認されたプログラムのみに，主なサポートを提供することで，局所的な発展に制約をかけた。またある機関では，プログラムの承認が「資源，配信のメカニズムとコスト，学生の学習をサポートする仕組み，プログラムが可能な限り柔軟な形で提供されているか否か」を網羅する範囲にまで（これまでの知的一貫性の概念を超えて）拡大して行われている。

◆配信方法

　この本のほかの箇所で述べたように，徐々に並列配信法をやめ，広く一般的なeラーニングモデルに置き換えることに伴う組織改革を報告している機関（例えば，UK Open University）もあれば，その一方で，並列配信の提供に持続的な競争力となる利点を見出している機関もある（例えば，University of Maryland University College）。そのため，単一の配信方法に向けた組織改革に関する共通の視点は存在しない。

　「混合型」のオンライン利用（第1章参照）における現在と将来の比較的レベルの低い活動と呼応して，教室で行う授業を減らしオンラインでの提供を行うと明確に言及した機関はほとんどない。実際，数人の回答者（例えば，Multimedia Kontor Hamburg）が，完全なオンライン供給は考えていないと堅く述べている。回答者のなかにはしきりに，還元主義者が「バーチャル・ユニバーシティ」を実現し，大学を情報フローに還元し，場や社会的相互作用の役割を無視することを避けたがっているものもいる（Cornford and Pollock, 2003）。

遠隔学習機関にとっては，非オンライン方式の交替はあまり問題ではないようだ。Carnegie Mellon University の回答者は，キャンパスを持ち授業料の高い伝統的な教育機関の教員／学生が混合型／完全なオンラインプログラムの配信を，長期にわたり実質的に受け入れるか疑問であるという。「Open Learning Initiative（OLI）」（そして Carnegie Mellon University の基礎にある教員主導のイニシアティブ）は，Carnegie Mellon University の地位と価格に相応しい最高水準のeラーニング供給を行う試みとして位置づけられている。

　eラーニングを通じてアクセスが可能な新たな市場の例は，大学（University of Sao Paulo）に出願したものの，入学できなかった多数の高校卒業者たちである。University of Sao Paulo は，完全なオンラインプログラムを開発し要請に応えることを目指している。「OLI」（Box 3.2 参照）は，世界中の人に無料かあるいは低額で質の高い供給が可能になる段階までコースの製作を洗練する試みである。

◆メインストリーミング

　Monash University は独特の主流な戦略を描いている。これには，特別開発資金の撤退，従来は設備に費やしていた IT 関連資金を教育的サポートへ投資すること，LMS サポートスタッフへの永続的契約の提供などが含まれている。特別資金の存続に言及している教育機関もある。

　主流となるもののほかの局面には，明確なeラーニング戦略よりもすべてを包含する（eラーニングを主な要素にした）教育戦略と学習戦略の採用が含まれている。回答者の一人は，eラーニングを試作段階から主流に比較的「問題なく」移行するために重要なものとして，実践することやリスクをいとわない態度や，さらに要求の高い学生や柔軟な配信のための委託など，運営の方向性について指摘している。この回答者は「良くも悪くも，これは伝統的な教育機関を変えるためのよい前兆にはならないだろう」とコメントしている。University of British Columbia は外部（州政府）のオンラインプログラムの募集をターゲットにしている唯一のキャンパス中心の大学である。

◆外部との協調

　第5章で多くの連携が示されたにもかかわらず，教育機関間の協調は，eラーニングに関連した組織改革の主な特色とは捉えられていない。例外は UCLA Extension で，ここでは親組織 UCLA との緊密な協力が予想される。この機関は，eラーニングを用いて，レジデント学生の体験を向上させる役割を強化しているといわれている。資金困

難を抱える UCLA では，少ない資源でより多くの学生を指導する手法や副収入を増やす必要性が，eラーニングへの関心を高める触媒となり，専門技術の面で UCLA Extension に頼っている。いくつかの機関は，技術やコンテンツのサポートのために外部に目を向ける一方，（この分野で先駆的であると位置づけられる）多くの機関は，インハウスでの開発や自給自足の長所を賞賛している。

◆商業化と国際化

あまり一般的ではない特徴として，商業化と国際化が挙げられている。オンライン提供/教材や関連技術の商業化，海外へのオンライン提供の売買のための具体的戦略に言及した機関はほとんどない。

Open University of Catalunya や Virtual University of Tec de Monterrey は例外で，両者ともヒスパニック市場に関心を示している。

また，Virtual University of Tec de Monterrey と UCLA Extension は，コストが低く質の高い民間企業のeラーニングに興味を示している。

University of Maryland University College は，米国，ヨーロッパ，アジアでの事業を統合する試みについて述べている。いくつかのケースでは準商業化が想定され，それによって機関の専門家部門が，その専門技術を親組織に体系的に提供可能になるよう計画している。

このように UCLA Extension の回答者は，オンラインの開発が民間企業に委託される（機関のリスクを最小化する目的も含まれる）準備について説明している。そして数年後には，段階的にすべての主要機能をインハウスへ引き入れ，2004年内に完全に独立することを目指している。

Asian Institute of Technology は他国に遠隔拠点を拡大し，コンタクトを強化する計画を構想している。

6.3 eラーニング発展の障害（調査票の質問8.3）

調査対象機関は，eラーニング発展に対する主な障害を挙げるように求められた。全体的に，言及された障害の多くは意外なものではなく，多くは高等教育の革新と発展においてごく一般的なものである。頻繁に指摘された障害について次に述べていく。

◆グッドプラクティスやプロトコルの欠如

- オンライン教育に関するさまざまな形式/選択における，広く認められた「グッド

プラクティス」の欠如。University of British Columbia は「eラーニングの利便性を得るために活動方法を変化しなければいけない，という手法の変化に対する理解が欠如している」（例えば，授業時間をオンラインに置き換えることや，教育設計者やウェブプログラマなどの専門家たちとチームで活動すること）と明確に述べている。

- 広く認められた財務計画とeラーニングの持続可能性に関する「グッドプラクティス」の欠如。これは機関間についても機関内についてもあてはまる。Multimedia Kontor Hamburg は，eラーニングのプロジェクト用資金がしばしば「ホワイトエレファント」になる ― それ自身は貴重なものであるが，機関にとっては実用的な価値はわずかである ― ことについて不満を述べている。
- 広く認められ，国際的に採用されるeラーニングの技術的なプロトコルとインフラストラクチャの不在。プロトコルやインフラストラクチャはeラーニング教材の開発と共有に不可欠であると考えられる。

◆職員の課題

- 変化に対する教員／職員の抵抗 ― 特に「教室で行われ内容を中心に据えた古い教授と学習のパラダイム」，または伝統的な遠隔学習コースを製作することへの固執。このことに関連して，教員と一部の学生のICTリテラシ（そして一般的教育的リテラシ）と適切なSD機会の欠乏が懸念される。
- 上級管理職の関与の欠如。高度に分権化が進んだ機関では，eラーニングの本質や成功要因に関して学部長や上級管理者レベルでより深く理解される必要があるように思われる。この「レベル」は資源を分配したり人的資源を管理するのに必須であると思われる（University of British Columbia）。eラーニングの戦略的利用の失敗 ―「あまりにも頻繁に努力は断片的に散乱し，個々の教員のイニシアティブに依存してしまう」。これによりコストは増加し効果は減少してしまう（University of British Columbia）。
- 教育よりも研究の方が高い社会的評価と多額の報酬を得られるという認識，また不十分な教育を必ずしも深刻に受け止めない状態の持続。これらの要因は，特に研究開発に費用をかけている機関で，質の高いeラーニングを発展させる取り組みを阻害していると思われる（University of British Columbia）。
- 教員／職員の時間の不足。
- 適切な技術を持った専門職員（例えば，ウェブデザイナやインストラクショナルデ

ザイナ）を必要な人数だけ採用することに伴う困難。

◆教材 / 資源の不足

- 質の高いeラーニング教材を開発する，適切で効果的な方法の不在。
- 資金 / 資源の不足。数人の回答者は，質の高いeラーニングを開発するための高いコストが障害の一つであると述べている。

◆個々の教育機関に特有の課題

- 地域的なeラーニング開発の枠組みと，適切な地域的ICTインフラストラクチャの欠如（Asian Institute of Technology）。
- 授業料の不在，そのため高等教育の成熟した市場の不在，そして機関におけるマーケティング能力の欠如。これに関連して，「学術的なeラーニングを採算の取れるもの」にするためのビジネス展開の経験が不足していることが懸念となっている（Multimedia Kontor Hamburg）。German Constitutional Courtの近年の判決（2002年の政府による授業料の禁止を覆した）を契機に動きが生じると考えられる。
- 「キャンパス間の能力」の欠如（Virtual University of Tec de Monterrey）。例として，親大学の各地のキャンパスにおけるeラーニングへの関心や経験が一貫していないこと。
- eラーニングに（教育的な意味で）「大学で行われる伝統的な学習の最良のもの」と同じ水準を保証したいという望み。これはゆっくりと漸進し，しばしば重大な投資を必要とするという意味で障害と考えられる。このアプローチは，eラーニングの価値ある提案についての長期的な見通しを必要とする（Carnegie Mellon University）。
- 独自に学位を認定する権限が親機関から与えられていないこと（UCLA Extension）。オンライン教育にとって学位の授与は，短期のコースや現在UCLA Extensionが競争上の優位性を保っている成人市場に並ぶ重要な市場であると，回答者は考えている。
- eラーニングの発展における機関の実績をより明確化する必要性。明確化することで，eラーニングの発展や生徒の学習効果を測ることができる。現在のオンライン学生支援の欠陥の原因の一部には，容認しがたいほど高い失敗率にあると考えられる（University of Maryland University College）。
- 遠隔学習はいまだに社会から教育の有効な手段として幅広く受け入れられいない

(University of Sao Paulo)。

- 高等教育やより一般的な経済に及ぼす ICT の長期的影響に対する，**利害関係者の懐疑的態度**（University of Zurich）。

6.4 人的資源の開発（調査票の質問 6.1〜6.4）

OECD / CERI 調査では，特に職員を対象とした e ラーニングに関連する変革に焦点が当てられた。質問では SD の実施状況について尋ねたところ，人的資源の開発には，2 つの主な戦略があることがわかった。一つは SD の提供であり，もう一つは組織的インフラストラクチャや人的インフラストラクチャの変革である。両者に関しては前に簡単に述べている。この 2 つは関連があり，互いに相関しながら発展していくと考えられる。e ラーニングの発展は，人的インフラストラクチャの変化をもたらすだろう。例えば，SD を行っていない場合には，職員の役割や採用を変更する必要があるだろう。労働力の再編により，どのような SD が必要なのか決定されるかもしれない。反対に，SD の実施により人的資源が発展して，配属の再構成や役割の再確認が可能になるかもしれない。

教育機関の明確な位置づけを報告した機関はほとんどない（大半の機関は教員のスキルアップと専門家によるサポートの両方を奨励している）。University of South Australia は教員教育の狙いに関して異なる態度を示している。この大学では，すべての教員は「オンライン授業に合わせて授業方法を変え，コースのホームページで教材を『公開』」できなければならない。

◆職員の関与

教育機関に，e ラーニングを取り入れることがどのように職員の補充に影響したのかについて尋ねた（質問 6.3）。大半の機関（19 のうち 15）が，職員の補充を変更する過程にあるか，変更を完了したと答えている。多くの機関によれば，変更によって設けられた新しい業種が，LMS マネージャ，コースマネージャ，ウェブデザイナ，組織 / 教育デザイナ，認知科学者，評価専門家，技術アシスタント，メディア / ウェブ専門家，学生支援専門家などである（多くは専任職員ではなく，フルタイムかパートタイムのコンサルタントとして雇われている）。

UK Open University の回答者は，メディア専門家（デザイナ，編集者，ビデオ製作者など）から多岐にわたるメディアで活動したり総合的なアプローチのできる個人へと，採用が移行してきたことを報告している。新しく採用される教員には，特定のメディア

能力や経験など付加的な条件が求められる場合がある。また，大学院生のティーチング・アシスタントの利用を増やす（オンライン議論や，e ラーニングのより日常業務的／運営的な側面を管理するため）という意見や，LMS への登録／管理に全般的な責任を負う管理アシスタントを教員につけることなどが述べられている。変更がないと回答したのは，現在までそれほど e ラーニングを導入していない機関か，熱心なバーチャル機関か，職員の配属に関して非伝統的な職員の採用を規制する国家的制約を受けている機関（例えば，University of Paris Nanterre）である。

ほぼすべての機関が，職員教育は教員を対象としており，運営管理サポートや技術スタッフなどは含まれていないと述べている。ただし，3 つの例外が報告されている。

Virtual University of Tec de Monterey, University of Maryland University College, そして Carnegie Mellon University である。これらの機関は，「コミュニティ全体の統合的な発展の達成」，「e ラーニングの発展の全面的な統合」，そして運営管理サポートスタッフと技術スタッフへの研修を，成功として考えている。

例えば Carnegie Mellon University は運営管理コースを受け持たせることを目的として，入門 LMS 研修を教員の管理アシスタントに提供している。

University of Maryland University College では，上級管理者は LMS コースを受講することを求められ，教員はスチューデントライブラリコースの受講を（学生のカウンセラーとしての役割を強化するために）「奨励」されている。

◆能力開発

調査で報告された SD の内容は，一般的な技術のノウハウ（Dreamweaver, FrontPage, XTML, e ポートフォリオなどのソフトウェアの利用や LMS の利用など）から授業スキル（「教育のベストプラクティス」，「オンライン議論の促進」，「インターネット用のコンテンツの教授デザイン」，「評価」など）まで多岐にわたっている。ここには，内容からプロセスへと重点が移行する傾向が認められた。換言すれば，ひとたび教員が基本的な技術スキルを身につけると，SD では特定の技術の利用よりも教育的な側面に注力されるようになっている。Carnegie Mellon University は，特定の LMS 利用に関するワークショップをやめ，代わりに LMS を用いた教育実践に専念するようになったと報告している。

◆SD の種類

調査への回答は，強制的な参加や自発的な参加，要請に応じたサポートを含む SD な

ど多様な形態を示している。さらに職員教育は，教職員主導のこともあれば，特化した中央／特別プロジェクトが主導することもある。eラーニングに関する公式なSDに触れなかった教育機関のうち，3機関が教職員レベルの非公式な「サポート」を提供していることに触れている。残りの機関は，教員教育自体をまだ行っておらず，eラーニングの利用に関する特別なサポートも行われていないと述べている（表6.2を参照）。

15の教育機関のうち4機関は，教員にはコース開始前に研修を受ける義務があると報告している。このようなセッションは，LMS利用のみを扱うものもあれば，eラーニング／遠隔学習教育のみを対象とするもの，またその両方を扱うものがある。義務的な研修を行う教育機関はすべて，遠隔学習を中心にしているか混合型の機関である。そしてそのなかのいくつかの機関では，終身雇用がなく，何よりもまず授業を行うために雇用された非常勤教職員が大半を占めている。

表6.2 eラーニングのためのSDの分類

	自発的		義務的SD
	サポート	SD	
教職員主導のイニシアティブ	青山学院大学 University of Paris Nanterre University of Sao Paulo	University of British Columbia	Monash University (Business and Economics Faculty)
特別な中央主導のイニシアティブとプロジェクト主導のイニシアティブ		Asian Institute of Technology Carnegie Mellon University FernUniversität Hagen Monash University Multimedia Kontor Hamburg Open Polytechnic of New Zealand University of British Columbia University of California, Irvine University of South Australia Virtual University of Tec de Monterrey University of Zurich	Open University of Catalunya UK Open University UCLA Extension University of Maryland University College

出典：OECD

基本的に自発的な研修を導入している残りの11機関のうち，5機関が参加率の低さ（例えば，現在までに参加した教員の割合）を報告しており，それらは1％，5％，10～15％，20％，33％である。これは，キャンパスを持つ教育機関では多くの「慣習的」な大学職員に自発的な教育に参加する時間および興味がないという，一般的な傾向を示している。ある機関によると，教員のなかにはeラーニングを「余計であまり歓迎できないものなので，熱意や意欲を持って取り組めない」と考えている者もいる。

　自発的な参加率が20％の機関では，中央によるイニシアティブのほかに教員主導のイニシアティブも許容している。その結果，Monash University のある教員は独自の（WebCT の利用に関する）講習会を立ち上げ，教員が WebCT 講座を開講する前に受けることを義務付けた。反対に University of British Columbia では，ソフトウェアを使う教員の10％が大学の「WebCT Institute」や「Office of Learning Technology」の開講する入門／上級講習に参加していたという。University of Maryland University College の回答者は，教職員には LMS 研修への参加義務に加えて日常的に教育技術の向上に努めることが求められていると述べている。「教員の熱意の欠如」の位置づけに関しての面で例外だったのは University of Paris Nanterre であり，eラーニングのための専門的な職員教育を提供する資源が十分にないために，多くの教員が勤務外の時間を割いて取り組んでいくしかないと回答している。

　複数の機関が，教員の自発的参加を促進するなかから学んだ教訓を共有している。

- 機関レベルまたは教員レベルで戦略目標・提供と戦略的計画の間の連携を強め，機関全体としての最終目標と一致させる。
- 研究者が大学の授業に対して持つ考え方のパラダイムシフトを奨励する。例としては，「教育でテクノロジを使うことに対する疑念」や「教師中心の文化」から離れ「学習過程における補助者としての役割」，「チームワーカー」，「学習者中心」の文化へと転換する。こうした転換がない場合には，主流の教職員とeラーニングの発展の間にしばしば「考え方の隔たり」が生じる。
- 差し迫った実際的な要請への対応はもとより，研究スケジュールや仕事量との調整を行う。例えば，SD のなかから教員が学んだことは，即座に実際の教育活動にも取り入れられるべきである。
- 教員ではない人が教員の役割に居座ることがないように，教員間のコミュニケーション（成功したeラーニングの事例を共有するなど）を増やす。このことは，eラーニングの研究的／管理的な可能性が理解されるうえで鍵になると考えられる。
- 経験から得たことを実践する機会を増やし，「実世界」に望ましい状況や計画を再

現する。参加者1人につき1台のコンピュータが必須である。
- 技術的な実践や資源を完全に利用できるようにする。これはSDを2流なものだとか「時間の浪費」だとする非難を回避するためである。
- 研修日の7~10日前と3~4日前とに通知をメールを送り，参加を促し，問題や誤解や懸念に対応する。
- Carnegie Mellon Universityは，(「OLI」と関連した教育研修で) 教員がより大きな研究主導のプロジェクトに関与しているという意識を持ち，参加への関心が高まったと報告している。

概して，多くの回答者が，eラーニングに取り組む教員の意欲を高める報酬構造を設定し直すことが重要であると気づいている。もし昇進や同僚からの評価が研究のみによって規定されるならば，多くの教員がeラーニングやそれに関するSDに時間を割くことを望まないのも当然だろう。

例えば，教員や組織内の上級管理者が，教職員がeラーニングの開発や革新に多くの時間を費やした教員にキャリアパスを公的に用意し，eラーニングに費やされた時間に研究に費やされた時間と同等の価値を与えることができる。最終的には，上級管理者は，自分たちの機関がeラーニングに取り組む戦略上の根拠と，ひいては (実際に行われる) 報酬の再編成という複雑な課題にどのように取り組むかについて，見通しを持たねばならない。

こうした自発的な参加を促す取り組みとは対照的に，Multimedia Kontor Hamburgは研修に対する教員の関心が高まり，募集人数を上回る申し込みがあったことを報告している。この機関では，研修をInterdisciplinary Centre for Higher Education (IZHD) に委託している。IZHDは教育におけるICTに特化し，修士号取得のためのコースを設けている外部組織であり，このことが研修を受けた人が感じる質や研修への信頼性を高めたのだろう。

6.5 SDモデル

研修の手段は，短期研修プログラム，1対1セッション，セミナー，ワークショップ，同僚による発表，オンラインでの自己研修やオンライン資源，再教育セッションなど，さまざまな方法が報告されている。SDに取り組んでいる15機関のうち14機関が，SD／支援センタ (University of Zurichのeラーニングセンタ，Office of Technology for Education at Carnegie Mellon University, Monash UniversityのCentre for Learning and Teaching Supportなど) の専門家を主な対象としていると述べている。

興味深いことに，いくつかの機関ではグッドプラクティスに挙げられていたものが，ほかの機関からは問題と考えられていた。例えば，ある機関は1対1で行う研修は，個人の多様なスキルや興味に配慮するのに最も効果的だと述べている。一方，時間がかかり得られる効果に限界があるとして，この方法の生産性を疑問視している機関もある。ある機関は「職員が教員にグッドプラクティスについて話すより，教員が教員に経験を話す方が参加者が増える」と述べ，ほかの機関も研究者は同僚により「信頼」を置いていると肯定している。しかし，Open Polytechnic of New Zealand は「同僚研修」モデルの失敗という困難に直面したという。そして，e ラーニングへの熱意がある特定の個人を対象にすることによってのみ，「トリクルダウン」式の職員教育モデルが機能したという。ある機関で効果的だったものが，ほかの機関にも適用できるとは限らないことを常に意識することが重要であり，取り組みが「どのように」進められたかに成功の鍵がある。

複数の機関が，SD の継続性を重視し，1度のみの研修の実施には否定的である。これらの機関での経験から，継続的な職員教育のためには次の条件が必須であると指摘される。

- 現行のワークショップや募集中のワークショップの提供，および「身近な」ヘルプのサポート。
- e ラーニングの「導入者」のコミュニティを機関内外に構築。
- いかに最もうまく研修に教職員の関心を向けるかについての研究と，研修の継続的な改善。
- 個人が自身の能力を向上するために利用できる，中心的サポートや局所的サポートの明確化。

Open Polytechnic of New Zealand の回答者は，はじめ SD 研修はプロジェクト（「Open Mind Online project」）として始まり，専用センタを持たなかったと述べている。プロジェクトの目的は教職員の同僚研修を促進することだったが，プロジェクトへの参加意識の欠如が課題だった。「指導者を育て」，それを受けた1人が学部で職員教育を実施し，ほかの学部メンバーを研修するという発想だった。実際にはこのモデルは成功しなかった。研修を受けた教員の数は不十分であり，多くの人が期待されたようには学んだ知識を伝えなかった。この結果，個人がどこに教育を求めていいのか混乱が生じた。その後責任は，IT ヘルプデスク，e ラーニングオフィス，最後に全体の職員研修部門へと順次移行されたが，どこもあまり成功しなかった。

戦略的モデルの成功例は University of British Columbia から報告している。研修は

トップダウンと教職員主導の双方から実施されている．機関内には SD を提供するセンタが複数あり，それらはテクノロジ利用に関して対面式のセミナーを行う Center for Teaching and Academic Growth，WebCT 関連のセミナーを行う WebCT Institute and the Office of Learning Technology，テクノロジの革新的利用法に特化したコースを提供する Faculty Alliance for Technology in Education and Committee for Information Technology，多様なテクノロジ利用に関する対面式セミナーを教職員主導で提供する University of British Columbia ラーニングセンタ，オンライン授業のワークショップを対面式で行う Office of Distance Education and Technology である．このように多様なイニシアティブは冗長に感じられるかもしれない．しかし回答者は，このマルチプレーヤ状況でも混乱はないと報告している．主な要因として，中心に置かれた促進組織によって（すべてのセンタによる）協働が調整され，機関全体の組織的な e ラーニング能力ということが念頭に置かれていることが挙げられている．

　質問 6.4 では，e ラーニング開発における教員とほかの職員（技術，教育設計者，図書館員）の協働を促進する特別な戦略について尋ねている．前述のように，このような職員は多くの機関で著しく増加しており，University of British Columbia は，2003 年の 35 人から 2008 年には 100 人に増加すると予測している．University of Zurich では，1999 年に e ラーニング専門の支援を教員に対して提供するために，50 のフルタイム職（例えば，教育設計やウェブ開発など）が設けられた．このモデルは，多数のプロジェクトを促進するために設計され修正が加えられて，今では中心的ユニットに専門職が配置されすべての教員に対応している．

　協働を強化するために，定期的なフィードバックミーティングを（同一の職種内でも異なる職種間でも）定期的に行い，関係者それぞれが実践の改善に取り組んだ経験を共有している機関もあれば，メディア専門化を教員のもとに配置することに触れている機関もあった．例えば，UK Open University は，各教員を中央「Learning and Teaching Solutions」部門の「Media Account Managers」に任命している．いずれも教員の橋渡しに力を注いでおり，広範なアプローチの中心となる一貫性を保証している．この回答者は，複合的な専門家チームを用いたコース構築を先駆けて行ったのは Open University であり，この取り組みが e ラーニングには適切であると主張し，「講師個人の水準でコースを提供しているほかの機関は，その方法の採用には困難が伴うことに気づいている」と述べている．このチームアプローチは，初めからこのようなモデルが必須だったバーチャル専門機関（例えば，Open University of Catalunya，Virtual University of Tec de Monterrey など）で顕著である．長期的な協働が成功する鍵としては，

主なサービス（図書館など）を初期の段階で組み込むことが挙げられている。

SDの実施にまつわるほかの傾向として，機関の間で専門的技術の交換や売買が行われていることが挙げられる。UCLA ExtensionとCarnegie Mellon Universityは，彼らのSD活動のいくつかが，ほかの機関にも拡大していると報告している。UCLA ExtensionのInstructor Developmentプログラムは，「100以上の北米の大学」が機関内の機能性を同様に高める支援を行った。Carnegie Mellon UniversityはOLIプロジェクト（Box 3.2参照）の枠組みのなかで，OLIコースを効果的に利用するために，教職員を対象の研修支援をパートナ機関で行っている。例を挙げると，OLIプロジェクトは，30以上の機関で教職員を対象に「コンテンツ分野における基礎理論，オンライン教材の使い方，効果的なオンライン学習環境の整備に関する進行中の研究に参加する方法など」について，2～3日の夏季ワークショップを行っている。University of British ColumbiaとUniversity of Zurichの両機関は，大学内外で職員開発者の交換を行っていることに言及している。

機関レベルを超えたイニシアティブを行う際には，私立財団も役割を担っている。例えばBertelsmann Foundation in Germanyは，SDのために「eティーチング」ポータル（www.e-teaching.org）を立ち上げ，多様な資源へのアクセスを提供することで職員の多様性に対応している。また，教職員間や上級管理者と方針立案者間の対話の場を作ることを目指している。英国では，専門性やキャリアを強化するため，学習技術者のための「有資格メンバー」（UK Association of Learning Technologyの）という身分の確立を視野に入れた試験的な取り組みが行われている。

6.6 結論

すべての調査対象大学は，eラーニングが，将来の組織の多様なあり方に貢献する可能性について，吟味と協議を行っている最中である。一部の機関や一部の国では，教育的な価値に関する利害関係者の疑念，財源，インフラストラクチャなどに関して主な障害が残っている。より全般的には，機関は導入の主流化や財源の主流化に取り組み，職員の配置，SD，教育設計，学生支援などの再編を計画しはじめている。ドットコム・ブームとは対照的に，商業化や国際化は組織改革の観点からはほとんど言及されていない。バーチャル専門機関は別にして，調査対象機関の組織改革は繰り返しによって最も良く特徴付けられる。

「SD」という一般的な構想は，高等教育におけるeラーニングの主流化と継続の鍵であると，広く述べられている。教育機関は教員と「新たな」職員の役割のバランス，ま

た両者の労働力の分割に取り組んでいる。現時点では，e ラーニング開発やe ラーニング提供のどの側面が日常業務となり，何が専門業務として残るのか明確ではない。

　調査対象機関のうち，遠隔教育や混合型の機関には，（プラットフォームの利用や教授法に関して）部分的に義務的な SD を行う傾向が認められ，それに対しキャンパスを持つ機関は，基本的に自主的なアプローチを採用する傾向が認められる。キャンパスを持つ機関は，関与する教員を向上するという理由から教員主導の発展を好む。遠隔教育や混合型の機関では労働力開発やチーム教育の部門が力を持っており，「伝統的」教員や終身雇用の教員や永続的な教員は少なく，教員の役割を制限して中央管理を強化している。

　大半のケースで，自主的な SD は低い労力で実施できる特徴があるといわれている。これに取り組む手段として報告されているのは，教員の責任の拡大，SD における教員の役割の強化，そして SD と差し迫った教員の要請を調整する努力である。ここには，「プラットフォームの使い方」のような技術的な SD から離れ，教育中心の開発を行い，中央主導と教員主導の SD や職員支援の間で適正なバランスを吟味しようとする傾向が，全体的に認められる。

　SD の実施は実に多様である。教育機関の e ラーニング発展に一つの「最善モデル」や軌跡がないように，e ラーニングのための「万人向け」の SD 研修プログラムもない。SD において e ラーニングを向上させるためには，重要なニーズを査定し，機関全体のミッションと関連する戦略を慎重に計画し，機関への適用に関して査定と研究を行い，効果を評価しなくてはならない。また，日々の実践に基づく SD の方が効率的で効果的な領域では，型にはまった「スタッフ教育」を避けることも重要である。教員の意欲を SD へ向けるためには，キャリア報酬制度を再構築することが決定的に重要な意味をもっている。

引用文献
- Cornford, J. and N. Pollock（2003），"Putting the University Online: Information Technology and Organisational Change", Society for Research into Higher Education / Open University Press.
- Dutton, W., P. Cheong and A. Park（2004），"An Ecology of Constraints on E-learning in Higher Education: The Case of a Virtual Learning Environment", *Prometheus*, Vol. 22, No. 2, pp. 131-149.

第III部
コスト効率と資金調達

第 7 章 chapter 7 FUNDING, COSTING AND PRICING

資金調達，コスト，価格

> この章では，教育機関における e ラーニングの財源について示し，関連する課題のいくつかを取り上げて検討する。また，教育機関が e ラーニングのコストをどのように考え，今までどのように価格設定してきたかを報告する。

　ドットコム・ブーム時代，高等教育における e ラーニングの優位性は，プログラム開発と配信コストの軽減を確実にすることにある，とよくいわれた。開発と配信システムの自動化を推進し，余分なコストを省き，交通費と宿泊費を削減／撤廃することで，コスト削減を実現すると論じられていたのである。工業化社会の合理化至上主義はついに教育にまで波及し，当時は例えば教材開発の合理化，フルタイムの教職員の削減，職員に対する学生の比率の増加などの現象がみられた。
　しかし，この e ラーニング導入によるコスト削減の予測は，どの程度実現したのだろうか。実際には，OECD 教育研究革新センター（OECD / CERI）調査の回答に明らかなように，e ラーニングの最大の影響は，キャンパスでの教室における学習活動の補完（サプリメント）という点にある。つまり直接的な交通費や収容設備費の節減による e ラーニングのコスト削減の可能性は除かれている。低コストでの開発／配信についても，（現実には）ソフトウェア開発費の高さと，多くの場合，遠隔オンライン学習でも対面型個別指導の要求が出てきたことで疑わしいものになっている。
　e ラーニングは，将来有望な新しい商品供給市場として登場したが，いまだに明確で持続可能なビジネスモデルになっていない。活動の大部分は，実際は政府や，ほかの新規事業援助を目的とする非営利機関による資金で支えられてきた。
　この章では，教育機関レベルにおいて，e ラーニングの資金がどこから供給されているのかを論じ，それに関連するいくつかの課題，特に持続可能性（7.1）について検討する。さらに教育機関は e ラーニングのコストをどのように考え，今までどのような価格設定がされてきたか（7.2）を報告する。興味深いことだが，e ラーニングのコストインパクトについて明確なエビデンスが提出できた機関はほとんどなかった。

7.1 資金調達（調査票の質問 7.1〜7.4）

　OECD / CERI の調査対象の大多数の教育機関は，かなりの部分，ある種の政府機関の財源に頼っており，多くの政府機関は，（直接的，あるいはある機関を通じた間接的なものであっても）高等教育に関する政策的なかじ取りの役割を担うことを想定していた。多くの国家政府や政府自治体，国際機関，NGO も超国家的機関や一連の非政府組織と同様に，e ラーニングを教育改革，教育手段の拡大，そして経済発展の源とみなしてきたし，またこれからもみなすであろう。このような事実に加えて，e ラーニングの費用対効果が未開発で，コストと効率性の仕組みがまだ揺籃期にある新規開発分野であることを考えると，高等教育における初期の e ラーニング活動の多くが，行政機関やほかの非営利機関による資金援助で成り立っていたことは驚くことではない。

◆内部資金と外部資金

　内部，外部いずれの財源についても正確な数字を提供した回答者はほとんどいなかったが，多くの場合，内部の財源（授業に割り当てられる一般的な主流の資金援助）が，外部の財源を上回っていたことは明らかである。

　例えば，University of Zurich の回答者は，大学が 1999〜2003 年に e ラーニングに 1,900 万ドル投資したのに対して，政府筋からの援助は 400 万ドルにすぎなかったと答えている。

　実際には，「特別な」内部資金はさておき，e ラーニング開発に対する，教育機関への主流の資金援助の出資（分担）を見分けることは極めて難しい。とはいうものの，調査対象のなかに頻出する外部財源と一連の情報源をみると，多くの教育機関が，e ラーニングを特別な財源を当てるにふさわしい新規性をもった事業として捉えていることがわかる。e ラーニングはいかなる場合も独立（採算）であるべきだ（すなわち授業料収入でまかなわれるべき）との主張は少ないが，とはいえ，UK Open University と University of Maryland University College では，e ラーニング開発は（一部は公的資金に頼っているが）ほとんどを内部資金のみでまかなっていると主張している。次に記すとおり，UCLA Extension は，e ラーニングは近い将来授業料で独立採算できるようになると報告している。

　教育機関の多くは，e ラーニング活用のための特別な内部資金を，学部単位あるいは個人でも利用できるようにしていると回答している。多くの場合，一般的な授業・学習に対する援助であったり，e ラーニングを含む種々の事業への改革資金という形をとっ

ている。なかには，Office of Technology for Education at Carnegie Mellon University のような教育機関内の特殊なセンタの設立や，Monash University の「Global Online Learning and Development」のような特別なeラーニング資金を作っているところもある。

資金援助の範囲を広げ，また期間も中期的なものになっているケースもいくつかある。例えばUniversity of Zurich の場合は，学内のeラーニング資金は学部をまたがって計上されており（2004年は7学部中5学部），それぞれ計38万8,000ドルが割り当てられた。同規模の資金が2005年にも利用でき，2006年および2007年には倍増され，2008年にはさらに増額される。

外部資金による援助の例：

- eラーニング教育機関やコンソーシアムの設立および継続的な開発（Open University of Catalunya, FernUniversität Hagen, Multimedia Kontor Hamburg）
- アプリケーション開発（University of British Columbia の WebCT, Open Polytechnic of New Zealand の open source development）
- 学習オブジェクトや学習教材の開発（例えば，University of British Columbia の Edusource funding, Carnegie Mellon University の「Open Learning Initiative (OLI)」など）

回答者の多くは，外部からの資金援助について，詳細をすべて提供することには消極的である。それは情報が必ずしも一か所にまとめられておらず，入手が難しいからだと説明されている。また，学部あるいは個人単位の外部資金調達は，組織の中枢では把握しきれないと指摘する回答もある。サンプルのなかでは最もeラーニングへの関与が少ないとみられる京都大学のみが，外部からの資金援助はまったくないと報告している。

外部資金の提供元としては，政府と関連団体（例えば，University of South Australia が高等教育の遠隔教育機関である「Open Universities Australia」から競争率の高いeラーニング資金を手に入れた），州政府（例えば，ノルトライン・ウェストファーレン州政府から基礎的インフラストラクチャ（構築）のサポートを受けた FernUniversität Hagen），地方行政府（例えば，European Union のサポートを受けた Multimedia Kontor Hamburg），国際的な NGO（例えば，Asian Institute of Technology の関連の Greater Mekong Sub-region Virtual University；GMS-VU に対する UNESCO 資金），および私的財団（例えば，Carnegie Mellon University の「OLI」は William and Flora Hewlett 財団（ヒューレット財団）の資金による）などがある。多くの政府資金は競争入札によって利用が可能である。高等教育委員会によって管理されるニュージーランドの

「e-learning Collaborative Development Fund」はその好例だ。Open Polytechnic of New Zealand は「Open Source Virtual Learning Environment (NZOSVLE) Consortium」プロジェクト (Box 7.1 参照) を支援する構想のもとで，資金を確保している。Open University of Catalunya の場合，州政府からの援助額の継続は，教育機関の実績 (例えば，登録数や新たに立ち上げたプログラム／研究プロジェクトなど) によって決まる。

UK Open University の回答者は，公の非競争的で包括的な教育学習資金がどのように e ラーニングをサポートしてきたかについて述べている。

同様に，University of British Columbia 大学は，e ラーニング開発に州政府の包括的な「改革」資金を利用している。資金のなかには寄付の形態をとっているものもある (例えば，設備，衛星放送時間，専門的技術など)。Asian Institute of Technology は，その使命の特異性から，独自の資金構造を持っている。2004年の総収入は約3300万ドルで，さまざまな関連行政機関と開発機関から提供されている。

Box 7.1

7.1 ニュージーランドの NZOSVLE Consortium

2003 年，ニュージーランド政府は，能力開発イニシアティブをサポートする目的で，高等教育委員会が管理する e-Learning Collaborative Development Fund (e ラーニングコラボレーション開発資金 eCDF) を設立した。Open Polytechnic of New Zealand は，インフラストラクチャ開発や，第三セクターを含むコストと利益の拡大，コラボレーションに関する政府の関心を，オープンソースモデルによる無料のバーチャル学習環境導入の機会と考えた。

NZOSVLE プロジェクトは eCDF に加え，8 つのパートナ機関から成るコンソーシアムの資金援助を受けている。このコンソーシアムは，多くの教育プロバイダが e ラーニングプログラムを開始し運用する間に遭遇する経済的，組織的，技術的な障壁を少しでも取り除くよう設計されたオープンソースへの取り組みを支援している。

このプロジェクトは Eduforge の構築から始まり，プロジェクトチーム全体の協調を促し，ほかの eCDF プロジェクトをサポートした。Eduforge はオープンソース技術で構築されており，指導学習の調査に興味を持つ者なら誰でもコミュニティに参加できるようなオープンアクセスリソースである。いわゆる組織の閉鎖的なインフラストラクチャとリソースから阻害されるような，個人による組織の壁をこえた協調活動を助けるものでもある。

また Eduforge は要件や報告書，審査資料の改善をサポートし，意志決定を手助

> けしてきた。協議の過程で，核となるオープンソース技術が選択され，プロジェクト開発者は共同体に関わるようになった。核となる学習管理インフラストラクチャは Moodle であるが，NZOSVLE プロジェクトは Moodle のコアアプリケーションに施された 500 以上のコード変更にも寄与している。
>
> また NZOSLVE プロジェクトは，2004 年の中頃から，バーチャル学習環境を持たなかった 6 校に，学習プラットフォームの配置を始めた。2005 年にはさらに数十校への配置を計画している。NZOSVLE プロジェクトコンソシアムは，20 の高等教育プロバイダを持つ組織に成長し，学校関係からの高い注目を集め，特異的にプラットフォーム上の学習者サポートツールの強化を目的とした追加資金が提供されている。コンソーシアムは現在，継続的な技術的アーキテクチャ開発とともに，パートナ教育機関に対して高品質のホスティング，サポート，エンドユーザサポートを経済的に提供する協力的なモデル作りに関心を移している。
>
> NZOSVLE プロジェクトホームページは www.ose.org.nz で閲覧可能である。

◆個人的な資金調達

ヨーロッパの 200 以上の大学における「情報コミュニケーション技術（ICT）統合と e ラーニング開発」資金の調査は，ほとんどの教育機関がこの分野において「個人的資金とスポンサーシップに関しては非常に限定的で一時的な経験をしただけ」と答えたとまとめている。(PS RAMBOLL Management, 2004, p.40)。OECD／CERI 調査の対象となった教育機関では，個人資金はまれな例である。

以下でさらに詳しく議論するが，UCLA Extension の場合は民間企業 OnlineLearning.net と契約を交わして，e ラーニングに資金供給した。OnlineLearning.net は，すべての開発，アプリケーションテスト，およびマーケティングに関するコストを負担し，スタッフの給料と諸経費をカバーした。その代償として大学は，e ラーニングに活用できるような申し込みや登録，そのほかの仕組みを修正した。回答者は，この民間投資によって大学はより大規模な e ラーニングを提供することができ（総じて大学の注目度を高めたといえる），また初期の低い登録数にもかかわらず，提供を続けることができたのだと断言している。実際，UCLA Extension は，もし大学独自の資金で実施されていたなら，多くは初期に閉鎖せざるを得なかっただろうといっている。大学は授業料からの収入は少なくなったが（民間企業に返還する割合があるので），リスクの脅威は大きに抑えられたといえる。今や大学は，OnlineLearning.net 社内で共同開発されたインフ

ラストラクチャ／設備を使っているので，当初計画されたような長期にわたるeラーニング実施の展望を持つことが可能になった。UCLA Extension のeラーニングは現在，授業料収入だけで提供できるようになっている。民間セクター資金による小規模な資金援助の例に，University of Maryland University College/Verizon Virtual Resource Site for Teaching with Technology（www.UMUC.edu/virtualteaching/vt_home.htm）がある。これは賞を受けた公有のリソースで，米国の通信業者 Verizon によって一部資金が提供されたものである。

◆持続可能な資金調達

非常に多くのeラーニングがさまざまな種類の「特別な」資金で支援されてきたが，これまで，利用者の受講料で費用回収を実際にやってみせた「サクセスストーリ」は比較的わずかである。ほかの調査でも同様の結果が出ている（Paulsen, 2003）。とはいうものの，現在eラーニングといわれるものは，まだ比較的目新しくて，実験的であるので，「特別な」資金の対象として適切であるとみなされている。

eラーニングへの関心が深い回答者は，一様に持続性を重要な課題であるとみている。もっとも，持続性に関しては，資金の主流であるかどうかで判断するものと（すなわち，特別なものではなくて，公共あるいは教育機関の主な資金としてみなされること），費用回収の観点から判断するものの2通りがあった。eラーニング運用がかなり進んでいる教育機関では，内部の資金から外部の資金を活用する方向に移行させようと活発な努力をしているという報告が散見される。

University of Zurich のように数年にわたって学内の資金で支えられる場合でも，eラーニングの長期目標設定のためには，正規の学内資金と公の資金の双方が必要であるとみなしている。eラーニングの経験が浅い回答者は，運用のための資金についてはどう考えるべきかよくわからない，と答えている。つまり 受講料による原価回収なら現実的であるということである。ある回答者は，自分の学校では，今までのところeラーニングはまったく採算がとれないと断定している。また別の回答者は，「持続性は非常に重要な課題。サイトのメンテナンスやさらなる開発は，手間がかかっていて高価である」と記述しているが，早急な解決策は何も提示していない。

反対に，さらなる試みと，より高度な持続性への努力を提案する回答もある。例えば，長期の持続性は，特別な資金調達の状態で決まると位置づけている例である。University of British Columbia では「Office of Industry Liaison（産業連絡事務局）」の貴重な存在を，長期にわたる（eラーニングの）商品化（WebCT のケースであったように）

を示すものと言及している。資金を大きくするために，この大学では学部か中央の機構が中央の準備資金を借用し，授業料収入に（利子をつけて）返済する方法をとっている。

Multimedia Kontor Hamburgの場合，大学の「最も有望なプロジェクト」が国の主流・プログラムと統合されるという見解のもとで，現在，政府資金の提供を受けている。これは，持続性を原価回収としてではなく，さらに主流（大きな国）の課題としてみなしたからであり，授業料は通常無料かごくわずかであるというドイツの高等教育の現状を鑑みた施策である。

eラーニングサポートセンタのような施設への，教育機関としての主要な資金提供の実現は，主な資金提供の持続性のもうひとつの例である。もちろん多くの教育機関では，eラーニングの設備の一部を助成金，一部を授業料で賄っており，プログラムによってバランスをとっている。

これはOpen Polytechnic of New Zealandの例にもみられる傾向である。同校の回答者は，「Open Mind Online」と「Online Campus」の双方とも基本的に学内資金で継続できるが，今後は内部資金と授業料の両方で支援すべきだと提案している。University of South Australiaでは，「コアな予算配分」は「ハードウェア，リソース，およびサポートスタッフ」に当てられたので，eラーニング活動に直接役立ったと強調した。

同様に，Open University of CatalunyaとUK Open Universityでは，「eラーニング開発は，特別な資金に依存するものではなく，組織の中核となる活動の一部」になっている。Open University of Catalunyaの回答者は，すべての教育プログラムをリストアップしたうえで，「政府助成講座」「独立採算講座」などのようにそれぞれに記している。UK Open Universityの回答者は，主流のeラーニング施策に協調している「Learning Technologies and Teaching Committee」（学習技術と教育委員会）で管理された競争的資金の減少を報告している。

ほかの回答者（例えば，University of Sao Paulo，University of California, Irvineなど）は，eラーニングの主流の設備は，少なくとも一部助成金によって賄われているにもかかわらず，教育プログラムはいまだすべて独立採算であると記している。University of California, Irvineの回答者は，「我々はすべての営業活動を自活できるように努力している」と強調し，学内の「通信教育センタ」（UCLA Extensionと合同で経営されている）がコアな支援をまったく受けず，授業料収入だけで運営していると報告している。UCLA ExtensionとUniversity of Maryland University Collegeの2校の回答者も，「主流」と「継続的」な2つの資金供給の形態が曖昧だが，本質的には同じ点を指摘している。

Carnegie Mellon University の回答者は，商業的な e ラーニングを実現する設計に関する 2 つの自主的な取り組みを挙げている。Carnegie Learning と iCarnegie という，学部の製品を販売するための 2 つの組織を設立し，「Cognitive Tutors」という高度なチュータリングシステムや，コンピュータプログラミングにおける混合型のオンラインコースを製品化している。財務情報は公開されていないが，両会社とも非常にうまくいっているようにみえる。2 社とも利益の一部を大学関連の調査に再投資している。

さらに，「OLI」構想のもと，個々人が無料で大学の教材を利用できるような資金の設立も考えている。その構想とは，大学が教材だけではなく学習管理システム（LMS）の機能性も保有し，大学に関係のない個人も教材の閲覧ができるようにすることである。もうひとつのオプションは，テキストの補助教材として，いくつかの OLI 教材を販売するというもので，補足として選択された Open Learning Initiative（OLI）の材料を販売して，再販業者を通じて個々の「学習オブジェクト」を販売することである。

Multimedia Kontor Hamburg の回答者は，同校がドットコム・ブームがはじけたあとで（e ラーニングを）開始したという持続性における優位点は，ほかの German Lander も同様であると述べている。このことで Multimedia Kontor Hamburg は資金に関してだけではなく，ほかの分野でも多くを学び，利益を得たのである。つまり，既存の大学を連携させ，別々のインフラストラクチャを作るのではなく，すべてのソース（特に共同管理のメディア創造設備の構築など）をプールする（新たな）教育機関になるということである。同様な考え方がオープンソースソフトウェアにも応用された。先行投資としてのライセンスフィーを削減し，アプリケーションを固定化せず改訂しやすい形態にし，教材が第三者にも使いやすいものにするのである。内部資金の観点でいえば，これによって部門・個人は，個々の大学の資金よりむしろ中核となる Multimedia Kontor Hamburg 資金との関係が強化されることになる。

まとめると，一般的に個人資金は，外部資金であるにしろ内部資金であるにしろ，ほとんどの教育機関で特別資金として最小限のものである。OECD / CERI 調査の対象となった教育機関の大半は，政府資金に依存している。e ラーニングの新規性を考えると個人資金は当然だが，この特殊な資金を回収するにしろ主流の資金に組み込むにしろ，持続性の観点からは問題がある。

7.2 コストと価格設定（調査票の質問 4.6）

1997〜2000 年の e エデュケーションブーム（Ryan, 2002）の間，低価格によるプログラム開発と配信コストの実現（従来のキャンパス施設と比較して）は，最もよく挙げ

られた高等教育以上でのeラーニングの「利点」のひとつであった。議論されてきたことだが，低価格というのは結果である。開発や配信プロセスの自動化が進み，限界費用が減少し，移動と宿泊コストが撤廃あるいは削減されるからである。これを「産業化」された大規模遠隔教育の生産アプローチ（合理化された教材開発，フルタイム講師の削減，スタッフあたりの担当学生数の増加など）と捉える考え方もある（Rumble and Latchman, 2004）。もちろん，eラーニングは，パーソナライズされた教材制作とアップデートや，「マスカスタマイゼーション」「マスパーソナライゼーション」の概念，よりフレキシブルな教育学などのような，多くのポスト工業化のねじれとは区別される。コスト削減に関する予測はいったいどの程度実現したのだろうか。

◆ OECD / CERI 調査によるコスト評価

以上のような観点から，eラーニングの根本的なビジョンは遠隔配信に集約される。OECD / CERI 調査への回答で明らかなように，実際には，eラーニングの最大の影響は，教室での学習活動の補足としての役割にある。これは（eラーニングの利点は）直接的な交通費や宿泊費の節約にあるという要素を否定したものだ。もちろんいくつかの調査対象教育機関にとって，遠隔教育は非常に重要なものである。低価格の開発や配信コストは，高価なソフトウェア開発にとって代わられ，多くの場合，リモートオンライン学習活動においても対面のチュートリアルサポートが必要であると指摘されている。低い限界原価への取り組みは，高い登録数と学習経験の品質の間には負の相関関係があるという主張によって，下火になりつつある（University of Illinois, 学部セミナー, 1999）。以下で詳しく述べるように，UCLA Extension の試みはこのような相関関係に由来するものである。

質問 4.6 は，回答者の属する教育機関におけるeラーニング活用の進展によるコストインパクトについて尋ねたものである。調査の対象となった教育機関のうち2つを除くすべての機関は，公的資金助成を受けており，実際のコストと持続性の評価を複雑にしている。

回答の概要を把握するために，教育機関を4つのカテゴリに分類した。
- eラーニング関連コストについて判断をする十分な経験がない。
- 経験はかなりあるが，eラーニング関連コストに関する組織的なエビデンスがない。
- これまでの経験から，eラーニングは対面授業より基本的に高価であると捉えているが，ほかの利点で補われると考えている（例えば，アクセスの増加や高度な教育学の活用）。

- これまでの経験から，e ラーニングの開発・配信の初期費用は対面授業より高価になる場合がよくあるが，ほかの要素（例えば，経験，価格コントロール，作業分担，サードパーティのソフトウェアやリソースの活用，効率，再利用，および経済スケールの規模など）によって，プロダクトサイクル（製品寿命）からみると，e ラーニングはより低価格で提供できると考えている。

もちろん今までの経験と今後の期待が，別のカテゴリに属する場合もある。これについては表 7.1 で示す。

表 7.1 をみると，オンライン利用の開発が進んでいる度合いと，多額の費用がかかるであろう開発フェーズ後のコスト（例えば，インフラストラクチャ，初期における多量の教材コース開発，実験，スタッフの経験の乏しさ，新しいスタッフ／ユニットの必要性，未熟な技術など）の相関関係がわかる。対面型教育と比べて，総合的なコスト削減の実現が可能である。これを強く主張しているのが米国の National Centre for Academic Transformation の Carol Twigg である。第 3 章で述べたように，彼女は，ICT の活用により再設計が部分的に容易になるため，高等教育プログラム（特に大規模な学部レベルの入門コースの供給）は学生に学習の利益をもたらし，学生数を増加させ，コストを削減することができると主張している。

Twigg 原理の主張は，高等教育における ICT のさらなる活用がもたらすコスト，アクセス，および教育への影響に対する現在の不確実性をこえて，コスト増加，アクセスプレッシャ，および教育革新に関する懸念を表明している。Twigg の最近の記事をみると，高等教育における資金調達・費用・価格に関する見解に要約されている。「解決策は問題にお金をつぎ込むことではない。私たちは教える方法を，そして学生たちは学ぶ方法をもう一度考え直すために一緒に動かなければならない」。同じ記事で Twigg は，米国の 2 年および 4 年の高等教育機関が，最も利用されている 25 の登録コースを再設計すれば（第 3 章で説明した手法で），年間 16％の教授費用を削減する ─ 財源圧迫を緩和し，価格の安定性／減少を導く ─ 結果となるだろうと主張している（Twigg, 2005）。

従来のキャンパス内外での授業と比較して，安定したそれほど高価でない e ラーニングのモデルを構築していると答えた回答者がほとんどいなかったにもかかわらず，カテゴリ 4 を選んだ調査対象機関のすべてが，少なくとも理論的には可能であると確信している。その要因として，キャンパスの授業のいくつかをオンラインによる提供に置き換えること（複製ではなく），オープンスタンダードあるいは学習オブジェクトモデルを利用し教材の再利用や共有を増やすこと，教材制作の規格化を進めること，が挙げられ

表7.1 eラーニングコストの意味合い

教育機関名	タイプ	分類
京都大学	キャンパス	1
Asian Institute of Technology	キャンパス	1/3
University of Sao Paulo	キャンパス	2
University of California, Irvine	キャンパス	2
University of Paris Nanterre	キャンパス	2
University of South Australia	混合型	2
UK Open University	遠隔	2/4
青山学院大学	キャンパス	3
Monash University	キャンパス	3
University of Zurich	キャンパス	3
Carnegie Mellon University	キャンパス	3/4
FernUniversität Hagen	遠隔	3/4
Multimedia Kontor Hamburg	キャンパス	4
University of British Columbia	キャンパス	4
UCLA Extension	遠隔	4
Open Polytechnic of New Zealand	遠隔	4
Virtual University of Tec de Monterrey	遠隔	4
Open University of Catalunya	遠隔	4
University of Maryland University College	混合型	4

分類：
1. eラーニング関連コストについて判断をする十分な経験がない。
2. 経験はかなりあるが，eラーニング関連コストに関する組織的なエビデンスがない。
3. これまでの経験から，eラーニングは対面授業より基本的に高価であると捉えているが，ほかの利点で補われると考えている（例えば，アクセスの増加や高度な教育学の活用）。
4. これまでの経験から，eラーニングの開発・配信の初期費用は対面授業より高価になる場合がよくあるが，ほかの要素（例えば，経験，価格コントロール，作業分担，サードパーティのソフトウェアやリソースの活用，効率，再利用，および経済スケールの規模など）によって，プロダクトサイクル（製品寿命）からみると，eラーニングはより低価格で提供できると考えている。

x／y（例えば，2／4）は，教育機関の経験からくる回答がx，今後の見通しから選んだ回答がyであることを示す。

出典：OECD

ている。全般的な傾向として，「eラーニングにはどんな費用がかかりますか？」という質問に対する答えの幅が非常に広い（例えば，使用されるメディア，ソフトウェア開発・導入の範囲，スタッフ配置モデル登録のスケールなど）。特筆すべきは，回答者の多くが3か4に分類していながら，コストに関する系統的なデータを示すことができていない（全体的な概算の数字，または特定のプロジェクトの数字を答えた回答者はあったが）ことである。

完全なバーチャルユニバーシティ（1校はキャンパスを拠点とする大学の一部門だが）である Open University of Catalunya と Virtual University of Tec de Monterrey は，オンライン学習を実際のキャンパスの上に「構築」するのではなく，ゼロから開発することは費用的に有利である，と言明または示唆している。固定的資本コストが低く，eラーニングプロセスのための職員の配属や経済の規模の調整が容易であるからだという。

UK Open University は，1学生あたりのコストがキャンパスでのプログラムの約1/3であると報告している。同校は，これは ― 関連費用の評価は曖昧であるにしろ ― 国庫補助なしでは不可能だと指摘している。

Virtual University of Tec de Monterrey は，近年衛星放送からオンライン配信へ移行したことによって，実質的にコストが削減されたため，価格を下げたと明言している（後述参照）。

完全に自己資金のみで運営している2校のうちの1校は，いくつか詳細な情報を示して費用アプローチについて説明している。前述したように，1996年に UCLA Extension は，eラーニングの開発と配信のうち重要な部分を民間企業（OnlineLearning.net）に委託した。ねらいは大学の主な出費，時間の拘束，リスクを低減させることであった。より全般的に大学の政策との一貫性を持たせるため，3年間のeラーニング原価回収サイクルへの投資にも取り組んだ。UCLA Extension は，この計画をほぼ達成した（つまり開発と配信のコストが授業料で賄われた）と発表している。時間とともに，このモデルが持続可能であることが明らかになったため，委託していた機能の大部分を学内に移行し，2004年中頃には完全に独立運営するようになった。興味深いことに，ここで採用されている教育学モデルは，科目の登録者数を制限し，専門知識を持つインストラクタの指導をある一定の期間受けることを必要とする（多くの場合は対面型プログラムほどではないが）。コストはオンラインのほうがわずかに高いといわれているが，施設や教室を使わないことで，全体的なコスト削減が達成されている。

教育機関は，登録数を伸ばし続ける（取り組みや効率などの結果として）ために，eラーニングによってキャンパスよりも経費が削減されることを見込んでいる。しかし，ほかの要因（例えば，1クラスの規模など）が変化し，その変化が教育学の見地から正当である場合にしか，大きな改善は達成されない，ともいっている。

青山学院大学は間接的なコスト削減を実現した。これは，他国からオンラインプログラムを配信することで，学生が海外へ行く交通費や宿泊費を賄う理論上の経費が抑えられたためである。

Asian Institute of Technology は，オンラインプログラムの今後の開発によって，近

隣国の姉妹校への訪問が減少するかもしれないと予測している。

青山学院大学の回答者は（明確なエビデンスは示さなかったが），ビデオを用いた遠隔教育がeラーニング（明確な定義はない）ほど高価でないため，中心となる配信のメディアとして残るだろうと述べている。

京都大学の回答者は，単にeラーニングへの投資は「巨大すぎだ」と記し，従来型の教育と学習が十分に確実なものであるから，eラーニングに対する過大な投資は妥当でないと述べている。

University of Zurich は，非営利の教育機関にとっては，厳しい投資対効果計算は重要ではないと主張している。eラーニング利用の主要な論理的根拠は，論じられたことだが，費用削減ではなく学生の学習経験の強化にある。同様に，ある教育機関は付加価値（コスト削減ではなく）について次のように報告している。「オンラインでの教育・学習への移行がコスト節減に通じると，大学が信じているとはいえない。むしろ大学は，さらなる品質や付加価値を得るためには同じような出費が必要になること，またオンライン配信の戦略的導入によって，消費者にフォーカスしたプログラム配信を進める可能性が現れることを理解している。要するに我々は，オンライン教育・学習であれば費用をかけずにより多くのことができるというより，むしろ戦略的に活用すれば現在よりも良い水準のことができると信じているのである」。同大学では，IT職員や図書館職員を削減し，eラーニングの早期開発に資金を供給するという政策決定をした。eラーニングが長期的には管理節約につながるかもしれないとほのめかしている。

◆ OBHE調査によるコスト評価

ボーダーレス高等教育研究所（OBHE）調査で各回答者に対して次のような質問が出された。これまでの取り組みから考えると「ある種のオンライン提供は，従来の対面型の授業で行われたものと同様の内容を提供する場合，明らかに費用が安いか（教育機関にとって，財政年度単位で）」。回答者のうち26％が，オンライン提供は明らかに安いということに「同意」あるいは「強く同意」したが，これは2002年の24％からわずかに増えている。43％は不確実のため質問に答えることができず，31％は否定的な回答である。これは2002年の数字とほぼ同じである。

回収された回答の分析からは，全体的な傾向を掴むことができる。オンライン学習を潜在的なコスト削減の方策とする楽天的な見解を持つ回答者は，低所得層あるいは低・中所得層と南アフリカで最も多く，それぞれの37％と40％が肯定的で，否定的な回答はひとつもみられない。オーストラリアやアジア・太平洋の回答者は最も懐疑的であり，

42%が「同意しない」，43%が「まったく同意しない」と回答している。

　これは，低・中所得層と南アフリカの回答者が，過去にコスト削減のためにほかの形式の遠隔教育あるいは非伝統的な学習方法を採用して成功したことがある，という背景を示しているといえるかもしれない。そのうえ，貧しい国々の大学では ― 裕福な国々と比べて ― 投資に対する財政的な回収を実現しなくてはならないという圧力が強く，費用の選択権がほとんどないのかもしれない。反対に，オーストラリアやアジア・太平洋の回答者が論証上この分野で最も先進的であることを考えれば，彼らの懐疑論はコスト削減の主張に留まらない経験豊富で博識な見解であるのかもしれない。

　OBHEの回答者の多く（2002と比較した2004年のもの）が，「教育コストの長期的な削減」をオンライン学習戦略（第2章参照）の重要な論理的根拠としている。それにもかかわらず，コスト削減に関する質問に関して，大多数の回答者が，短期，長期に関係なく従来の授業よりオンライン配信の方が総合的な出費が少なくなるという可能性について，曖昧で懐疑的である。実際「教育コストを長期的に削減する」ことを最優先にしているのは，わずか7教育機関（8％）だけである。多くの教育機関が，さまざまな形態でのオンライン配信の費用との関係や可能性については記述せず，従来の手法と同等かあるはそれ以上高くつくと述べている。総合的な教育コストを，今まで以上の品質を保証しつつ削減するために，設備を再設計するという明確な試みは，さまざまなところで不足している。これは，オンライン学習に関連する重要な運用中のインフラコストを考ると，厄介な傾向である。OECD / CERIの調査対象機関は，楽天主義（一般的に明確な証拠があるわけではないが）や悲観主義，圧倒的な不確実性が入り混じった見解を提示している。

◆価格設定

　OECD / CERI調査の対象となった教育機関は，eラーニングプログラムについて従来のプログラムとは異なる価格設定をしているのだろうか。一部門で完全なバーチャルプログラムを提供しているVirtual University of Tec de Monterreyを除いて，すべての回答者が，オンラインプログラムのために授業料削減はしていないと報告している（同等の内容の対面授業と比較して）。

　Virtual University of Tec de Monterreyは，親キャンパスでの対面プログラムより40％安い料金で，オンラインプログラムを提供している。完全なバーチャル教育機関Open University of Catalunyaの場合，学生一人当たりのコストは平均的な地方大学の1／3であるにもかかわらず，価格は同じである（これは価格に関する地方または国家

の規制のためであると示唆されている)。従来の授業に比べてeラーニングの方が高い，と答えた回答者はいない。ただし多くの調査対象国では，一般に，授業料がまったく請求されなかったり，あるカテゴリの学生については授業料がある程度免除されることを考えておくべきである。したがって，対面授業と比較したeラーニングの価格設定に関しては明確な資料がほとんどない。

7.3 結論

　「特殊な」内部資金および外部資金は，高等教育におけるeラーニング開発の重要な特徴である。これは，eラーニングが，実証と研究に値する新規性に富んだ活動として，認知されている（近年の政策表明のなかで）ことからきている。回答から明らかなのは，多くの教育機関が，概して主流の内部資金と授業料の組み合わせ（そのバランスはプログラムの種類や国の関与の度合いにもよるが）を経て，「正常な」資金へと移行していることである。これは，特に外部資金には持続性の面での問題があるためである。

　多くの回答者が，eラーニングという形態でのコスト削減の可能性に関して肯定的な期待を表明しているが，直接的な証拠はほとんど示されていない。クラスの規模やコース設計基準などの要素が大きな阻害要因として挙げられている。

　重要なのは，eラーニングをコストの見地同様，教育学の見地からも評価すべきという要請である。つまりeラーニングは，本当に対面学習以上の費用対効果（費用対効率ではなく）があることを証明できるはずだ，ということである。

　対面学習よりeラーニングの方が価格が低いという明確な例はひとつしかないが，多くの国で，授業料が学生のタイプによって無料になる。教育機関が授業料の管理に関してごく限られた権限しか持たない場合もある。

　現代のeラーニングの新規性を考えると，これからの10年，最も重要な課題として浮上するのは，費用対効果（そしておそらくはその結果としての価格低下） ― これはインフラストラクチャと政策の開発と同様，文化の変革や，教育機関の経験に基づく問題だが ― であるかもしれない。

引用文献

- Paulsen, M.F.（2003）, "Online Education and Learning Management Systems: Global E-learning in a Scandinavian Perspective", NKI Forlaget, Oslo.
- PS RAMBOLL Management（2004）, "Virtual Models of Universities - Final Report", report commissioned by the European Commission.
- Rumble, G. and C. Latchman（2004）, "Organisational Models for Open and Distance Learning", in H.

Perraton and H. Lentell (ed.), *Policy for Open and Distance Learning*, The Commonwealth of Learning and Routledge Falmer.
- Ryan, R. (2002), "Emerging Indicators of Success and Failure in Borderless Higher Education", Observatory on Borderless Higher Education, available at: http://obhe.ac.uk
- Twigg, C. (2005), "A Billion Here, a Billion There", The CAT Viewpoint, The Learning MarketSpace, January, available at: www.center.rpi.edu/NewsHome.html
- University of Illinois Faculty Seminar (1999), "Teaching at an Internet Distance: the Pedagogy of Online Teaching and Learning", available at: www.vpaa.uillinois.edu/reports_retreats/tid_final-12-5.pdf

第8章 chapter 8 Current government roles: Funding and beyond

現在の政府の役割：
資金援助とそれ以外の支援

> 本章は，教育機関がeラーニングにおける現在の政府の活動をどのように捉えているか，さらに資金援助およびその他の政策に関して何を期待しているかについて示す。

調査対象の教育機関が拠点を置いているすべての国で，州政府や中央政府は，一般的な高等教育，特にeラーニングの戦略的指導および資金援助において，重要な役割を果たしている。教育機関が強力な自主性を持ち，政府が教育機関の経営に直接関与することが望まれない国であっても，政府は戦略的な資金援助や政策を用いて，教育機関の動きに影響を及ぼしている。本章では，教育機関が現在の政府のeラーニングに関する活動をどう捉えているか（8.1），そして資金援助およびその他の政策（8.3）に何を期待しているのか（8.2），について記す。

8.1 現在の政府の役割（調査票の質問 7.5～7.6）

調査対象の教育機関に，州政府および中央政府の，高等教育機関におけるeラーニング開発支援の役割や戦略について質問した。それは行政機関の活動それ自体の詳細を質問したのではなく（とはいっても回答にはそのような内容も書かれていたが），回答者の政府の活動に対する見方，政府による関与の重要性がどのように高められ伸びているかを質問したものである。ただし教育機関による記入が — 非常に重要ではあるが — 高等教育のeラーニングに対する資金援助と支援についての，政府の役割に関する部分的な見解を，表しているにすぎないことは強調する必要がある。例えば，教育機関は必ずしも学生の利益を考慮に入れる必要はないだろう。しかし政府は，高等教育のeラーニングを開発するとき，供給と需要のバランスを考える必要がある。この調査は，UNESCOや世界銀行，欧州連合などの超国家的な組織や非政府組織の，eラーニングに関連する資金援助や戦略的努力について直接問うものではない。しかし提起された問題の多くがあてはまるだろう。政府主導についての教育機関の認識と実際の指導力との情報格差を埋めるために，eラーニングに関する主要な政府の政策，プログラムやプロ

ジェクト，およびポータルを付録4に記載する。

　以下は，教育機関が特定した，eラーニングに関して政府が今まで果たしてきた役割と，期待されている役割について述べたものである。
- eラーニングプロジェクトや調査のための戦略的な開発と特別な財源の提供。
- より広範な高等教育のコンテクストと，eラーニングへの適合性を最適化する規制緩和や規制の改革。
- 「非伝統的な」学習の推奨。
- パートナーシップやコラボレーションの橋渡しと資金援助，新しいeラーニング事業体の設立。
- 技術インフラストラクチャの投資家であり，電気通信サービス事業の監督機関。
- eラーニングのための教員育成の提唱者であり資金援助者。

高等教育と訓練における州政府と中央政府の役割は，国によって，連邦制度のなかでは州によっても異なる。したがって，前述の役割のなかには，国によってはあてはまらないものがあるかもしれない。「eラーニング」は政府部門の広範な関係者に関わるものである（例えば，教育省，情報コミュニケーション省，科学技術省，商務産業省など）。したがって，これらの役割が単独で成立するのではなく，戦略的に計画されて，政府の各省を横断して運営されるべきであるということを理解することが重要である。

8.2　政府とその資金の役割

　多くの教育機関が，プロジェクト資金と研究，インフラストラクチャ開発，業績の向上のために大規模な現金注入を行う政府の関与に関して，一貫して非常に肯定的である。また，専用政府機関（例えば，英国のJoint Information Systems Committee；JISCなど）や新しい事業体（例えば，Swiss Virtual Campusなど。Box 8.1参照）も重要であるとみられている。

　カタロニアの政府は，Open University of Catalunyaの設立に際して，最初に（1994年）バーチャル・ユニバーシティに新規性に富んだステータスを与えただけではなく，重要な役回りをしたといわれている。対照的に，ほかの回答者（遠隔教育機関）は，中央政府のeラーニング戦略や高等教育戦略と政策に促進される部分に関しては非常に肯定的である。しかし，eラーニングに特異的な資金援助は，この分野における大学の発展にはさほど重要な影響を及ぼさなかったと捉えている。より強い要因として，学生の需要，雇用者の要請，そして競争が挙げられている。以上のことは，部分的に教育機関特有の性質（大規模な国家の通信教育プロバイダ）を反映している。同じ国の教育機関でも，

Box 8.1

8.1 Swiss Virtual Campus

Swiss Virtual Campus initiative（SVC）は，1999年にスイスの議会が，3,000万スイスフラン（およそ2,200万ドル）を2000年から2003年に行われるプロジェクトに与えることで始まった。SVCの主な目的は，学生の学習経験の品質を向上させ，組織内の協調学習を促進し，高品質のオンライン教材を作り出すことである。ゴール目標は，独立したバーチャル教育機関を創設するのではなく，むしろ主流の学部授業に，オンライン教材と配信を統合させることにある。SVC資金における評価基準では，特に従来型のレクチャに代わるオンライン教材を開発し，大学間での共同研究を推進するような提案を評価している。

共同開発は，同じような内容の授業をしている大学間で行われ，教材をシェアするものである。基準では，少なくとも3つの大学が関わることを必要としてる（外国の大学も参加することは可能だが，資金援助を得る資格はない）。これまで，広範囲にわたる規律のうえに，およそ50のコースが作られ，さらに32コースが開発中である。

SVCは，このような共有プロセスを支援するために，国としての信用を構築することに取り組んでおり，モジュール化を奨励している。Federal Office for Education and Scienceのディレクタ Gerhard M. Schuwey によると，Swiss Rector's Conference（スイスの大学連合の代表組織）は2007年までに，すべてのコースのおよそ10%を電子媒体で提供するつもりである。

取り組みは，2004年に，2007年まで継続する第2フェーズの強化期間に入った。ねらいは，オンライン提供の統合をサポートし，追加融資を主流の学部教育に提供することである。このプロセスの中心は，すべての公共教育機関に「コンピテンス，サービス，生産センタ」（すなわちオンライン開発に関連するローカルの専門的技術センタ）を設立することである。

また資金は新しい企画にも利用可能である。コースを開発したい教育機関はかなりの財政的な貢献 ― 通常開発コストの50% ―，をしなければならない。SVCによる資金供給は，多言語で，通常フランス語，ドイツ語，英語がある。

SVCは，スイスの高等教育における教育学と文化改革のための手段としてみなされている。実際この取り組みは国のボローニャ過程への取り組みと合致している。SVCは，「国家的バーチャル・ユニバーシティ」を省略する要因となった問題 ― 高等教育機関の所有権の欠如，主流の提供とのつながりが乏しいこと，持続性の欠如 ― に取り組んでいる。教育機関が開発費の半分を支払うという要件は，

> コミットメントと継続性を確実にする点で特に重要であるかもしれない。主として公共の高等教育セクターを持つ比較的小さくて裕福な国として，スイスは，この種類のセクター全体の改革を推進している例として挙げられる。それにもかかわらず，主流の支給と情報コミュニケーション技術（ICT）開発をリンクさせ，従来の授業配信の制限を強調することは，国家戦略にとって非常に価値のある目標である。少なくとも概念上は，Swiss Virtual Campus は世界のなかでも最も統合された，改革志向の，革新的な国家的バーチャル・ユニバーシティへの取り組みのひとつである。
> 詳細は：www.swissvirtualcampus.ch/

キャンパスを拠点とする大学の回答は異なっていたかもしれない。

調査対象の教育機関は，政府が何に対して資金援助をするのか，どのように最適な資金準備を行うのか，について多くの提案をしている。主要な問題は次のとおりである。

- 基本的な通信基盤を改良するためだけではなく，利用可能な資金の量を増やす（e ラーニングに，より高い戦略的な優先権を与えるように政府を説得することを前提とする）。これは特に Asian Institute of Technology, University of Sao Paulo, Virtual University of Tec de Monterrey など主に開発途上地域の教育機関のための課題である。
- 軸足を理論からの実用へとシフトする。e ラーニングの「研究」より，インフラストラクチャ，アプリケーション，および職員開発（SD）のために，資金を供給する（京都大学，Multimedia Kontor Hamburg）。
- 政府は e ラーニングに対する設備投資のターゲットとして，物理的な施設や設備に投資することが多い。しかし人的なインフラストラクチャに投資することも同様に重要であると主張されている。第 6 章で述べたように，多くの教育機関が，職員開発（SD）や教員開発（FD）に対して強い必要性を表明している。ある教育機関は，政府がそのような活動に資金を供給すべきだと提案し，別の機関は政府の戦略のインパクトを増加させる方法としての SD について言及している。
- 政府の各省とほかの機関との国内的，国際的なコーディネーションを向上させる。例えば Asian Institute of Technology は，IT 開発への純粋な地域アプローチの構成を切望した。
- e ラーニングにおける専門領域を広げるために資金援助する。これは公的資金はあまり市場向きでないものにも供与されるべきとの考え方をほのめかしている。

- eラーニングによる協力を介して教育機関の国際化を奨励するために，資金を供給する．
- ある回答者は，政府の関与によって，より安いeジャーナル価格設定が保証されるように要求している．
- eラーニング教材のために専門分野のクリアリングハウスの構成を奨励する資金を供給する．Monash University の回答者は，1990 年代に始められたこの種の取り組みは資金が十分でなかったことと，著作権処理が明確でなかったために失敗したと主張している．ほかの人に教材が使用されたとき，著作者が何らかの報酬を受け取るような知的所有権の体制を作ることで，多くの持続可能な（部分的にしろ）の原価回収メカニズムを導入することができる．また，University of British Columbia の回答者は，高品質な教材制作のための手厚い資金援助と，これを支えるスタッフ開発の重要性を強調している．

持続性のための資金援助は重要な課題である．Carnegie Mellon University の回答者は，米国連邦府の主要なeラーニング開発部門のうちの2部門（National Science Foundation と Education Department の「Fund for the Improvement of Tertiary Education」）の仕事ぶりについて称賛したが，普及に関しては不十分だといっている．多くの価値のある部門主導や組織主導の取り組みが支援されてきたが，「組織の枠を超えたプロジェクトの展開は稀である」．教授陣は，eラーニングのよく売れる商品化に関しては十分な成果を上げておらず，民間部門は最も有望な大学の開発を，どのように売り出したらよいかに関してまったく不十分にしか理解していない，という．政府が「高品質のeラーニングプログラムの持続性と普及に関する課題の研究に資金援助するのは，非常に必要なことである」．ある種の米国の私的財団（Mellon やヒューレット財団のような）は，このような課題について協力的だといわれている．

同様のコメントがほかの回答者からも寄せられている．「国家や組織のインフラストラクチャへの投資は有益なものだったのだが，それを除くと政府の戦略は，短期間の『プロダクト』に焦点を当てた助成金の枠組みのなかの『安易な解決』に左右されてきた．プロダクトは，メンテナンスやさらなる開発のための継続的な助成金がないため，主流になれなかったのである」．

Multimedia Kontor Hamburg の回答者は，大規模な政府助成金の不都合な点は，教育機関が自らの戦略的なポジショニングに基づいて考え，eラーニングに対して長期にわたる継続的な援助を開発することを妨げる点にあると記している．「公的資金を利用しないで，代わりに自らのアプローチと融資を行った大学が，公的資金の恩恵を蒙った

大学よりはるかに高度なeラーニングを行っていることはパラドックスだ」。この回答者は，政府に，組織内の戦略開発に対して資金援助することで，自己持続型のイニシアティブをとるよう要求した。Virtual University of Tec de Monterreyの回答者はこの問題について，教育組織自身が開発プロセスと長期の計画を決定する権限を持つための文化変革が必要であると述べている。

最近の多くの政府資金援助の取り組みでは（例えば，ニュージーランドの「e-learning Collaborative Development Fund」のように），これらの懸念のいくつかの克服が試みられている。例えば，教育組織間の協力を前提条件として，プロジェクトの成果（例えば，eラーニング教材など）を高等教育全体が入手できるようにするという試みがある。ニュージーランドの「高等教育委員会」は，情報の共有を容易にし，教材とプログラムを普及させるために，国のeラーニングポータルにも資金を供給している。共同研究やパートナーシップの促進と資金供給に政府が関与する利点について述べている教育機関もある。利点は，① 限られた資金の共有，② 組織横断的な知識と専門家の移動，③ 努力の重複の減少，④ ベストプラクティスの促進，そして⑤ 矛盾する方針の回避である。しかしながら，ある回答者は，協力に関する政府の関わり方は，最小限のパートナ数を規定するなど，ほとんどイデオロギーに等しく，またいつも適切であるとは言い難い，とこぼしている。

ある回答者は，政府の資金援助の一定額は，競争入札から純粋な成果主義的援助に移行すべきだと主張している。「数年間は資金援助の後押しを必要とするかもしれないが，追加投資は不確かな数字や些細なことについての総体的な競争入札よりは，投資対効果検討書の内容によるべきだ」。論争のない成果主義のシステムはまた，「正当であってもなくても，資金援助はある程度，組織や地域を超えた広がりのような考え方である程度割り当てる，というプロセスの政治問題化という認識を回避するものでもある」。

また代々の政府の施策の矛盾に言及しているコメントもある。例えば，国家レベルのeラーニング戦略はある政権下では強いが，次の政権下では弱くなる。またひとつの国の州政府間の矛盾もあり，これは国家戦略の観念を土台から崩すものだといわれている。解決策として，連邦政府が州政府に資金を供給し，一定の期間にeラーニング戦略を開発して，考え方や実践を共有することが提案されている。

8.3 政府の資金提供以外の役割

政府に関連する多くの直接的ではない資金援助問題を挙げた回答者もいる。
- **高等教育における規制緩和**。ある回答者は，授業料に対する今後の連邦政府の合意

は，持続可能なeラーニングを実現する，潜在的に重要な要因であると指摘する。授業料は，教育組織に原価回収メカニズムを提供するだろう。また同じ回答者は，大学の雇用の法的な枠組み（例えば，個人と組織の権威と所有権のバランスなど）を強化する改革を要求している。遠隔教育の社会的地位の低さを述べる回答者もいる。例えば，Virtual University of Tec de Monterreyの回答者は，eラーニングに対するメキシコ政府の関与の低さは，非伝統的な配信の品質と規格に対する不安のためであるだと考えている。

- **オープンスタンダードに対する国家戦略**。ある回答者は，政府はオープンスタンダードの導入に際して ― 部門レベルにおけるオープンスタンダードの利点を活用するために規模の経済利益を促進することで ― 重要な役割を果たすことができると主張している。
- **バーチャル／遠隔専用の教育機関とキャンパスを中心としたの運営との関係構築**。これは，eラーニングは従来の高等教育とはまったく別ものであるという認識を避けるための重大な要素である。一方，別の回答者は，政府は，eラーニングの手段としてのキャンパスを中心とした教育機関の役割を強調しすぎるのではないかと批判している。これは，eラーニングの価値と品質，および「伝統的な」キャンパスでの配信が，大多数の学生の経験であったという「時代遅れな視点」に関する（伝統的な教職員によって植え付けられた）疑念が原因だといえる。回答者は，半分以上の授業を伝統的な教室以外で提供している教育機関に，学費援助へのアクセスを禁じる（現在検討中の）米国のいわゆる「50%ルール」を引用している。
- **電気通信規則**。プライバシー，セキュリティ，知的所有権，および教育機関に対する特別な交渉価格に関するもの。安定した電気供給，信頼できる技術インフラストラクチャ，ネットワークは，適正な価格のインターネットアクセス同様，eラーニング開発の必要条件だ。この領域は，通常，教育省（あるいはそれと同等の官庁）の管轄外の分野であり，関連各省が枠を超えて協調して取り組む必要性がある。

教育機関は言及しなかったが，政府の役割や戦略はほかにもある。Bates（2001, p.29）は，高等教育でeラーニングを促進する際に，考えるべき政府の6つの役割を分類した。

- 計画と管理プロセスの規制緩和と能率化
- 「ベストプラクティス」と「選択」の促進
- パートナーシップの当事者，資金提供者，および仲介者
- 「ユーティリティ」あるいは技術ネットワークのクリエータ

- 消費者の情報提供者と後援者
- 国と十分なサービスを受けていない「顧客」の代理としての戦略的投資家

　最初の4つの役割については，教育機関からの回答で，すでにかなりの程度まで触れられている。しかしながら，残りの2つの役割については，教育機関によって言及されることはあまりない。「十分なサービスを受けていない顧客」の問題に関しては，19の組織のうちのたったひとつが，ICT を利用することで，取り上げられにくいグループ，特に「障害を持つ人々」を含むグループに関する政府の政策を示している。

　例えば，French PAGSI 2000 Report（情報社会のための政府のアクションプログラム）は首相によってつくられ，Interministerial Committee for the Information Society は，「視覚障害のためのデジタルディバイドを埋める」という政策目標を掲げている。しかしながら，これは高等教育やトレーニングに限定されたものではない。もうひとつの例は，教育に目標分野を含んでいるドイツ政府のアクションプログラムである「Information Society Germany 2006」で，教育分野に的を絞って，「IT トレーニングと大学の情報技術分野の研究における女性の比率を40％まで増加する」ことを掲げている。

　消費者情報の側面は，政府が支援する e ラーニングポータルで扱われており，準政府機関が，e ラーニングを品質保証された主流製品に統合し始めている。最近の研究では，米国の認可組織が「技術分野により一層の関心を持ち，認可のための要素と技術評価基準を確立するだろう」と推測している。(Kvavik et al., 2004, pp.81–82)。無節操で低品質の e ラーニングから消費者を保護することは，多くの国でいまだ論議の多い問題として残っている。オンライン配信が広がると，国民にとって利用できるものを政府が規制することは難しくなる。このように考えると，承認されたプロバイダ（オンライン配信同様従来型のものもカバーしている）上に計画された UNESOC / OECD の国際的なデータベースなどの取り組みは，貴重なグローバル資源を構成する可能性がある。こうした政府の取り組みの例には，Canadian Recommended E-learning Guidelines（カナダ）や Consumers Guide to E-learning（カナダ），UK Quality Assurance Agency の Code of Practice（e ラーニングに関する）（英国），タイの大学による Standard Criteria for Establishing Internet-Based Program of Studies by Thai Universities（タイ）などがある（詳細は付録4参照）。

8.4　結論

　調査対象の教育機関と国の多様性は，e ラーニング開発に関する政府の役割における多様性を意味している。いくつかの国，とりわけ新興経済国では，e ラーニングと基本

的なインフラストラクチャへの資金援助/規制に対する政府の関心が，不十分であると考えられている。先進諸国では，インフラストラクチャへの政府投資は広く称賛されている。批評の多くは，プロジェクトベースの資金援助モデルは，資金を供給された学科/教育機関の関心の範囲を超えて普及させる点で弱いということや，eラーニングを主流にし，その影響力を最大にするために枠組みを変化させていくことが一般的に欠如している点に集中している。

多くの回答者が，eラーニングにおける政府の戦略/資金援助と教育機関の革新と自治の間の緊張関係を理解している。政府の役割で大事なことは，実現可能な環境を創造しつつ，微細な管理はしないことである。

引用文献

- Bates, T. (2001), "National Strategies for E-learning in Post-secondary Education and Training", UNESCO.
- Kvavik, R., J. Caruso and G. Morgan (2004), "ECAR Study of Students and Information Technology, 2004: Convenience, Connection and Control", Research Study from the EDUCAUSE Centre for Applied Research, Boulder, Colorado.

結論　conclusion

　高等教育において，eラーニングを目にすることが次第に増えている。入手可能なすべての証拠が，出発点は低かったにもかかわらず，eラーニング受講者もeラーニングの提供も増加していることを指し示している。しかし，ニューエコノミーの過剰なブームのあとでは，eラーニングへの失望がいきすぎた熱狂に取って代わっている。高等教育へより幅広い層が柔軟にアクセスする，教育法の革新が起こる，コストが削減できるといった，かつてeラーニングによって実現されると思われていた予測に対して，いくつかのeラーニングの失敗が，少なくとも一時的には影を投げかけたのである。それでは，ニューエコノミーが去ったあとの現状は，どのようなものなのであろうか。高等教育におけるeラーニングを前進させ，eラーニングの潜在的利益の恩恵をこうむるための次のステップとは何であろうか。

◆活動と戦略

　高等教育機関におけるeラーニングの導入，受講者数，教育機関としての戦略について何がわかったのだろうか。

　第一に，学生のeラーニング受講は増えているが，キャンパスを持つ教育機関のほとんどでは受講者数が比較的少なく，全受講者数に占める割合は低い。入手可能な量的データによると，オンラインを「高い割合で」用いている（つまり少なくとも「オンラインに依存している」）eラーニングの受講者数は，OECD教育研究革新センター（OECD / CERI）調査に応じたほとんどの教育機関において，全受講学生数の5%にも達していない。しかし，現時点での受講者数を算出するのは困難であることにも注意すべきである。その主な理由は，eラーニングの受講者数が，多くの場合，学位レベルでなく単位レベルで特定されるからである。いくつかの教育機関では，オンラインに依存するコースに最低でもひとつ登録している学生の数は，一般に前述の数値よりはるかに多く，ときには全受講学生の30～50%に達していたのである。

　第2に，高等教育機関全体でみるとeラーニングの活動は非常に多様であり，学習プログラムはさまざまな位置に分布しており，オンラインをまったく利用しないか，多少利用する程度であるプログラムから，完全にオンラインで提供されるものまで存在している。OECD / CERI調査のケーススタディの対象となった教育機関にみられた多様性は，ボーダーレス高等教育研究所（OBHE）の調査で明らかになったより規模の大きい多様性と一致した。ほとんどのキャンパスを持つ教育機関では，今日までのeラーニングの

成長は，教室における対面授業中心の教育システムの正当性に異議をとなえるまでには達していない。IT関連企業による景気の際の予測に反して，遠隔オンライン学習全般，そして特に国際eラーニング（つまり，教育機関の中心となるキャンパスが置かれている国から，外国の学生向けに発信されるプログラム）は，全体としてこれまでのところ，重要な活動にも重要な市場にもなりきっていない。国際eラーニングの一般的な受講者数が多数にのぼっていると報告したのは，OECD教育研究革新センター（OECD／CERI）調査に応じた教育機関のなかでも少数である。さらに，OBHE調査のデータは，ほとんどの教育機関で，この形式の活動は小規模で，周辺的であり，しかも教育機関の中枢はその記録をほとんど把握していないという見解を補強するものであった。遠隔地への国際配信が持つ複雑な可能性は，一般に学部が主導する小規模な実験プロジェクトでの試行レベルに留まっていた。

　第3に，モジュール（またはコース）がeラーニング活動の過半数を占めており，これは，学部レベルでは，キャンパスにおける学習プログラム提供を補完する形式のeラーニングが，優位となっている実状を反映している。オンラインプログラムに関連した受賞プログラム[1]は，全体として大学院レベルでより多くみられる。このような傾向は，仕事や家庭と研究を両立したいと望んでいる社会経験を積んだ学習者に，eラーニングが適しているという見解に一致している。オンライン学習の活用度も，学問分野に応じて非常に異なっている。例えば，ITや経営は，何らかの形式の（特に，前述した混合型と完全オンライン型に分類される）eラーニングを非常に多く活用している学問分野として，最もよく引き合いに出される。

　このように比較的低いレベルに留まるオンライン学習の状況は，どのように解釈すべきであろうか。教育機関が関心を持っていない結果であると解釈すべきでないのは確かである。OECD／CERIの調査では，ほとんどすべての教育機関が，何らかの形でeラーニングに関する中心的な戦略を持っていると報告しており，そうでないとしても，そのような戦略を立案中である。対象をより広げて，2004年のOBHE調査をみても，オンライン学習に関するいかなる形式の戦略も持っておらず，方針すら検討していないと回答した教育機関は9％にすぎない。これは，2002年調査の18％から減少している。教育機関レベルの戦略と教育機関レベルのeラーニングの活用実態が乖離しているのは，eラーニングの未成熟な状況が，いずれ克服されることになる兆候であると解釈すべきなのだろうか。教育機関の現在の戦略は，高等教育機関が次第に完全オンライン配信に

1）訳注：コンテストなどによって賞や賞金を与えられたプログラム。

よって学習プログラムを提供するようになる，という想定に回帰することはない．

　OECD / CERI，OBHE の両調査によると，キャンパスを持つ教育機関が，完全なオンライン型に移行する割合は，短・中期的には非常に低いであろうということは明らかである．キャンパスを持つ教育機関が，e ラーニング戦略を立てる主な根拠は現在の教育機関の活動と一致しているが，要するに e ラーニングによって学習の柔軟性を増すことと教授法を強化することを通じてキャンパスにおける学習の補強することである．OECD / CERI 調査でも OBHE 調査でも，国際市場，新しい市場，コスト削減への関心は比較的低いことがわかった．バーチャル学習と遠隔学習のみを提供している教育機関は，最もはっきりとこの方向に向いている（しかし，このような教育機関が，すべて同じ程度にこのような傾向を示しているわけではない）．しかし，2002 年と 2004 年の OBHE 調査を比べると，e ラーニングの存在意義として遠隔学習を挙げた教育機関は，大幅に減少している．

◆教授法，組織，技術の課題

　e ラーニングを促進するうえで最大の議論のひとつは，教育と学習を改善，さらには劇的に転換してしまうかもしれないという潜在的な可能性である．OECD / CERI の調査に回答した教育機関の大半は，e ラーニングが幅広いプラスの影響を与えてきたとみている．しかし，詳細な内部調査に基づいて，この効果を裏付ける証拠を提示できた回答は，ほとんどなかった．学生の満足度調査や修了率・到達度データを含む間接的な証拠は広くみられたが，このようなデータは，オンラインによる学習の教育法上の価値に対して懐疑的な学生や教員の大部分を説得するには十分であるとはいえない．

　懐疑的な学生や教員が多い理由のひとつは，おそらくいまだに e ラーニングが期待されていたようには，本当に学習や教育を劇的に変えていないという事実である．情報コミュニケーション技術（ICT）を活用したこの新しい教授・学習法は，広く影響力を及ぼしているが，まだ胎動期にあって，これから生み出されるところである．おそらく「学習オブジェクト」モデルが，現在最も傑出した「革命的な」方法であろう．学習オブジェクトとは，さまざまな状況でさまざまな目的のために，さまざまな教員や利用者によって使用され，再利用され，さらに再設計されることができる電子的なツールやリソースであるといえる．再設計こそが，e ラーニングが教授法からキーポイントとなる利益を得る（そして無駄なくコストをかける）ために非常に重要であるようにみえる．再設計の例として，ある学習オブジェクトに対して既存のソフトウェア，第三者の教材，学生同士や自動化されたフィードバックなどを用いることが挙げられる．

調査に参加した教育機関は，このモデルにかなり関心を示しているが，同時に，大規模な導入を妨げるさまざまな文化的課題，教授法の課題にも直面している。具体的には，コンテクストに埋め込まれた学習事項・学習プログラムとコンテクストを無視した学習オブジェクトの対立，第三者の教材使用に不熱心な教員とオブジェクトへのアクセスの対立，再利用と著作権への懸念の対立，といった課題である。

OECD／CERI の調査は，教育機関が学習オブジェクトに強い関心を持っていることを明らかにしているが，教育機関は依然として学習オブジェクトを未成熟なツールであると考えている。現在のところ，e ラーニングは規模や重要性という点で成長を続けているようであるが，一方で明確な学習オブジェクトの経済性は明らかでない。このような現象は，ひとつには「従来型の」コース開発パラダイムの影響を反映しているが，学習オブジェクトモデルの経済性といったものが誕生したばかりである（したがって効用に乏しい）ということも示している。もちろん，時間の経過によって，このような状況は変化するかもしれない。

クラスルームにおける ICT のインパクトが今日でも限定的であるという事実は，1990 年代初めによくみられたように，高等教育セクターにおける ICT の利用そのものが，限定されているためであるということはできない。学習管理システム（LMS）の導入は，世界規模でみた高等教育における e ラーニング発展の重要な特徴のひとつであるように思われる。LMS とは，正規の教育プログラムに関する一連の事務・教授法上のサービス（例えば，受講登録データ，電子教材へのアクセスログ，教員・学生の双方向コミュニケーション，評価など）を提供するよう設計されたソフトウェアである。

OECD／CERI の調査結果も，OBHE の調査結果もこのことをはっきりと示している。オンライン学習が未成熟であることを表しているのは，コンテンツ管理システムの導入率が低いという結果である。コンテンツ管理システムとは，電子的なコンテンツが学習オブジェクトに分割され，複数の教授目的のために，操作したり組み替えたりできるようになるソフトウェアである。OBHE の調査によると，2004 年には，組織全体としてコンテンツ管理システムを導入していた教育機関はわずか 6.6% であった。ICT 自体はすでに高等教育に浸透したが，クラスルームの教授法の基盤に与えた影響よりも，事務サービス（例えば，入学手続き，授業登録手続き，授業料支払い，購買）に与えた影響の方が大きい。

調査に応じたすべての教育機関が，キャンパス活動や遠隔学習を支援する IT ネットワークに多額の投資を継続していると回答し，また多くの教育機関がネットワークは適切な機能を持っていると答えた。しかし，OBHE の調査データによると，緊急にテク

ノロジの更新が必要な教育機関は多い。ネットワークの機能がおおむね適切である教育機関では，ITインフラストラクチャに関する開発計画は，サービスの拡大（例えば，無線LAN），ネットワーク全域にわたる帯域の管理（音声や動画のさらなる使用に対応し，学生の使用を管理するのに十分な容量の提供），全体的な高品質・広域サービス（オンラインジャーナル，eブック，学生のポータルサイトなど）の3点をターゲットとしている。クラスルームにおけるITの影響が限定されている原因を，高等教育全体の革新や変化が欠如しているからであるとして片づけてしまうべきではない。たとえITがクラスルームに何の変化ももたらさないとしても，ITは，時間・空間の制約を緩和し，情報へのアクセスを容易にし，授業により柔軟に参加できる機会を提供して学生の学習経験を変化させているのである。

　LMSの商業ベンダでは，トップ2社が非常に大きな市場シェアを占めているが，学内のソフトウェア開発とオープンソースソフトウェアの使用は，高等教育機関，なかでもバーチャル教育を提供する教育機関，混合型の教育機関，遠隔教育機関に典型的にみられるトレンドとして注目に値する。いくつかの教育機関は，現在使っているプラットフォームの代替ソフトを探しているところであると報告し，内部開発とオープンソースモデルに魅力を感じていた。

　プラットフォームの機能性は，次第にカスタマイズ可能なレベルに達しているが，教育機関がときおり内部開発とオープンソースに魅力を感じるのは，市販ソフトの機能性が不十分ある，または市販ソフトに教授法に関する制約があると受け取られているからである。調査によると，教授法の中心課題となってくる開発過程については，教育機関は明らかに自立性を失いたくないと考えており，それは，とりわけこの過程が教育機関の貴重な知的財産になり得るからである。

　プラットフォームの種類が増えていることは，一般にLMSの新規性と相対的な未熟さを表しているが，一方で無駄な努力の重複を示しているのかもしれない。さらに，プラットフォームが多すぎることは，本当の課題が，教員や学生に提供される機能を革新的・効率的に使用するにはどうすればよいのかという点である時期を迎えているのに，技術インフラストラクチャを強調しすぎていることに対応するかもしれない。LMSが与える教授法への影響や，新しい有名なオープンソースプラットフォーム（例えば，SakaiやLAMS；Learning Activity Management System）の教育機関の使用状況は，はっきりとしない状況である。

　調査に参加したすべての大学は，将来の自らの組織に対してさまざまな形式のeラーニングがどのように貢献する可能性があるかについて，検討し，協議している。いくつ

かの教育機関や国々では，重大な障害が取り除かれていない．障害のうち，インフラストラクチャと資金調達は重要であるが，利害関係者がeラーニングの教授法上の価値に関した疑いを持っていることと，職員の人材開発（SD）が最も困難な課題である．

教育機関は，一般にeラーニングの導入や資金調達を周辺的な課題ではなく，主な課題として取り組んでおり，人材の確保，職員の育成，インストラクショナルデザイン，学生支援についての体制を再構築することも検討し始めている．全教育機関が，教員を補完するための職員を幅広く増員する必要性を認識している．このような職員には，技術者，インストラクショナルデザイナ，学習科学の研究者などが含まれる．

しかし，もうひとつの課題は，現在在職している教員にeラーニングを利用させ，開発させることである．eラーニングが，高等教育において主流で持続可能になるためのキーポイントは，一般的な概念としての「人材開発」である．教育機関は，従来の教員と「新しい」職員の役割のバランスや両者の間の業務分担に苦心している．興味深いことに，商業化と国際化の問題は，組織改革の側面からは，ほとんど言及されていなかった．

教員が抵抗する理由のひとつは，eラーニングの教授法上の制限と，ツールが十分に成熟していないことである（少なくともそのように認識されている）．教員の抵抗の理由については，なんといっても余計なタスクをこなすための時間（もしくはモチベーション）がないためである．十分なICTリテラシ，あるいはeラーニングに関する十分な教授法のリテラシがないためであると説明することもできる．

eラーニングの開発は標準化の側面を持っているので，専門家としての大学教員の文化ともある程度摩擦を招くかもしれない．大学教員の文化は，自立性と主に研究成果に基づく評価システムを基礎としているのである．

知的財産権（さらに，教員，教育機関，技術者間の権利共有）に関する懸念も，eラーニング開発の障害とみなされるようである．

調査に応じた教育機関には，人的資源開発方法の面で多様性がみられる．さらなるeラーニング開発のためには，教育機関内あるいは教育機関同士のコミュニティ作りと，より一般的には，eラーニングに関するナレッジマネジメントの手続きが明らかに極めて重要である．

調査に参加した多くの教育機関では，教員主導の方針形成が成功の重要な要素となっているようである．しかし，成功した実験を拡大し，グッドプラクティスを共有・主流化することは，現実の課題として残されている．複数の教育機関にとって，eラーニング開発の「最高モデル」あるいは方法論が存在しないのと同様に，eラーニングを主流

の学習方法とするための「どこでも使える」人材開発モデルも存在しないのである。

　教育機関同士の連携は，現代のeラーニングにとって間違いなく重要な特徴である。連携によって，複数の教育機関が知識やグッドプラクティスを共有し，先進テクノロジや高品質のカリキュラム・教授法といったメリットを享受することができる。また，連携によって市場でのプレゼンスを高め，コストを下げることもできるのである。調査の対象となった教育機関では，連携には，インフラストラクチャ整備，LMSとアプリケーションの開発，eラーニングの教材制作，共同プログラム開発，共同マーケティング，共同研究，ベストプラクティスの共有，ハードやソフトの費用分担などの活動が含まれていた。

　しかし，連携はいくつかの問題を発生させる可能性もある。問題のひとつは，第三者にeラーニング教材を（無料で，あるいは課金して）使用させる場合の協定である。もうひとつの問題は，eラーニング活動の周辺業務を外注することに対する態度である。OECD / CERIの調査によると，高等教育機関は，外注に対して最低限あるいは短期的な価値を置いているだけであり，教材を第三者のために制作することには，戦略上ほとんど注意を払っていない。それでも，分野ごとの組織的な学習を促進するために，連携をより効果的に用いることは可能である。

◆コストと資金調達

　インターネット関連企業によるブームの間，（従来のキャンパスにおける教育提供と比べた）高等教育におけるeラーニングの利点のひとつとして，最も多く引き合いに出されたのは，学習プログラム開発と配信のコストダウンへの期待であった。コスト削減の理由として挙げられたのは，開発・配信プロセスの自動化促進，限界費用の削減，旅費の廃止もしくは削減であった。つまり，ICTのような産業時代的アプローチが，とうとう教育界にも適用可能になったはずであった。

　具体的には，教材開発の合理化，専任教員数の削減，職員一人当たりの学生数の増加などが実現されるとみられていたのである。ところが，eラーニングの影響は，主にキャンパスで教室の活動を補完するものとして働いてきたので，直接の旅費削減はほとんどの場合除外されてきた。管理目的のオンライン申請ですら，一般に伝統的な登録方法の代替ではなく補完であるとみなされており，大幅なコスト削減を阻害している。安上がりになるはずであった開発・配信コストも，ソフト開発や，多くの場合に必要とされる遠隔地のオンライン学習活動に対する対面指導による支援という高コストの課題を抱えている。最後に，オンライン学習は，継続的に多額であるインフラストラクチャのコ

ストを発生させることが明らかになった。

　この状況は，従来の学習に比べて対費用効率の改善につながるとされた多くの条件に適合していない。このような事情から，全体的な教育コスト削減が，問題解決のための極めて重要な構成要素として浮かんでくる。

　一方で数多くの回答教育機関が，さまざまな形式のeラーニングが持つコスト削減の潜在的可能性に，前向きな期待感を表したにもかかわらず，コスト削減のインパクトを示す直接的な証拠を提示できた例はほとんどない。しかし，多くの場合，教育機関が伝統的な教育のコストを算出することも，eラーニングのコストを計算することと同じぐらい困難であるはずである。eラーニングが従来の対面教育や遠隔教育に比べて，低コストのモデルとなることができる条件は，次に挙げるような多様な例から導き出せるかもしれない。①オンライン授業をキャンパスでの授業に置き換える（どちらも並行して実施するのではない）こと，②学生同士の教え合いや自学自習の割合を高めるのを促進すること，③標準的なソフトや既存のソフトを使用すること，④教材の再利用と共有を増やすために，⑤オープンな標準と学習オブジェクトモデルを利用すること，⑥同じ努力を何度も繰り返さないようにすること，⑦コースの標準化を進めること，である。いずれの場合にも，組織の再編には，コース開発コストの削減，職員一人あたりの学生数の減少，もしくは，教室など施設の使用回数減少によるコスト削減が含まれるべきである。1クラスの規模やコースデザインに関する規範が，依然として大きな障害であると考えられる。

　コストばかりでなく，教育法について評価することも主要なテーマである。eラーニングは，実際対面による教育より（コストの無駄が少ない，つまりコスト効率が良いというよりは），同じコストで望ましい結果が得られる，つまりコスト効果が高いことを明らかにすることができた。オンライン授業を受講することにより学生の経験を全体的に強化することによって，この議論は支持されている。しかし，コスト効果について，必ずしも却下すべきでない主張であるとはいえ，別の議論をしていることになるであろう。

　ほとんどの調査対象の教育機関において，eラーニングの最大の財源は内部資金であるが，eラーニングの開発そのものは，（授業料収入よりも）政府やその他の非営利機関からの資金の恩恵を受けている。eラーニングを営利事業として提供するための明確かつ持続可能なビジネスモデルは，まだ出現していないし，これまでのところ成功事例より失敗事例の数の方が多いのである。高等教育におけるeラーニング開発において，「特別な」内・外からの資金調達が，顕著な特徴として残っている。このような扱いの

原因となっているのは，eラーニングが実験や研究に値する新しい活動であるという認識である。特に外部資金には持続可能性の問題があるので，現在では多くの教育機関が，一般に通常の内部資金と授業料の組み合わせ（これらのバランスは，プログラムの種類と国によってさまざまであるが）による「正常な」資金調達へ移行しようとしている。

◆政策上の課題

　全OECD加盟国（そして教育機関が置かれているすべての国）で，州政府や中央政府が，高等教育全般，とりわけeラーニングについて，戦略的な方向付けと財政的な支援に関する非常に重要な役割を果たしている。教育機関の自立性が非常に高く，教育機関の経営に対して行政の直接の役割が期待されていない国においてさえも，政府は，戦略的な資金提供や政策立案によって，教育機関のふるまいに影響を与える重要な役割を果たす。政府やその関連機関は，eラーニング開発を可能にする環境を創出し，eラーニングのすべてのメリットを教授するために何ができるのであろうか。

　いくつかの国々，とりわけ新興経済諸国においては，依然として基本インフラストラクチャをさらに整備する必要があり，政府は直接的，もしくは間接的にこの構造的投資に焦点を当てる必要がある。先進国ではインフラストラクチャへの投資は，過去に広く賞賛された。しかし，現在これらの国々は，eラーニングの利点を十分に活用するために必要な技術インフラストラクチャを欠いているわけではなく，むしろeラーニングのさらなる発展を促進するために，「よりソフトな」社会的，組織的，法的環境において，開発と変革が求められている。政府が立案する政策は，今やこれらの分野に集中すべきである。

　現状では，eラーニングを主流の学習法にする支援，そして，クラスルームにおけるeラーニングのインパクトを最大化する支援のための枠組み作りに，最優先で取り組むべきである。eラーニングの実践および実践から得られた知識は，ほとんどの場合，教育機関内部や複数の教育機関の間であまりに拡散してしまっており，たとえ成功事例や興味深い実験であっても，そのインパクトと目にみえる成果は限定されている。

　eラーニングがまだ新しく未成熟な活動であり，しかもすでに（教授法の変化というよりは，まず経営面での変化を通じて）学生の学習経験を全体として改善してきているとすれば，引き続き政府の資金提供の根拠となる。しかし，政府も教育機関も，eラーニングのコストと利益についてより明瞭に理解する必要がある。例えば，eラーニングが，コスト削減と品質向上の両方を引き受けてしまうこともあり得るが，これら2つの活動の潜在的な進行表は，似通ったものではないかもしれないのである。

端的にいって，eラーニングの進歩のためには，ナレッジマネジメントが極めて重要になってきている。行政には次のような対応が可能である。

- イノベーション（革新）を刺激するために，グッドプラクティス（とバッドプラクティスの教訓）を普及すること。努力の無駄な重複を回避すること。成功した実験を拡大すること。
- 教育機関レベルの進歩を保証するために，職員個人と職員グループ両者を対象とした適切な能力開発を奨励すること。
- 学習オブジェクトおよびそのほかの有望な教授法の革新に関する研究開発を支援すること。
- ベストプラクティスに関する不安を解消するために，eラーニングの知的財産権をめぐる課題を検討すること。
- eラーニングのコストを妥当な水準に保つため，ITプロバイダと教育機関との対話を促進し，官民の連携を支援すること。

　政策立案にあたって，政府は教育機関の自立性と多様性を考慮に入れ，細かいことまでいちいち指示する経営変革を回避すべきである。最も重要なポイントとして，政府は適切な開発スパンを採用すべきである。どのような能力開発政策においても，忍耐こそが鍵となる条件であり，忍耐強い政策によって，eラーニングには，長期的に高等教育をより良いものへと変革する的確な地位が与えられるであろう。

付録

付録 1　annex 1

OECD/CERI 調査の回答教育機関の組織

教育機関名	教育の提供方法 教育機関の地位 タイプ・指向性	規模	その他の特徴
青山学院大学 （日本）	キャンパス 非営利の私立機関 ビジネススクール（大学院研究科）	学生：約 150 人 教職員：約 70 人	●国際経営と国際金融の分野に特化 ●学生の大半は就労経験を持ち，基礎的な IT スキルを有する ●協力・連携やコンソーシアムに積極的
Asian Institute of Technology （タイ）	キャンパス 公的機関（政府間） 科学技術の専門学校（大学院）	学生：1,703 人 教職員：176 人	●生涯学習プログラムと，大学院相当のレベルの学位のみを発行 ●終身雇用の教員を持たない ●複数の国家と地域開発公社を資金源とする ●「地域の継続的発展に主導的な役割を果たす専門家」をターゲットとする ●地位の能力開発を行う ●協力・連携に積極的 ●海外で対面型授業を実施する
Carnegie Mellon University （米国）	キャンパス 非営利の公的機関 研究と教育	学生：約 8,500 人 教職員：約 1,400 人	●さまざまな学問分野を有する ●8,500 人の学生のうち，約 5,200 人が学部生 ●支部を持つ（サンフランシスコ周辺の Carnegie Mellon West と，ギリシャの Athens Institute of Technology Campus） ●海外の教育機関と積極的に協力・連携関係を結ぶ
京都大学 （日本）	キャンパス 公的機関（国立から独立行政法人へ移行する途上にある） 研究・教育	学生：約 22,000 人 教職員：約 2,800 人	●e ラーニングは発展の初期段階にある ●海外の大学と多くの交流協定を結ぶが，海外への対面型授業の提供やオンライン配信は行っていない
Monash University （オーストラリア）	キャンパス 公的機関 教育と研究	学生：約 49,500 人 教職員：約 2,500 人	●オーストラリアに 6，マレーシアに 1，南アフリカに 1，英国ロンドンに 1，イタリアのプラトに 1 つキャンパスを持ち，海外のプロバイダと多くの協力・連携関係やフランチャイズ契約を結ぶ ●「戦略的協力／連携関係」と「独立独歩」に経営上の重点を置く

教育機関名	教育の提供方法 教育機関の地位 タイプ・指向性	規模	その他の特徴
Multimedia Kontor Hamburg（ドイツ）	キャンパス 公的資金を受けたハンブルグの6大学が，eラーニングの開発を後押しするジョイントベンチャー 提供と調整を行うコンソーシアム	学生：62,545人 教職員：4,996人 (6大学の合計数)	2001年に始まったばかりであり，今なお「プロジェクト」の段階にある
University of British Columbia（カナダ）	キャンパス 公的機関 研究と教育	学生：約34,329（正規に在籍している学生［FTE］，あるいは総学生数。900人のフルタイムのFTEのうち，309人が完全なオンライン学生） 教職員：約4,600人（FTE，あるいは総数）	・(eラーニングを含めた)包括的なe戦略を有する ・およそ100人（そのうちFTEは10人）の自国で学ぶ海外の学生を有する（主に海外で勤務するカナダ人） ・海外での活動も行う。例として，協力・連携やジョイントによる修士課程プログラム
University of California, Irvine（米国）	キャンパス 公的機関 研究と教育	学生：約45,000人（このうち22,000人が生涯教育の学生） 教職員：1,700人	キャンパスは多くの留学生を有するが，海外の学生への配信は行っていない
University of Paris Nanterre（フランス）	キャンパス 公的機関 研究と教育	学生：31,000人 職員：1,500人	・学部課程・大学院課程教育，生涯教育，遠隔教育（全生徒数の約6％）を行う ・キャンパスは約100人の留学生を有する
University of Sao Paulo（ブラジル）	キャンパス 公的機関 教育・研究	学生：約72,867人 教職員：約5,700人	Sao Pauloに3つ，ブラジルのほかの都市に5のキャンパスを持つ
University of Zurich（スイス）	キャンパス 公的機関 教育と研究	学生：約22,400人 教職員：約2,000人	・キャンパスの学生の約10％が留学生。海外へのオンラインプログラムの提供はほとんど行っていない ・スイスでの国家的なeラーニングへの取り組みである「Swiss Virtual Campus」に参加

教育機関名	教育の提供方法 教育機関の地位 タイプ・指向性	規模	その他の特徴
University of Maryland University College (米国)	混合型 公的機関 教育	学生：約87,200人（大半は勤労社会人，パートタイムでの学習） 教職員：約2,500人	● 経営理念として起業家精神に力点を置く ● 有職成人教育への取り組み ● メリーランド州とワシントン州に23の拠点を有する。欧州，中東，東アジア，太平洋地域の米国軍事施設に150の拠点を有する。 ● 過半数が米国以外の学生
University of South Australia (オーストラリア)	混合型 公的機関 教育（柔軟で，国際的，産業領域に特化している）と研究	学生：21,383人（フルタイムの学生数） 教職員：1,311人（フルタイムの職員数）	● 全体の約20％が海外の学生 ● およそ40％の学生が成人 ● およそ20％の学生がパートタイム ● 複数の協力・連携関係に参加
FernUniversität Hagen (ドイツ)	遠隔 公的機関 遠隔教育（ICTとメディアの研究に特化）	学生：約56,000人（60％がパートタイム） 教職員：約980人	● 2002年は，学生の60％がパートタイムで，そのうち80％が就労者であった ● 1999年よりバーチャルユニバーシティへ移行する過渡期にある ● ドイツ以外の学生に対して開かれている（オーストラリア，スイス，ラトビア，ロシア，ハンガリーにもキャンパスを持つ）
Open Polytechnic of New Zealand (ニュージーランド)	遠隔 公的機関 主として教育（特に生涯学習・職業教育へのニーズに対応）と，公開学習・遠隔学習に関する研究	学生：約30,000人（大半がパートタイム） 教職員：約480人	●「学習者中心」で「個人に合わせた」「混合的」な学習機会の提供をねらいとする ● 学生の大半は有職者であり，学生の多くが成人やパートタイムの学習者
Open University of Catalunya (スペイン)	遠隔 非営利の私立大学（公的構想であるが，個々の構造は柔軟） 主として教育と若干の研究	学生：約31,360人 教職員：1,668人（大多数[1,438人]が非常勤職員や契約職員）	● ICTを完全に統合した遠隔教育 ● ねらいは，教育上のニーズや学習スタイルの多様性への対応 ● 複数の協力・連携に参与
Open University UK (英国)	遠隔 多くの自律性を持つ公的機関 主として教育だが，多くの専門分野で研究活動を行う	学生：73,000人（FTE）と，800人の博士課程在籍者 教職員：約1,860人（FTE）	● 285人の博士課程の学生を除き，すべての学生がパートタイム ● ねらいのひとつは，学習の機会の拡大（特に不利な立場にある人々に対して） ● 15％が自国で学ぶ海外の学生

教育機関名	教育の提供方法 教育機関の地位 タイプ・指向性	規模	その他の特徴
University of California, LA, Extension (USA extension)	遠隔 公的機関 （公的な研究大学の公開講座） 生涯学習	学生：56,256人（合計学生数），100,143人（総登録数：多くは専門資格取得を目的とする） 教職員：約2,000人	・生涯学習に特化 ・大学職員に関しては，UCLAの教員は5％のみであり，58％がおのおのの現場で教えている ・学生に関しては，94％が国内の学生で，6％が海外の学生である
Virtual University of Tec de Monterrey （メキシコ）	遠隔 非営利の私立大学の営利部門 教育と若干の研究	学生：12,483人＋67,778人（生涯学習と特別プログラムの学生数） 教職員：258人	・メキシコ，中南米，米国，欧州に，33のキャンパスと18の小規模キャンパスと，19の窓口を持つ ・「Virtual University」は大学のすべての設備を持ち，遠隔学習だけを提供する。修士課程プログラムや生涯学習プログラムの完全なオンライン配信を行ったり，学部生や大学院生を対象として衛星放送と組み合わせたオンライン配信を行う

付録2 annex 2

OECD / CERI 調査アンケート

はじめに

　OECDの研究へのご協力に感謝します。本研究は，高等教育以降の教育やトレーニングにおける，eラーニングの（利用に関する）国際的な動向とグッドプラクティスを調査することを目的としています。分析の対象とする教育機関は幅広い国々から選定しており，教育機関としてのタイプやeラーニングへのアプローチはさまざまです。本研究の総括的な結果は，調査に参加していただいた機関をはじめとして幅広く共有され，高等教育以降の教育に取り組む世界各地の教育機関に報告されます。

　この研究で重要なのは教育機関の調査です。この調査のねらいは，調査にご協力いただいた機関の情報を定量的・定性的に抽出することであり，次の8つの領域について尋ねます。

- 教育機関の戦略とeラーニングの多様な形式
- プラットフォームとインフラストラクチャ
- eラーニングへの学生のアクセス
- 教育と学習
- 学生と市場
- 職員と教材
- 資金調達と行政
- 組織改革，シナリオと障害

　この調査は，容易に質の高く詳細な回答が行えるよう工夫がなされています。これは，幅広い教育機関（例えば，キャンパスを拠点とする伝統的な教育機関や，遠隔教育のみの機関や，その両者に携わる教育機関）を対象にできる調査ツール構築への挑戦です。質問項目のなかには，必ずしもすべての機関に共通して該当しないものがあります。御機関には該当しない質問項目がありましたら，その旨解答欄に記入してください。

　また，教育機関内での取り組み自体が多様であっても結構です。eラーニングに関して重要なイニシアティブを取っているのは，中央部ではなく，個別の教員／学部／個人であるかもしれません。必要に応じて，機関全体の取り組みだけでなく各教員／学部／個人の取り組みについてもご回答ください。最も重要なのは，御機関でのeラーニングへの取り組みの全貌について，全体をバランスよく報告していただくことです。御機関が地理的に離れた土地に分散している場合には，全体について回答しているのか，あるいは（例えば，すべてのキャンパスに影響力を持つ全学的な方針からみれば）機関の一

部について回答しているのかを明記してください。

アンケートへの回答には時間がかかると思います。複数の人で取り組む必要もあるでしょう。それぞれの質問に指定された「回答の長さ」はありませんので，御機関の状況に合わせて回答してください。おおよその目安は，各質問項目に対して200〜300語です。いくつかの質問には，あらかじめ定められた数字で答えていただきます。その他，概数をご回答いただく質問もあります。

傍証となる文書のコピーをいただけますと幸いです。紙媒体か，オンラインの場合にはURLをお知らせください。

アンケートに記入していただく御回答に加えて，研究に参加したすべての教育機関の回答について議論する機会として，2004年4月にパリのOECDで2日間にわたるミーティングを開催したいと考えています。

御回答は機密書類といたします。御機関の御了承なしに，回答から機関が特定されることはありません。

定義

1) オンライン学習：本研究ではオンライン学習のタイプを定義するにあたり，以下のカテゴリを用いることとします。
- オンラインによる補完：例として，オンライン上のコースの概要や講義ノート，電子メールの利用，外部のオンライン教材へのリンク。
- オンラインに依存：学生はプログラムの「活動的」な箇所でインターネットを利用するが，クラスルームでの授業が大幅に削減されることはない。例として，オンラインによる討議，評価，オンラインによるプロジェクトや共同作業
- 混合型：学生は学修活動の一環として，オンライン討議，評価，オンラインによるプロジェクトや共同作業など，対面型授業や学習に一部取って代わるオンライン活動への参加を義務付けられる。キャンパスへの登校日数はさほど減少しない。
- 完全なオンライン型

なお，「オンライン学習」や「eラーニング」という語は，この調査を通じて同義語として扱います。

2) コース／プログラム：どのように提供し，またどのような言葉で表現するかは，各教育機関でさまざまです。「コース／プログラム」という語は調査を通じて一般的な意味で用いられています。我々は，分析の対象とするにはコースが最も適切な単位だろうと考えています。コースの分析によって，より大きなプログラム（例えば，学士課程のコース）を構成する各コース間でオンライン学習のあり方がどのように異なるかを捉えることができます。ただし，御機関にとって最も重要な事柄について回答してください

（何について述べているのかを明示してください）。

全般的な情報

御機関名 ....
主要なキャンパスの所在地 ....
御回答者の氏名と肩書き ....

　　コンテクストに関する情報の記入の際には，御機関の綱領（あるいはそれに相当するもの）を添付し，次の事柄について簡明かつ詳細に記述してください：（いずれのカテゴリにもあてはまらない場合には，選択肢を追加してご回答ください）

- 御機関の地位：公的機関，非営利の私立機関，営利目的の私立機関
- 教育の提供方法：キャンパスでの提供とのバランス，遠隔学習（テレビ，ビデオ，ラジオ，紙面，CD），遠隔オンライン学習，その他
- キャンパスの支部やフランチャイズ展開がある場合にはその詳細
- 学位の認定：例えば準学士，学士，修士，上級学位の証書，単位認定のないプログラム，その他
- 主要な学問分野：例えば人文科学，医学，社会科学，自然科学など
- 学生数（2002年と2003年のフルタイムの学生数）は下記に従って御回答ください（可能であれば，フルタイムとパートタイムの内訳，年齢構成，性別のバランスの内訳を示してください）
  - 博士課程
  - 修士課程
  - ほかの大学院課程
  - 学士課程
  - ほかの学部課程
  - その他

そして
  - 主にクラスルームでの授業
  - 主に遠隔（どのような遠隔学習の形態であれ）

そして
  - 国内の学生
  - 御機関の主要なキャンパスで学ぶ留学生
  - 自国で学ぶ海外の学生

- 大学職員の数（2002年と2003年のフルタイムの大学職員数）は次のように分類して示してください：

- 終身雇用の教員
- 特別研究員
- 非常勤職員
- ティーチングアシスタント

(この分類が御機関にあてはまらない場合には，適切な分類で御回答ください)
- 年間の授業料（2002年か2003年）をUSドルで御回答ください：自国の学部学生に対する授業料（課程によって授業料が異なる場合には，詳細を御回答ください）
- 2002年か2003年（あるいは最も最近）の収益について，次の財源の内訳にしたがって御回答ください：
  - 中央政府
  - 州政府
  - 授業料
  - 非政府的な補助金や助成金
  - 寄付金
  - その他

(この分類が御機関にあてはまらない場合，適切な内訳で御回答ください)

1. 戦略

1.1 御機関には，文書化された正式のオンライン学習戦略がありますか？
　　　はい □　　　いいえ □　　　開発中 □
　　　はい，ただし教員や学部にも，個別の局所的なeラーニング戦略があります □
　　　明確な戦略はありませんが，eラーニングはほかの戦略文書の中心にあります □

　　　中心的な戦略はありませんが，教員や学部には個別の局所的eラーニング戦略があります □
　　　御機関のeラーニング戦略文書（あるいはそれに相当する戦略文書）のコピーを同封してください。

御機関に中心的戦略がある場合，次にその戦略（あるいはそれに相当するもの）についてお尋ねします。もし中心的戦略がなくても教員レベルで何らかのeラーニング戦略がある場合には，その個別的な戦略についてお答えください（どちらについて言及しているのかも明示してください）。

1.2 戦略が初めにどのように文書化されたのか（例えば，書かれた時期，関与した人物，コンサルテーションを行った人物（助言した専門家））について教えてください（もし御機関が戦略を持たなくても，ほかの戦略の中心にeラーニングが位置づけられている場合，その戦略についてお答えください）

1.3 御機関のeラーニング戦略が開発された主な戦略原理について（学生や職員や競争上の優位性と関連付けて）教えてください。御機関の戦略が初めに書かれた当初に採用された戦略原理を中心にお答えください（中心的な戦略と，教員や学部が個別に持つeラーニングに特に関連した戦略の違いについても説明してください）

1.4 戦略が文書化されたあとに，本質的な改訂はありましたか？ もしあれば，なぜ改訂したのか，どの部分を変更したのか，どのように改訂のプロセスが進められたのかについて教えてください（例えば，関与した人物，コンサルテーションを行った人物）。この領域で意思決定をするにあたって，御機関にはどのような機構（例えば，委員会やライン部門管理など）がありますか？

1.5 eラーニング戦略やそれに相当する戦略は，御機関の使命や全般的な戦略計画とどのように関連していますか？

1.6 次のオンライン構成要素が，御機関が提供している現在のプログラムやコースに占める割合（％）はどのぐらいですか？ 3年前の状況と，3年後の予測についても大まかに教えてください。その割合は例えば，オンラインコースに登録しているフルタイムの学生数に基づいて計算することができます。
3年前　　　　　　　今　　　　　　　3年後
オンラインをまったく利用しないか，ごくわずかに利用
＿＿％　　　　　＿＿％　　　　　＿＿％
オンラインによる補完（オンラインによる授業，オンラインによる講義ノート，eメールの利用，外部のオンライン資源へのリンクなど）。
＿＿％　　　　　＿＿％　　　　　＿＿％
オンラインに依存：学生はカリキュラムの主要な活動においてインターネットの利用，すなわちオンラインによる討議・評価，オンラインによるプロジェクトや共同作業などを義務付けられるが，クラスルームでの授業時間が大幅に削減されることはない。

____％ 　　　　　　　　____％ 　　　　　　　　____％

混合型：学生は，科目の学修活動の一環として，オンラインによる討議・評価，オンラインによるプロジェクトや共同作業など，対面型授業や学修に一部取って代わるオンライン活動への参加を義務付けられる。キャンパスへの登校日数はさほど減少しない。

____％ 　　　　　　　　____％ 　　　　　　　　____％

完全なオンライン型

____％ 　　　　　　　　____％ 　　　　　　　　____％

1.7 御機関では，学問分野や課程によって（例えば，学部生と大学院生，入門クラスと上級クラス，単位認定の有無），e ラーニングの種類（オンラインによる補完，オンラインに依存，混合型，完全なオンライン型）のバランスに違いがありますか？

1.8 上記の均衡を長期にわたって発展させるにあたり，どのような計画がありますか。混合型の提供の発展は，慣習的な対面型の授業や設備にどのように影響しますか？

1.9 御機関は「オンライン学習コンソーシアム」やこの領域におけるほかの主要な協力／連携に参加していますか？　ここには，ハードウェアやソフトウェアの調達での協働，維持と運営，マーケティングやブランディングが含まれます。コンソーシアムや協力／連携の性格について概要を説明し，ほかにどのような組織が参加しているか教えてください。

1.10 1.9 の質問に関連して，御機関では e ラーニングの提供にまつわるインフラストラクチャやメンテナンスや運営を委託していますか？　もし委託を行っている場合には，その理由と体制について概説し，現在までのアウトソーシングの経験についてご意見をください。

2. プラットフォームとインフラストラクチャ

2.1 学習を目的としたキャンパスネットワーキングの計画はありますか？　特に，現在学生がキャンパスで学習する際に利用可能な，主要なネットワーキング技術（例えば，イーサネット，無線，光ファイバー接続）は何ですか？　キャンパスでネットワークに接続しているのはそれぞれおよそ何割ですか？　この状況は今

後3年間でどのように変化すると思いますか？　変化の誘引となるのは何ですか？　ネットワークのインフラストラクチャがないことは，御機関のオンライン学習の発展にとって重大な障害でしょうか？

2.2　御機関ではオンライン「学習管理システム」（例えば，BlackboardやWebCT）を導入していますか？

2.2.1　教員が使用　　　　　　　　　　**2.2.2**　全学的に使用
Blackboard　　　　　　☐　　　　　Blackboard　　　　　　☐
Lotus Learning Space　☐　　　　　Lotus Learning Space　☐
WebCT　　　　　　　　☐　　　　　WebCT　　　　　　　　☐
オープンソースシステム　☐　　　　　オープンソースシステム　☐
名称＿＿＿＿＿＿＿＿＿＿　　　　　　名称＿＿＿＿＿＿＿＿＿＿
その他　　　　　　　　☐　　　　　その他　　　　　　　　☐
名称＿＿＿＿＿＿＿＿＿＿　　　　　　名称＿＿＿＿＿＿＿＿＿＿
インハウスシステム　　☐　　　　　インハウスシステム　　☐
名称＿＿＿＿＿＿＿＿＿＿　　　　　　名称＿＿＿＿＿＿＿＿＿＿
開発中　　　　　　　　☐　　　　　開発中　　　　　　　　☐

2.3　LMSを選んだ理由と利用状況についてご意見をください。今後変更する予定はありますか？　どの程度LMSは御機関のeラーニングで中心的なものですか？大体どのぐらいの割合のFTEの大学職員が定期的にLMSを使用していますか？（もしLMSではなくほかの方法で組織的なオンライン配信が行われている場合には，その詳細を教えてください）。

もし御機関でLMSを重用していない場合，次のLMSに関連する質問（2.4〜2.6）には答えなくて結構です。もしLMSに相当するプラットフォームについてご意見をいただける場合には，ぜひお願いします。

2.4　御機関のLMSの機能性についてご意見をください。御機関で使っているプラットフォームは，授業のスタイルや学習スタイルに合わせたカスタマイズが可能ですか？

2.5　LMSは御機関で使っているほかのアプリケーション（例えば，学生の成績，財務，在籍者データ）にどの程度統合されていますか？　統合の結果として，どのよう

な問題点が浮上しましたか？

2.6 御機関でのLMSにまつわる活動はどのように組織化されていますか？　ツール選択，コンテンツ作成，ポスティング，メンテナンスに関して，中央からの統制と教員や学部やその他個別的な統制との間のバランスはどうですか？　そのバランスの長所と短所は何ですか？　将来的にそのバランスを変更する計画はありますか？

2.7 学生ポータルシステムがありますか？　機能と範囲などの規模はどのぐらいですか？　今後3年間にどのように変化すると思いますか？　その変化の誘引は何でしょうか？

2.8 御機関でeラーニングを支援するために広範に使われているツールやプラットフォーム（例えば，インスタントメッセージ，手持ちサイズのコンピュータなど）についてご意見をください。なぜそれが採用されたのですか？　また，どのように使われていますか？

2.9 入学の許可，登録，学費支払い，学生や教員による購買などの管理業務は，どの程度オンラインに移行していますか？　学生と教員が今，管理業務に関して完全にオンラインで行えることは何ですか？　今後3年間でどのように変化すると思いますか？　その変化の誘因は何でしょうか？

2.10 学習上のシステムと管理上のシステムはどの程度統合されていますか？　換言すると，御機関には学問面と管理面の両方を含めた包括的な「e戦略」がありますか？　第三者のERPシステムへの投資による統合を目指していますか？　もしそうであれば，詳細について教えてください。システム統合の試みにまつわる利点と欠点は何ですか？

3．eラーニングへの学生のアクセス

3.1 学生や職員によるコンピュータやネットワークの利用に関して，御機関にはどのような方針がありますか？　全学生にコンピュータの所有を義務化していますか？　施策や，その背後にある考えや，現在までの効果について詳細に教えてください。教員や学部で個別の施策がありますか？

3.2 現在，御機関にあるパソコンの割合は学生と比べてどのぐらいだと推定されますか？　例えば，学生10人につき1台，のようにお答えください（この質問は，機関で購入したパソコンに関してのみお答えください。学生が個別に購入したものに関しては回答しないでください）。また，3年前の状況と，3年後の予測についてもお答えください。具体的な数値が教員や学校側で把握されている場合には，内訳に沿って記入してください。

3年前		現在		3年後		
1+:1	☐	1+:1	☐	1+:1	☐	
1:1	☐	1:1	☐	1:1	☐	
1:2	☐	1:2	☐	1:2	☐	
1:3-5	☐	1:3-5	☐	1:3-5	☐	
1:6-10	☐	1:6-10	☐	1:6-10	☐	
1:11-15	☐	1:11-15	☐	1:11-15	☐	
1:16-20	☐	1:16-20	☐	1:16-20	☐	
1:21-50	☐	1:21-50	☐	1:21-50	☐	
1:51+	☐	1:51+	☐	1:51+	☐	1:____

3.3 次に，コンピュータの台数と学生数の比率について，学生個人で購入したコンピュータの台数を含めてご回答ください。具体的な数値が教員や学校側で把握されている場合には，内訳に沿って記入してください（ここでも3年前の状況と3年後の予想を記入してください）。

3年前		現在		3年後		
1+:1	☐	1+:1	☐	1+:1	☐	
1:1	☐	1:1	☐	1:1	☐	
1:2	☐	1:2	☐	1:2	☐	
1:3-5	☐	1:3-5	☐	1:3-5	☐	
1:6-10	☐	1:6-10	☐	1:6-10	☐	
1:11-15	☐	1:11-15	☐	1:11-15	☐	
1:16-20	☐	1:16-20	☐	1:16-20	☐	
1:21-50	☐	1:21-50	☐	1:21-50	☐	
1:51+	☐	1:51+	☐	1:51+	☐	1:____

3.4 コンピュータラボ，機関で購入したポータブルコンピュータ，学生個人で購入したコンピュータのバランスを教えてください。eラーニングの利用の増加はこの

バランスにどのように影響しましたか？　またそこから，長期的な戦略に関して何がいえますか？　具体的な数値が教員や学校側で把握されている場合には，内訳を示してください。

3.5 学生がキャンパス外から利用できるネットワーク設備は何ですか？　キャンパス外の学生に対するネットワークサービスにはどの程度注力していますか？　こうした配置は今後3年の間に変わりそうですか？　変化の誘因は何ですか？

4. 教育と学習

4.1 eラーニングの増加によって御機関の「教育と学習」にどのようなインパクトがありましたか？　特に，学生の満足度，教育と学習へのアプローチ，学生数の維持と獲得に関して，どのようなインパクトがありましたか？　論拠についても詳細を教えてください。

4.2 経験的に，どの学問分野や，プログラムの種類やレベルや，学習活動がeラーニングに最適ですか？　必要に応じて，eラーニングの種類（前述のオンラインによる補完，オンラインに依存，混合型，完全なオンライン型）で区別をしてください。

4.3 eラーニングの導入を決定するのは誰ですか？　御機関ではどの程度eラーニング教育に対して，教員主導や学部主導や個々の教員の好みによってではなく，「中央集権的」にアプローチしますか？　現在の「パワーバランス」についても教えてください。

4.4 オンラインでの学習に関して，御機関では学生に特別な支援や指導を（例えば，ITリテラシプログラムの一環として）行っていますか？　行っている場合には，詳しい内容を教えてください。行っていない場合には，eラーニング利用の拡大に対して学生はどのように順応しているのかに関して，印象をお答えください。

4.5 御機関では，教授や学習においてeラーニングの利用拡大によるインパクトに関して正式な評価を行っていますか？　行っている場合，方法論を詳細にお答えください。また，主要な報告書のコピーを添付してください。

4.6 eラーニング利用の拡大によって，御機関のコストの面ではどのような影響があ

りましたか？ eラーニングの利用拡大によって，コースの開発や配信コストは全般的に増加しましたか？ あるいは，さらなる長期的な開発コストの増加を埋め合わせましたか？ または，開始当初からのコストを埋め合わせましたか？ 御機関における現在の方針と実践について概要を記述してください。

4.7 eラーニングの利用の増加によるコストへの影響（増加，削減，その他）は，授業料に影響しましたか？

4.8 御機関には学習オブジェクト（LO）の開発を支援する戦略がありますか（ある場合には詳しく教えてください）？ 再利用可能な学習オブジェクトのレポジトリがある場合には，URLを教えてください。学習オブジェクト開発に関して直面している問題は何ですか？ LO戦略が作られた理由は何ですか？ 国際的な相互運用性の規格（例えば，IMSやSCORM）を採用していますか？

4.9 eジャーナルやeブックの利用についてどのような戦略を持っていますか？ 印刷形態のジャーナルや本の購入に関する戦略にはどのように影響していますか？ 今後3年の間にどのように変化すると思いますか？ 変化の誘因は何ですか？

5. 学生と市場

5.1 現在の，御機関のオンラインモジュール／プログラムに参加している総学生数（フルタイムに相当する）について，最も近いと思われるものをお答えください。「オンラインに依存」「混合型」「完全なオンライン型」の分類に従ってお答えください（1,000人以上の学生がいる場合には，正確な人数をお答えください）。

　モジュールとは，より大きなプログラムのなかの個別のコースや単位を指します。例えば，学位のプログラムのなかのひとつのモジュールは「オンラインに依存」であっても，残りのモジュールは対面型である可能性があります。「学位レベルの資格」と「学位」カテゴリは，プログラムが全体として「オンラインに依存」「混合型」「完全なオンライン型」のいずれかであることを示しています。
※単位取得目的だけでなく，聴講の受講者数も含めること

学部科目	学部レベルの資格	学士号（修了や学位）
0 ☐	0 ☐	0 ☐
1-10 ☐	1-10 ☐	1-10 ☐
11-20 ☐	11-20 ☐	11-20 ☐
21-49 ☐	21-49 ☐	21-49 ☐

50-99 ☐	50-99 ☐	50-99 ☐
100-199 ☐	100-199 ☐	100-199 ☐
200-299 ☐	200-299 ☐	200-299 ☐
300-499 ☐	300-499 ☐	300-499 ☐
500-999 ☐	500-999 ☐	500-999 ☐
1,000 + ☐	1,000 + ☐	1,000 + ☐
大学院科目	大学院レベルの資格	修士号（修了や学位）
0 ☐	0 ☐	0 ☐
1-10 ☐	1-10 ☐	1-10 ☐
11-20 ☐	11-20 ☐	11-20 ☐
21-49 ☐	21-49 ☐	21-49 ☐
50-99 ☐	50-99 ☐	50-99 ☐
100-199 ☐	100-199 ☐	100-199 ☐
200-299 ☐	200-299 ☐	200-299 ☐
300-499 ☐	300-499 ☐	300-499 ☐
500-999 ☐	500-999 ☐	500-999 ☐
1,000 + ☐	1,000 + ☐	1,000 + ☐

5.2 御機関のオンラインでの提供に関して，学部生と大学院生，短期的プログラムと長期的プログラム，単位認定と聴講の間の関心のバランスについてコメントしてください。例えば，ｅラーニングは学部生よりも大学院生に対して多く取り入れられていますか？

5.3 御機関では，ｅラーニングの利用が等しく普及しましたか？　あるいは，一部の教員・学部・コースに対して集中的に普及しましたか？　詳しくご回答ください。

5.4 御機関では，「伝統的」な学生と「非伝統的」な学生のどちらがｅラーニングを利用するようになっているかどうかに関して，何らかの兆候がありますか？　ご意見をください（「非伝統的学生」とは，学問に対する準備態勢があまりない学生のことを指します。ほかの種類の学生については次の質問でお尋ねします）。

5.5 御機関では，特定の性別や民族や年齢層でｅラーニングの利用が拡大しているかどうかに関して，何らかの兆候がありますか？　ご意見をください。

5.6 フルタイムの学生とパートタイムの学生のバランスに対して，eラーニングの利用の拡大はどのような影響を及ぼしていますか？ 同様に，eラーニングの利用の拡大は標準的な学生生活である物理的なキャンパス（が御機関に該当する場合には）にどのような影響を与えましたか？

5.7 御機関で「オンラインに依存／混合型／完全にオンライン型」のモジュールやプログラムを履修している学生のうち，海外の学生（例えば，自国で遠隔の提供を受けている）の割合はどのぐらいですか？ 具体的な数値が不明な場合にはできる限り近い推定値でお答えください。海外の学生が多い特定の学問分野や特定の課程（例えば，学部生よりも大学院の方が多い）はありますか？ 御機関が海外に向けて対面型の配信を行い，オンラインでの学習を補完している場合は，その詳細についても説明してください。

5.8 御機関が国外の学生に対してオンライン配信を行っている場合，学生サポートはどのように行われていますか？ 例えば，サポートはすべて遠隔で行われたり，地域によっては対面によるサポートが行われますか？

5.9 御機関が海外の学生に対してオンライン配信を行っている場合，主な教訓は何ですか（例えば，マーケティングや，地方化，地方条例，品質保証，学生サポートに関して）？

5.10 御機関が海外の学生にオンライン配信を行っている場合，どこが主要な市場ですか？（列挙してください。）

5.11 国内外両方の学生に関して，eラーニングへ投資することによって機関としての競争力（例えば，学生の募集や出願者の力量）が得られた証拠はありますか？ コメントをお願いします。

6. 職員と教材

6.1 教員によるeラーニング利用の支援を目的として，御機関で行われている職員開発（スタッフディベロップメント：SD）について詳しく説明してください。どのような内容で，誰が指導を行い，教員のうちどのぐらいが参加していますか？

6.2 御機関での職員開発に関する実践から得られた主要な「教訓」について，大まか

に説明してください。例えば，参加が最適な教員，含められるべき内容，職員開発後のフォローアップのあり方などについて記述してください。

6.3 御機関では，eラーニングを取り入れることがスタッフ定員数にどのように影響しましたか？ さまざまな職員（例えば，インストラクショナルデザイナ，ウェブ専門家）が必要になりましたか？ 教員と大学院生助手間での分業に何らかの変化がありましたか？ ご回答ください。

6.4 御機関では，教員とほかの職員（技術者，インストラクショナルデザイナ，図書館職員）の連携のために，特定の戦略が考案されましたか？ もし考案されていれば，詳しく説明してください。

6.5 御機関は，MERLOTやeduSplashのようなeラーニング教材を作成する協働的グループに参加していますか？ 参加している場合，どのグループに参加していますか？ それは有用な戦略ですか？ 参加していない場合，参加しない理由は何ですか？

6.6 御機関では，機関内でeラーニング教材に関する共同や共有を行う仕組みを確立していますか？

6.7 教員はどの程度，WebCTやBlackboard e-packのような，既製のコースパックを利用していますか？

6.8 御機関で作ったオンライン教材を外部の者でも利用可能にするための方針はありますか？ 詳しく説明してください。それはどのような教材で，無料で使えるものですか？

6.9 御機関ではインストラクタや教員の知的財産権や教材の著作権の問題をどのように扱っていますか？

7. 資金調達と行政

7.1 御機関にeラーニングを発展させるための特別な財源が（例えば，政府や基金や企業から）ある場合，それについて詳しく説明してください。資金の量や，出資の期間や，目的は何ですか？

7.2 御機関には学部や個人がeラーニングを発展させるために使える「特別基金」がありますか？ ある場合には，詳細を教えてください。

7.3 全般的に，御機関ではeラーニング開発はどのぐらい特別な資金調達源（内部・外部問わず）から独立していますか？ 御機関には，eラーニングの開発に対して特別な財源を使わない継続的な資金供給を保証する戦略がありますか？ コメントをお願いします。

7.4 御機関では，すべてのコストを回収するオンラインプログラム（例えば，経営幹部育成）とほかの提供の間で内部補助を行った例がありますか？ ある場合には，こうした内部補助がオンライン学習に関する御機関の全体的な方針のなかにどのように位置づけられているのかについて，詳しく説明してください。

7.5 近年のeラーニングの発展のなかにあって，高等教育機関を支援する際に貴国の州政府や中央政府が持つ役割について，御機関の見解をお聞かせください。政府の戦略や資金援助は有用ですか？

7.6 貴国のどの州政府や中央政府がeラーニング戦略を向上させているかについて，御機関の見解をお聞かせください。

8．組織改革，シナリオと障害

上記の質問の多くでは，組織的な変化や将来的な計画や発展における障害に関する問題に触れてきました。最後の設問では，これまでの問題についてより広範にお尋ねします。また，御機関が重要と考えるほかの変化についてもお尋ねします。

8.1 eラーニングの利用拡大に伴って御機関で起こった組織改革は，主としてどのようなものでしたか？ 概要を教えてください。変化は完成したかもしれないし，進行中かもしれないし，兆しがみえはじめた状態かもしれません。これらの変化を引き起こすために，御機関はどのようなメカニズムを導入したのですか？

8.2 オンライン学習の発展に関する，御機関の将来的な計画に関して概要を教えてください。現在の戦略と，御機関の現在の方向性を変える可能性のあるほかの要因（例えば，政策や政府からの資金援助の変化，学生の変化，科学技術の発展）を考慮に入れて，ご回答ください。

8.3 御機関でオンライン学習をさらに発展させるにあたり，主な障害として考えられるものは何ですか？

付録 3　annex 3

OBHE survey, 2004

セクション A：Cover Sheet

　　機関名と国名 ....
　　回答者の地位 / 役職 ....
　　全日制学生数（academic year 2002 / 03） ....
　　常勤教員数（academic year 2002 / 03） ....
　　年間予算（academic year 2002 / 03）
　　（米ドル換算） ....

セクション B：オンラインラーニングの戦略とポリシー

1　あなたの個人的展望から（あるいは調査をまとめた方々のコンセンサスで）下記の文章についてあなたの意見を相当する番号を丸で囲んでお示しください。：
　　KEY：①強く同意　②同意　③わからない / ことと次第による
　　　　　④反対　⑤強く反対

a) 私の機関では，オフキャンパスでのオンラインラーニング（遠隔学習）が，今後 5 年以内に主要な役割を演じる

　　①　　　　②　　　　③　　　　④　　　　⑤

b) 私の機関では，ほかの形態の遠隔学習（例えば，プリント，ビデオ）が将来重要になる

　　①　　　　②　　　　③　　　　④　　　　⑤

c) 私の機関では，キャンパスに通う代替手段としてのオンラインラーニングに，学生の強い要望がある

　　①　　　　②　　　　③　　　　④　　　　⑤

d) 私の機関では，キャンパスに通う形態を拡張するオンラインラーニングに，学生の強い要望がある

　　①　　　　②　　　　③　　　　④　　　　⑤

e) 私の機関では，今後 5 年間でオンラインラーニングがオンキャンパスの学習を大きく拡張する

　　①　　　　②　　　　③　　　　④　　　　⑤

f) 私の機関の教員は，一般にオンラインラーニングに熱心である

　　①　　　　②　　　　③　　　　④　　　　⑤

g) 私の機関の教員は，一般にオンラインで教える準備が十分整っている
① ② ③ ④ ⑤

h) 一般に私の機関で用いられた設計原理では，少なくともいくつかの形態のオンライン形式が，伝統的な対面教育での同等の形式に比べ（機関にとって財政面で）明らかに経済的である
① ② ③ ④ ⑤

2 あなたの視点で，以下の情報技術が，あなたの機関で今後 <u>3 年の間</u>にどのぐらいの重要性を持つかについて，示してください。5 段階で評定してください。「5」は非常に高い重要性,「4」は高い重要性,「3」は中程度の重要性,「2」は低い重要性,「1」は非常に低い重要性を表します。

遠隔学習のオンライン提供の開発 ＿＿＿
キャンパスを中心としたの学生の補完としてのオンライン提供の開発 ＿＿＿
教員のための IT 開発とサポートの改善 ＿＿＿
技術スタッフの採用と維持 ＿＿＿
インストラクショナルデザイナの採用と維持 ＿＿＿
キャンパス技術基盤のアップグレード ＿＿＿
パソコンとソフトウェアのアップグレード ＿＿＿
教育学務 IT サービス / システムのよりよい統合 ＿＿＿
IT 基盤のアウトソーシングの拡大 ＿＿＿

3 あなたの機関では全機関規模の「オンライン教育戦略」あるいは類似のものを持っていますか？
☐ はい　　　　☐ いいえ　　　　☐ 策定中
☐ いくつかの学部 / 部門で独自のオンライン教育戦略を持っている
☐ はい，しかし単一の包括的な文書ではなくオンラインラーニングに関するさまざまな観点での異なる戦略文書を持っている
☐ はい，しかし単一の包括的な文書として示されたものではなく，ほかの戦略（例えば，教育学習，人材など）に統合されたオンラインラーニングの観点だ。
あなたの回答が「はい」もしくは「はい，しかし」でなければ，質問 5 に進んでください。

4 もしあなたの質問 3 に対する回答が「はい」もしくは「はい，しかし」であったら，以下のオンラインラーニングを進める根拠についてあなたの機関の優先度を,「5」

非常に高い優先度,「4」高い優先度,「3」中程度の優先度,「2」低い優先度,「1」非常に低い優先度で示しなさい。

遠隔学習の拡張　　　　　　　　　　　　　　　　　　　　＿＿＿
地域ビジネス・経済開発の支援　　　　　　　　　　　　　＿＿＿
新規国際教育市場への参入　　　　　　　　　　　　　　　＿＿＿
既存の国際教育市場の防衛　　　　　　　　　　　　　　　＿＿＿
新たな法人顧客の追求　　　　　　　　　　　　　　　　　＿＿＿
既存法人顧客の保護　　　　　　　　　　　　　　　　　　＿＿＿
地方の露出の少ないグループに対するアクセスの拡大　　　＿＿＿
身障者へのアクセス　　　　　　　　　　　　　　　　　　＿＿＿
オンキャンパスでの教育学習の質的向上　　　　　　　　　＿＿＿
オンキャンパス学生に対するフレキシブルな配信の改善　　＿＿＿
長期的な教育コストの削減　　　　　　　　　　　　　　　＿＿＿
ほかの機関との協調の支援　　　　　　　　　　　　　　　＿＿＿
競争力の維持　　　　　　　　　　　　　　　　　　　　　＿＿＿
ほかの項目があれば詳細を記述してください。

＿＿＿＿＿＿＿＿＿＿＿＿＿＿＿＿＿＿＿＿＿＿＿＿＿＿＿＿＿＿＿＿

質問6に進んでください。

5　質問3の回答が「いいえ」(すなわち,あなたの機関がオンラインラーニングに関して全機関規模の戦略文書を持っていないか,あるいはほかの文書に類似の戦略を持っていない)であれば下記に回答してください。:

我々の教職員／学生・志願者の間ではオンラインラーニングについての目に見える要求は少ない　☐
オンラインラーニングは現在のところ私の機関では主要分野としては適当ではない　☐
ボトムアップあるいは部門主導型のアプローチがされている　☐
オンラインラーニングを成功裏に展開するための基盤は,現時点では私の機関の資金力を超えている　☐
オンラインラーニングは技術としても学習メディアとしても立証されていない　☐
ほかの課題が切迫している(例を挙げてください)　☐
その他(説明してください)

＿＿＿＿＿＿＿＿＿＿＿＿＿＿＿＿＿＿＿＿＿＿＿＿＿＿＿＿＿＿＿＿

6 あなたの機関では以下のどれが該当しますか：
(a) 全機関規模で実施中
(b) 12 か月以内に全機関規模で実装予定
(c) 今後 5 年以内に全機関規模で実施予定
(d) 1 つあるいは複数の部門で実施中
(e) 現時点では戦略的優先度はない
a, b, c, d, e の適当なものを記入してください：
a) オンラインラーニングの主要な要素をカリキュラムの大部分に統合　────
b) オンラインラーニングを遠隔教育のために使用　────
c) 学習管理プラットフォームの実装（例えば，Blackboard / WebCT）　────
d) ポータルシステムの実装　────
e) オープンソースアプリケーションの本格利用への転換（例えば，Linux）　────
f) 国際相互運用基準への準拠（例えば，IMS，SCORM）　────
g) コンテンツ管理システムの実装（言い換えると再利用可能なラーニングオブジェクトのリポジトリ）　────
h) 本質的に異なる学習と学務の IT システムの統合（言い換えると新システムの調達あるいはレガシーシステムの統合）　────
i) IT 機能の大幅なアウトソーシングへの転換　────
j) IT 調達／サポートの 1 つ以上の機関との共有　────
k) オンラインジャーナルや e ブックへのキャンパス図書館のアクセスに対する本質的な投資　────
l) E コマース設備（例えば，学生／教員のオンライン注文，支払い）　────

7 あなたの機関では：
a) すべての学生にコンピュータを所有することを指示する公式な方針がある（装置の支払いが機関か学生かを問わず）
　☐ はい　　　　☐ いいえ　　　　☐ UP*
b) 学生にコンピュータ購入の助成金を提供している
　☐ はい　　　　☐ いいえ　　　　☐ UD*
c) 学生の IT リテラシについての最低基準を運用している
　☐ はい　　　　☐ いいえ　　　　☐ UD*
d) 教員がオンライン教育・学習を展開するための公式なインセンティブを提供し

ている
- ☐ はい ☐ いいえ ☐ UD*

e) 教員にオンラインツールと技法に関する公式の訓練を提供している
- ☐ はい ☐ いいえ ☐ UD*

f) 教授技術に関して重点的に取り組む中央/周辺の組織がある
- ☐ はい ☐ いいえ ☐ UD*

G) オンラインラーニングが学生/教員の経験に与える影響についての公式な評価を実施している
- ☐ はい ☐ いいえ ☐ UD*

h) オンラインラーニング教材，資源に関する知的財産権についての公式な方針を持っている
- ☐ はい ☐ いいえ ☐ UD*

（*UD＝開発中）

Section C：オンラインラーニングのための基盤

このセクションではあなたの機関の主キャンパス（ひとつもしくは複数）についてのみうかがいます。いかなる海外のキャンパス，分室についても除外してください。

8 あなたの機関ではオンライン「学習管理システム」（例えば，Blackboard，WebCT）を配備していますか？　この質問は<u>教員個人/部門</u>による使用に関してのものです。いくつかの学部/部門で使用（相当するものを選んでください）：

Blackboard	☐
Lotus Learning Space	☐
WebCT	☐
オープンソースシステム（下記に名称を書いてください）	☐
その他（下記に名称を書いてください）	☐
インハウスシステム（下記に名称を書いてください）	☐
検討中	☐
私の機関ではオンライン学習管理システムは採用されていない	☐

もし，その他であれば詳細を教えてください

---

9 あなたの機関ではオンライン「学習管理システム」（例えば，Blackboard，WebCT）が実装されていますか？　この質問は全機関規模での使用に関するものです。

私たちは全機関規模のシステムを実装しています（該当するものすべてにチェックをしてください）
Blackboard ☐
Lotus Learning Space ☐
WebCT ☐
オープンソースシステム（下記に名称を記述してください） ☐
その他（下記に名称を記述してください） ☐
インハウスシステム（下記に名称を記述してください） ☐
検討中 ☐
私の機関ではオンライン学習管理システムは使われていません ☐
もしその他，何かあれば詳細をお書きください

10 あなたの最も高い見積もりによると，あなたの機関で現在提供されているプログラム／コースの何パーセントが以下のオンライン構成要素を含んでいますか？
a）まったくあるいはほとんどオンライン提供がない ＿＿＿％
b）わずかにオンラインで提供
（例えば，コース概要，講義ノート，外部リソースへのリンク，電子メール）
＿＿＿％
c）かなりオンラインで提供
（例えば，オンライン討論，評価ツール，協調プロジェクト作業などプログラムの重要なアクティブ要素がオンラインであるが対面授業時間の大幅な削減はない）
＿＿＿％
d）ウェブに依存（例えば，オンライン討論，評価ツール，協調プロジェクト作業などプログラムの重要なアクティブ要素がオンラインであり，対面授業時間が大幅に削減されている） ＿＿＿％
e）完全にまたは非常に多くがオンライン実施されている ＿＿＿％
合計 100％

11 あなたの機関の現在の学生1人あたりのパソコン台数は，多く見積もって何台ですか？
　　例えば，比率は学生10人当たり1台のコンピュータ（この質問は機関の所有するパソコンに関するものであり，学生の所有するコンピュータではない。― 少なくとも学生の所有するコンピュータが正式な機関の所有形式の一部でない限り。「パ

ソコン」は学生の学習を支援するために設計された高級なハンドヘルドコンピュータを含む。)

1+:1	☐	1:11-15	☐
1:1	☐	1:16-20	☐
1:2	☐	1:21-50	☐
1:3-5	☐	1:51+	☐
1:6-10	☐		

12 もし学生の所有するコンピュータを独立に含む場合,あなたの機関での学生1人あたりコンピュータ比率を示してください

1+:1	☐	1:11-15	☐
1:1	☐	1:16-20	☐
1:2	☐	1:21-50	☐
1:3-5	☐	1:51+	☐
1:6-10	☐		

13 あなたの機関では無線 LAN を運用していますか?
☐ はい ― 全機関規模です　　☐ はい ― 機関の一部です
☐ いいえ　　　　　　　　　　☐ 検討中

14 あなたの機関では遠隔地の学生に連絡するために衛星技術を使用していますか?
☐ はい　　　　☐ いいえ　　　　☐ 開発中

15 あなたの機関がインターネットに接続している場合,基幹接続の最高速度はどのくらいですか。bps でお答えください (例えば,あなたの接続は 1Gbps か 64kbps か)。もしあなたの機関が複数キャンパスの場合,提供されている最も速い基幹接続を答えてください。下記の四角のなかに基幹接続速度ともっと一般的なキャンパスでの接続速度をどのくらいか対比させて示してください。
最高速度:＿＿＿＿＿＿＿＿ bits per second
☐ 私の基幹はインターネットに接続されていません

セクションD：プログラムと構想 — 遠隔eラーニング

本セッション「オンラインモジュール／プログラム」では，質問10で使われた「ウェブ依存」あるいは「完全オンライン」のカテゴリに該当する学習プログラムについて述べる。それらは：

- ウェブ依存（例えば，オンライン討論，評価ツール，協調プロジェクト作業などプログラムの重要なアクティブ要素がオンラインであり，対面授業時間が大幅に削減されている）
- 完全にまたは非常に多くがオンライン実施されている

ほかのプログラムの詳細は含まないでください。「モジュール」とは1つか2つのコースが「ウェブ依存」か「完全にオンライン」であり，ほかのコースはほとんどあるいはまったくオンライン要素を含まない大きなプログラムのなかの個々のコースのことである。「short awards」と「学士／修士の学位」のカテゴリは，Award／学位全体が「ウェブ依存」か「完全オンライン」であるもののみである。

16 本セクション冒頭の定義によれば，現在あなたの機関で提供されているオンラインモジュール／プログラムの総数は最も多く見積もってどのくらいですか？

学部科目		学部の短期プログラム		学士課程（学位認定など）	
0	☐	0	☐	0	☐
1–3	☐	1–3	☐	1–3	☐
4–7	☐	4–7	☐	4–7	☐
8–12	☐	8–12	☐	8–12	☐
13–20	☐	13–20	☐	13–20	☐
21–49	☐	21–49	☐	21–49	☐
50–100	☐	50–100	☐	50–100	☐
101–200	☐	101–200	☐	101–200	☐
200＋	☐	200＋	☐	200＋	☐
大学院科目		大学院の短期プログラム		修士課程（学位認定など）	
0	☐	0	☐	0	☐
1–3	☐	1–3	☐	1–3	☐
4–7	☐	4–7	☐	4–7	☐
8–12	☐	8–12	☐	8–12	☐
13–20	☐	13–20	☐	13–20	☐
21–49	☐	21–49	☐	21–49	☐

50-100 ☐	50-100 ☐	50-100 ☐
101-200 ☐	101-200 ☐	101-200 ☐
200+ ☐	200+ ☐	200+ ☐

17 本セクション冒頭の定義によれば，そのようなオンラインモジュール／プログラムに現在登録されている学生の総数（FTE）は最も多く見積もって何人ですか？もし正確な数字をご存知なら示してください。

学部科目	学部の短期プログラム	学士課程（学位認定など）
0 ☐	0 ☐	0 ☐
1-10 ☐	1-10 ☐	1-10 ☐
11-20 ☐	11-20 ☐	11-20 ☐
21-49 ☐	21-49 ☐	21-49 ☐
50-99 ☐	50-99 ☐	50-99 ☐
100-199 ☐	100-199 ☐	100-199 ☐
200-299 ☐	200-299 ☐	200-299 ☐
300-499 ☐	300-499 ☐	300-499 ☐
500-999 ☐	500-999 ☐	500-999 ☐
1 000+ ☐	1 000+ ☐	1 000+ ☐
大学院科目	大学院の短期プログラム	修士課程（学位認定など）
0 ☐	0 ☐	0 ☐
1-10 ☐	1-10 ☐	1-10 ☐
11-20 ☐	11-20 ☐	11-20 ☐
21-49 ☐	21-49 ☐	21-49 ☐
50-99 ☐	50-99 ☐	50-99 ☐
100-199 ☐	100-199 ☐	100-199 ☐
200-299 ☐	200-299 ☐	200-299 ☐
300-499 ☐	300-499 ☐	300-499 ☐
500-999 ☐	500-999 ☐	500-999 ☐
1 000+ ☐	1 000+ ☐	1 000+ ☐

18 本セクション冒頭の定義によれば，あなたの機関ではそのようなオンラインモジュール／プログラムは，どのような専門分野で提供されていますか？
コード：1＝プログラムの大部分（例えば，大半がオンライン配信）
　　　　2＝プログラムの半分程度

3 = プログラムのごく一部
4 = オンライン配信はまったくない

	1	2	3	4
ビジネス／経営	☐	☐	☐	☐
情報技術／計算機科学	☐	☐	☐	☐
教育	☐	☐	☐	☐
法律	☐	☐	☐	☐
看護／健康関連（医学ではない）	☐	☐	☐	☐
医学	☐	☐	☐	☐
物理科学（工学を含む）	☐	☐	☐	☐
自然科学	☐	☐	☐	☐
社会科学	☐	☐	☐	☐
人文科学	☐	☐	☐	☐
芸能	☐	☐	☐	☐
その他（名前を記述してください）	☐	☐	☐	☐

私たちはこの種のオンラインプログラムを提供していない ☐

19 本セクション冒頭の定義によれば，そのようなオンラインモジュールに現在登録されている学生のうちおよそどのくらい（％）が，あなたの機関の主キャンパスのある母国に住んでいますか？

学部科目
HC = 100% ☐
HC = 75%-99% ☐
HC = 51-74% ☐
HC = 25-50% ☐
HC = 10-24% ☐
HC = 1-9% ☐
HC = 0% ☐

学部の短期プログラム
HC = 100% ☐
HC = 75%-99% ☐
HC = 51-74% ☐
HC = 25-50% ☐
HC = 10-24% ☐
HC = 1-9% ☐
HC = 0% ☐

学士課程（学位認定など）
HC = 100% ☐
HC = 75%-99% ☐
HC = 51-74% ☐
HC = 25-50% ☐
HC = 10-24% ☐
HC = 1-9% ☐
HC = 0% ☐

大学院科目
HC = 100% ☐
HC = 75%-99% ☐
HC = 51-74% ☐
HC = 25-50% ☐

大学院の短期プログラム
HC = 100% ☐
HC = 75%-99% ☐
HC = 51-74% ☐
HC = 25-50% ☐

修士課程（学位認定など）
HC = 100% ☐
HC = 75%-99% ☐
HC = 51-74% ☐
HC = 25-50% ☐

HC = 10-24%	☐	HC = 10-24%	☐	HC = 10-24%	☐
HC = 1-9%	☐	HC = 1-9%	☐	HC = 1-9%	☐
HC = 0%	☐	HC = 0%	☐	HC = 0%	☐

20 もしあなたの機関が，オンラインモジュール／プログラムにどこか海外の学生を募集する場合（例えば，あなたの機関の主キャンパスがある国に住んでいない海外の学生），主なマーケットはどれですか？（ほかのプログラムの海外の学生は含めないでください）

アフリカ	☐	主な国は	_____
アジア（ロシアを含む）	☐	主な国は	_____
オーストラリア／太平洋	☐	主な国は	_____
中米／カリブ海	☐	主な国は	_____
ヨーロッパ	☐	主な国は	_____
中東	☐	主な国は	_____
北米	☐	主な国は	_____
南米	☐	主な国は	_____
データ未収集	☐		
該当せず	☐		

21 あなたの機関は，国内あるいは国際的なオンラインラーニングのための大学あるいは機関のネットワークに属していますか？（本設問は遠隔でのオンライン提供と同様，キャンパスを中心としたのオンライン提供に関するコンソーシアムを含む）

☐ はい　　　　　☐ いいえ　　　　　☐ 開発中／検討中

もし，はいであればコンソーシアムの名称を書いてください。：

_____

セクションE：最終コメント

その他，何でもコメントしてください。

37 追加コメント
あなたの機関でのオンライン開発，あるいは現時点でオンライン開発を行わない理由に関して，何かさらに追加したい事項があれば記述してください。

38 Email アドレス

もし，email アドレスをお出しになりたければお書きください（将来のコンタクトの目的で）。

付録4 annex 4

政府主導によるeラーニング推進の概要

　この付録では，政府主導によるeラーニング政策・実践の取り組みの概要を紹介する。具体的には，以下の主要な取り組みを把握することを試みる。主要な取り組みは：

- 政策，戦略，その他の公式刊行物
- 実践：プログラム／プロジェクト
- 高等教育におけるeラーニングに関連するポータル／データベース

　eラーニングが複数の分野にまたがる性格を持っているため，以下の表では高等教育のeラーニングのみに限定しないことを明記しておく。一般的に，eラーニング政策は以下の項目の一部，あるいは項目に沿った形で位置づけられている。

- ナレッジ経済／社会に着目した包括的なICT政策。例えば，ブラジル，カナダ，フランス，ドイツ，日本，メキシコ，ニュージーランド，スイス，タイ。
- 情報社会にねらいを定めた包括的な教育政策。
- 高等教育戦略。例えば，英国，メキシコ，ニュージーランド，スイス。
- 遠隔教育政策。例えば，ブラジル，日本，メキシコ，米国。
- 労働政策。例えば，ドイツ。高等教育における遠隔eラーニング政策に位置づけられる事例は除く。例えば，カナダ，ニュージーランド。

　複数の分野にまたがるeラーニングの性格は，政府主導の取り組みを把握するのを複雑にする。包括的なICT政策の調整では（しばしば複数の分野にまたがって立案される），eラーニング構想は教育省，電気通信情報省，産業省，労働省などの異なる省庁によって同時期に導入される。そのため，取り上げた項目は網羅的ではない。

　同様に，中等教育以上のeラーニングに関する情報も，しばしば以下の項目のために構築されたポータル／データベースの一部となる。

- 教育一般（例えば，「EdNA Australia」や「US GEM」）。
- ICT一般とすべてのレベルの教育（例えば，「France Educe Net」や「Spain CNICE」，「Switzerland Educa」）。
- フレキシブルな学習やオープン・遠隔教育に特化したもの（例えば，「Australia Flexible Learning Framework」や「France Formasup」）。
- すべてのレベルの教育におけるeラーニングに特化したもの（例えば，「UK E-learning strategy」，「E-learning Brazil」，「Germany "Manual eLearning"」，「Japan NICER」）。
- 高等教育に特化したもの（例えば，「UK FERL」，「New Zealand eLearn portal」，「US MERLOT」，米国の「Edutools」，「US Educause」）。

- 教育者の教育／訓練に特化したもの（例えば，「France Educasup」，「Germany e-teaching」）。
- 学習とキャリア開発に特化したもの（例えば，「Canada CanLearn」）。

さらに，分類をしていく際に複雑なのは，高等教育あるいは教育全般における異なる法制である。いくつかの国では，中央政府が主要な国家政策を担っている（例えば，フランス，日本，ニュージーランド，タイ）。ほかでは，国家あるいは中央政府はほとんど政策決定に影響力を持たず，地方／州政府が政策やプログラムの策定に強い影響力を持っている（例えばオーストラリア，ブラジル，カナダ，ドイツ，メキシコ，スペイン，スイス，英国，米国など）。このような中央に力が集中していない国家では，政府主導の取り組みはしばしば断片的で，ほかの地域や一般社会から把握できるとは限らない。

加えて，EUのeラーニングプログラム[1]やアジアeラーニングネットワーク[2]のように地域的な取り組みが広まっており，将来的にはこれらの地域的な発展も分類していかなければならないだろう。

取り上げたリストにはすべての政策やプログラムは含まれていないが，事務局は協力機関，つまりは対象国からの専門家の間でデータを共有して最も関連し，顕著な取り組みを取り上げるように試みた。

1 教育におけるICTおよび／あるいはeラーニングに関連する主要な政策，戦略，公式刊行物

国名	主体者	政策／戦略／刊行物	年	政策目標，懸念項目，分野／戦略／目的
オーストラリア	国家レベルおよび州／領域レベルの教育省を包括するMinisterial Council on Education, Employment, Training and Youth Affairs (MCEETYA) を通じてAustralian Government Department of Education, Science and Trainingが主導している	MCEETYAの情報経済における教育と訓練の合同声明	2005 早期の声明は2000	すべての教育大臣が，以下の理念を追い求めることに合意している。1) 革新的な社会を創造する 2) すべての学習者が可能性を追求できるように保証する 3) 質を向上し基準を高める 4) eラーニングリソースを共有することで効率を高める 5) 教育の国際化を資本化する

---

1) europa.eu.int/comm/education/programmes/elearning/programme_en.html; www.elearningeuropa.info/
2) www.asia-elearning.net/

国名	主体者	政策／戦略／刊行物	年	政策目標，懸念項目，分野／戦略／目的
オーストラリア	同上	知識社会のための学習：情報経済のための教育と訓練の行動計画	2000	計画は主な教育分野をカバーしている：学校，職業教育・訓練および高等教育。教育がオーストラリアの情報社会への移行を援護するなら求められる成果として認識される。戦略の開発と導入の実施範囲は以下を含む。 1) 人 2) インフラストラクチャ 3) コンテンツ概要，アプリケーションおよびサービス 4) 政策と組織的枠組み 5) 規制の枠組み この実施計画は2005年のMCEETYA承認準備のためアップデートされている
	Schools 分野の協力のもと Department of Education, Science and Training	Learning in an On-line World 2003-06 — 一連の政策戦略，フレームワークおよび行動計画関連書類	2003〜2006	1) コンテンツ（Le@rning Federationを含む） 2) 学習設計と学習スペース 3) 帯域幅と接続性 4) ICT 研究 5) ICT と教育方略 6) 専門的学習／リーダシップ 7) モニタリングと報告
	VET 分野の協力のもと Department of Education, Science and Training	Australian Flexible Learning Framework for the National Vocational Education and Training System 2005	2005	以下のさまざまなプロジェクトを通じた VET における e ラーニングの持続的利用の増加。 ●産業ベースのリソース開発。例えば，学習戦略やオンライン学習支援教材を含む Toolbox ●e ラーニングにおける産業界トップレベルの組織・団体や原住民グループの取り込み ●インフラストラクチャとインターオペラビリティの向上
	The Higher Education Bandwidth Advisory Committee（HEBAC） Department of Education, Science and Training	A Framework for an Australian Research and Education Network	2002	報告書では，高等教育部分における帯域幅の有用性と費用負担可能性についての分析，および同部分の現時点・長期間における必要項目を位置づける共同戦略の枠組みを紹介した。報告書は国家レベルでの広帯域幅の整備を提唱した。

国名	主体者	政策／戦略／刊行物	年	政策目標，懸念項目， 分野／戦略／目的
オーストラリア	ICTの教育利用について政策助言をし，MCEETYAに報告をする国家レベルのフォーラムであるAustralian ICT in Education Committee（AICTEC）	AICTEC Business Plan	2004～2005	AICTECは分野を超えた，国家レベルの委員会で，Australian Ministers of Education and Trainingによるオーストラリアの教育と訓練における経済的および効果的なオンライン技術利用に関するすべての助言提供の責務を負っている。AICTECには学校，職業教育・訓練，高等教育それぞれの分野から代表が出ており，公私両方の教育・訓練分野の意思を包括している。 www.aictec.edu.au
ブラジル	Ministry of Education	Ministry of Education Law（Decreto）2494	1998	合法的にオンラインコースによる学位取得を可能にする。
	Ministry of Education	Ministry of Education Law（Portaria）2253	2001	大学機関におけるキャンパスでの提供講義のうち，20%を上限として遠隔学習に代替可能にする。
	Chamber of Commerce	E-Brazil: Information Technology for Development	2003	1）社会（アクセスと参加） 2）教育 3）私的機関と環境 4）政府
カナダ	The Advisory Committee for Online Learning（Council of Ministers of Education Canada, CMEC，およびIndustry Canadaによって設立）	短期大学と大学におけるeラーニング革命：全カナダの挑戦	2001	中等教育以後および生涯教育におけるeラーニング活用の促進。 1）利便性 2）柔軟性 3）質 4）全カナダ戦略 5）臨界質量
	Ministry of Human Resources Development	Knowledge Matters: Skills and Learning for Canadians	2002	1）生涯学習 2）eラーニングが重要な役割を果たすと予測される中等教育以降の利便性と卓越性 3）労働人口の質 4）潜在的移民
英国	Department for Education and Skills	White Paper: The Future Of Higher Education	2003	1）包括 2）卓越性 3）柔軟性 4）協力 この目的を果たすため，eラーニングは十分かつ持続可能な性質を備えていることが望まれる。

国名	主体者	政策／戦略／刊行物	年	政策目標，懸念項目，分野／戦略／目的
英国	Department for Education and Skills	Harnessing Technology: Transforming Learning and Children's Services	2005	戦略には以下の6つの包括的な主要アクションがある。 1) すべての市民のための総合的なオンライン情報サービス 2) 児童と学習者のための総合的なオンライン個人サポート 3) 個人化した学習とアクティビティへの共同アプローチ 4) 実践者向けの質の良いICTトレーニングおよび包括的なサポート 5) 組織力とICTのための統率力と開発パッケージ 6) 変革と改善のための標準的なデジタルインフラストラクチャ
	Higher Education Funding Council for England (HEFCE)	HEFCE eラーニング戦略	2005	10年以内にeラーニングを十分かつ持続的な形で根付かせるため。 1) 教授法，カリキュラムデザインと開発 2) 学習リソースとネットワークによる学習 3) 学生支援，専門職と協調 4) 戦略マネジメント。人材と能力開発 5) 質 6) 研究と分析 7) インフラストラクチャと技術標準化
	Learning and Skills Council (Distributed and Electronic Learning Group – DELG)	DELGのレポート	2002	良質のeラーニングを提供するため。 1) コンテンツと学習システム 2) 学習支援 3) 質 4) 持続可能性

国名	主体者	政策／戦略／刊行物	年	政策目標，懸念項目，分野／戦略／目的
フランス	The Prime Minister, the Interministerial Committee for the Information Society	The Governmental Action Programme for the Information Society (PAGSI - Programme d'action gouvernemental pour la société de l'information), the Ministerial Action Programme for the Information Society (PAMSI - Programme d'Action Ministérielle pour la Société de l'Information)	1988	PAGSI を具体化するため，PAMSI は以下に着目する。 1) 教育 2) 文化と芸術 3) 公的サービスの近代化 4) ビジネスと e コマース 5) 研究と革新 6) 規則
	The Prime Minister, the Interministerial Committee for the Information Society	PAGSI 2000 報告書	2000	デジタルデバイド構築のため。 1) HEd 分野での訓練 2) 平等なアクセス 3) ネットワークとインフラストラクチャ 4) 研究 5) 北 — 南のデジタルデバイド 6) 視覚障害
ドイツ	The Ministry of Economics and Labour (BMWA) および the Ministry of Education and Research (BMBF)	アクションプログラム Information Society Germany 2006	2003	情報社会でドイツを前進させるため。 1) デジタル経済 2) 研究と技術の促進 3) 教育 4) e 政府 5) e カード構想 6) e 健康 7) IT セキュリティ
	The Ministry of Economics and Labour (BMWA)	アクションプログラム Innovation and Jobs in the Information Society of the 21st Century	1999	1) 平等なアクセス 2) ICT リテラシ 3) 雇用者の革新とスキル
	The Ministry of Education and Research (BMBF)	コンセプトペーパー Online-Offline-IT in Education	2000	BMWA アクションプログラム (1999) における計画内容を認識するため。 • 職能教育・訓練に関しては 1) インフラストラクチャ 2) 教育ソフトウェア開発 • 高等教育に関しては 1) 研究ネットワーク 2) 仮想図書館

国名	主体者	政策／戦略／刊行物	年	政策目標，懸念項目，分野／戦略／目的
ドイツ	The Ministry of Education and Research (BMBF)	コンセプトペーパー Connection Instead of Exclusion – Information Technology in Education	2001	To realise the scheme of the BMWAアクションプログラム（1999）における計画内容を認識する。
	The Ministry of Education and Research (BMBF)	Manual for e ラーニングのための手引書	2004	連邦政府のプログラム Neue Medien in der Bildung（「教育における新しいメディア」）で資金援助を得たすべてのeラーニングプロジェクトについて，プロジェクトの目的，コンテンツ，開発された教材もしくはコース，（該当すれば）権利規則，協力者・団体についての簡単な説明を総括する文書の作成。
日本	IT 戦略本部	e ジャパン戦略 II	2003	1) 医療 2) 食 3) 生活 4) 中小企業金融 5) 知 6) 就労・労働 7) 行政サービス eラーニングは5) 知と6) 就労・労働に，非常に密接に関連している。
	IT 戦略本部	e ジャパン重点計画（2001, 2002, 2003）e-Japan 2002 プログラム		eジャパン戦略（2001）とeジャパン戦略（2003）の具体化。 1) ネットワーク 2) 教育・学習の振興と人材の育成 3) 電子商取引 4) 行政・公共分野の情報化 5) ICT ネットワークの安全性と信頼性の確保 eラーニングは2) の E-learning is concerned with 2) 教育・学習の振興と人材の育成に位置づけられる。
	文部科学省（MEXT）	大学設置基準第25条改革	2001	大学通学課程における卒業要件単位（124）のうち，60 単位までを「メディアを利用して行う授業」に代替できる。

国名	主体者	政策／戦略／刊行物	年	政策目標，懸念項目， 分野／戦略／目的
メキシコ		e-Mexico		1) e教育（"e-Aprendizaje"） 2) e健康（"e-Salud"） 3) e経済（"e-Economía"） 4) e政府（"e-Gobierno"） eラーニングコンポーネントはインターネットで提供されている教育に関するすべての情報を収集する。これには公的・私的機関が提供する全レベルの遠隔学習も含まれている。
	ANUIES (The National Association of Universities and Institutions of Higher Education)	A Master Plan on Open and Distance Learning (Plan Maestro de Educación Superior Abierta y a Distancia)	2000	オープンおよび遠隔教育開発に関するeラーニングを含み，2020年に向けたヴィジョンにあわせた開発を遂行する戦略を明確にする。
	10月に承認されたCOMEPO (The Mexican Council of Graduate Studies)	Development Plan for National Graduate Programmes ("Plan de Desarrollo del Posgrado Nacional")	2003	計画にはオープンおよび遠隔教育におけるICTの役割が含まれる。
ニュージーランド	The Ministry of Economic Development (Department of Labour, Ministry of Education, New Zealand National Library, New Zealand Trade and Enterprise, Ministry of Research, Science and Technology, Te Puni Kokiri, Ministry of Health, State Services Commission, and Local government New Zealandの協力のもとで)	審議報告書 the New Zealand Digital Strategy	2004	個人，コミュニティ，ビジネスおよび政府によるICTのよりよい活用と導入を促進するため。 1) インフラストラクチャ（帯域幅） 2) ICTリテラシ 3) コンテンツ開発（学習のためおよびビジネスのため） 異なる領域での変革と挑戦を推進する方法のひとつは，より広いコミュニティにおいて生涯eラーニングの機会を開拓することである。
	The Ministry of Education	中間報告書 Tertiary e-learning Framework (2004-07)	2004	1) スタッフ開発 2) 電子関連権利マネジメント 3) eラーニングシステムのためのインターオペラビリティ標準化 4) フレキシブルな学習方法認知のための資格 5) eラーニングの情報と経験の共有 6) 研究 7) 潜在的学習者の取り込み

国名	主体者	政策／戦略／刊行物	年	政策目標，懸念項目，分野／戦略／目的
ニュージーランド	The Ministry of Education	The Tertiary Education Strategy 2002-07	2002	1) 経済的変換 2) 社会開発 3) マオリ開発 4) 環境の持続可能性 5) インフラストラクチャ開発 6) 革新 eラーニングは上記の目標を達成する方法に含まれている。
	The E-learning Advisory Group (the Associate Minister of Education, Tertiary Education)	Highways and Pathways: Exploring New Zealand's E-learning Opportunities	2002	eラーニングの範疇を遠隔教育から幅広い可能性へ広げる。 1) 質の向上 2) 参加の増加 3) 費用構造の変化 4) 配信／運営手法の変化
スイス	The Federal Council (the Office of Federal Communications内のInter-departmental Information Society Committee, IISCの調整)	The 6th Report of the Information Society Coordination Group (ISCG) to the Federal Council	2004	1) 教育 2) e政府 3) e民主主義 4) 法律 5) データ保護 6) 情報のセキュリティとアクセシビリティ 7) 文化 eラーニングは以下で言及 1) 教育；Swiss Virtual Campusにおいて。「持続可能性」は主要な政策懸案として言及。
		The 1999 Swiss Federal Law on University Development	1999	この法律ではSwiss Virtual Campusを高等教育における新たな情報コミュニケーション技術を支援するプログラムだと称する。
タイ	Ministry of Education	National Education Act		教育の質と生涯教育を推進。
	The Secretariat of the National Information Technology Committee (NITC)	The National IT Policy Framework for the years 2001-10 (IT 2010)		タイを知識主体の経済／社会へシフトする。 1) e産業 2) eコマース 3) e教育 4) e社会 5) e政府 eラーニングは以下との関連で3) e教育に位置づけられる 1) 人材開発 2) 生涯学習 3) コンピュータリテラシ 4) バーチャル教育

国名	主体者	政策／戦略／刊行物	年	政策目標，懸念項目，分野／戦略／目的
タイ	The National Electronics and Computer Technology Center (NECTEC) と the Office of the National Economic and Social Development Board (NESDB)（共同で）	The National ICT Master Plan（2002-06）		IT 2010 と the Ninth National Economic and Social Development Plan（2002-06）を承認するため。 1) ICT産業への地域リーダ 2) 生活と社会の質向上のためのICT活用 3) 研究と開発 4) 将来の競争への社会的な力 5) 国際市場拡大への個人競争力 6) 中小企業 7) 政府の行政とサービス eラーニングは2)のICT活用に位置づけられる。
米国	The web-based Education Commission to the President and the Congress of the United States	The Power of the Internet for Learning: Moving from Promise to Practice 1) The Power of the Internet for Learning 2) Seizing the Opportunity 3) Moving from Promise to Practice: A Call to Action		eラーニング全体を促進するため。 1) 学生中心 2) 個人学習者のニーズ 3) 生涯学習 4) ブロードバンドアクセス 5) 専門家育成 6) 研究と開発 7) コンテンツの質 8) 規則 9) プライバシーと保護 10) 資金
	The U.S. Department of Commerce	Visions 2020: Transforming Education and Training through Advanced Technologies		このレポートは，新しい技術が教育と訓練のあり方をどのように変えるかについて産業界，有識者および政府のリーダが予測した集大成である。
	The U.S. Department of Commerce and the U.S. Department of Education	The Advanced Education Technology Initiative		1) 教育と訓練の革新 2) 労働人口（スキルと能力の開発） 3) 競争（知識主体の経済で） 戦略の一部として，（President's National Science and Technology Council の指導のもとで）Interagency Working Group on Advanced Technologies for Education and Training が設立された。目的は以下のとおり。 1) 機会と問題の関心を高める 2) 市場開発に根付く問題を政府が解決できる点を分析する 3) 教育と訓練における開発，応用，先端技術開発を擁護する連邦政府の効果的な投資分配を模索する

国名	主体者	政策 / 戦略 / 刊行物	年	政策目標，懸念項目，分野 / 戦略 / 目的
米国	The Office of Post-secondary Education, U.S. Department of Education	The Distance Education Demonstration Programme (2001年と2003年の報告書) to Congress		1) アクセス 2) フレキシブル 3) 資金的な援助
	The National Center for Education Statistics, the U.S. Department of Education	Distance Education at Degree-Granting Post-secondary Institutions: 2000-01		報告書では中等教育以上の遠隔教育に関するデータを紹介。うち1章は教育工学の利用について当てられている。

2 教育におけるICTおよび/あるいはeラーニングに関する主要なプログラム/プロジェクト

国別eラーニング開発の要約表

国	オーストラリア	ブラジル	カナダ	英国	フランス	ドイツ	日本	メキシコ	ニュージーランド	スペイン	スイス	タイ	米国
インフラストラクチャ/ネットワーク	●	●	●	●	●	●	●	●			●	●	●
コース教材/コースウェア開発/学習オブジェクトレポジトリ	●	●	●	●	●	●	●		●		●	●	●
コラボレーションの推進 (例えば，コンソーシアム，協力，提携，など)	●	●		●		●	●		●		●	●	●
教授/学習改革による質の向上 (例えば，個人化，フレキシブル化，容易なアクセス，など)	●	●	●	●	●								●
人的資源開発 (例えば，大学教職員開発，IT専門家開発，など)	●	●					●		●			●	●
革新と研究	●		●		●	●	●		●	●			●
eラーニングプロダクトの開発および/あるいは導入 (例えば，プラットフォーム，ソフトウェア，アプリケーション，など) およびサービス		●	●			●			●		●		●
オンライン学習センタの設立 (例えば，コースの提供，情報の提供，など)				●	●	●				●	●		
品質保証/消費者保護			●	●		●	●		●		●		
eラーニングによる生涯教育の促進			●	●			●			●			
基準と特定化			●										●

開発途上国への国際協力／支援プロジェクト（例えば，ハードウェアおよびソフトウェアの開発，教員育成，収容力移動，インターオペラビリティの促進，など）			●		●		●		
バーチャル大学／キャンパス／学校の設立						●		●	●	
eラーニングへの特別予算	●	●	●	●						
遠隔教育のフレームワークに関連したeラーニング推進			●		●					●
eラーニング市場の把握（国内および海外）；国際競争力			●		●					
透明性のあるeラーニング市場の推進					●					
マイノリティのアクセス保証	●		●				●			

Details：country notes

オーストラリア

　オーストラリアでは，高等教育における政府の責任は国と州政府が共有し，連邦政府が運営費用を支給する。前身は Department of Education, Training and Youth Affairs（DETYA）であった The Commonwealth Department of Education, Science and Training（DEST）は，国家の教育，訓練，科学政策に責任を負う。DEST はまた，高等教育の財政援助，国際／海外の（留）学生に関連する政策，先住民教育政策への責任も持つ。第三次教育における e ラーニングでは，州単位で異なるイニシアティブがある。すべてのイニシアティブに焦点を当てるのは不可能なので，我々のケーススタディに参加している教育機関がある 2 つの州を選んだ。ビクトリア（Monash University）とサウスオーストラリア（University of South Australia）である。

●共同作業の促進

　The Framework for Open Learning Programme（FOLP）は，全体の教育・トレーニングセクターに関連するさまざまなプロジェクトを支援する目的を持つ。EdNA On-line（ポータル／データベースセクションを参照（付録 4））に資金援助される。EdNA Online では，教育・訓練におけるチャットグループやコミュニティ共有スペース，ニューズレター，討論リストを含むオンライン上の共同作業ツールを利用できる。FOLP はまた，各コミュニティグループへの資金援助も行う。例えば先住民学と技術オンラインプロジェクトや，University of the Third Age へ，だ。後者は，オーストラリアの社会における高齢者の生涯学習を促進するために，オーストラリア全体にわたっての共同作業を促すものである。

●ネットワーク基盤

　オーストラリアでは，e リサーチ基盤の鍵となる要素のために，システムの基盤に多大な投資を行ってきた。すなわち，強力で高度な帯域のコミュニケーションネットワーク，広範囲にわたり高いパフォーマンスを誇るコンピューティング容量，入手可能なデータや情報の宝庫，アクセスし得る研究施設や器具，相互運用性を最大限にするための合意された基準とスペック，である。これらは Australian Research and Education Network（AREN），Advanced Network Programme（ANP），Australian Partnership for Advanced Computing（APAC），そして Australian Research Information Infrastructure Committee（ARIIC）initiatives を含む。

　AREN は高等教育と研究機関の役割を持ち，関連する職業訓練教育の提供者で，教育や研究を支援し，e ラーニングや，研究訓練用のための大きなキャパシティを持つ。AREN はオーストラリア政府，州，準州政府と高等教育・研究機関が共同のベンチャーとして設立したものだ。「オーストラリア政府は，学校などほかの教育分野へ有益となるよう，高等教育・研究分野へ大きな投資を図るような道を探っている」。APAC は高い能力のコンピューティング施設を提供し，ANP はオーストラリアの研究ネットワークを強化する。ARIIC はミドルウェアの問題，相互運用可能なレポジトリ，データや出版された情報へのアクセシビリティを制限する枠組みに関連した問題などを取り扱うプロジェクトを監督する。これらのイニシアティブは，電子メディアの利用を高め，したがって電子メディアを通した教育の提供に有益となるような基盤を提供する。

●職業訓練教育とトレーニング分野におけるフレキシブルラーニング

　Australian Flexible Learning Framework は，Australian Government through the Australian National Training Authority（ANTA）に資金援助を受けており，フレキシブルラーニング（特に e ラーニング）に関する知識を構築・共有。職業訓練教育やトレーニング（訓練）を始める支援もする。革新的なオンライン製品やサービスを開発するのと同様に，「Framework」のもとでのプロジェクトは専門的な発展の機会を含み，トレーニング（訓練）に向けたフレキシブルラーニングアプローチの実行を加速する手助けとなる（注：www.flexiblelearning.net.au/projects/ を参照）。

●仕事のための ICT スキル

　（国，州，準州政府の）教育大臣は全員，次のことに同意している。雇用の際には，ICT スキルを構成する 8 つスキルのグループが求められる。したがって，若者が学校を卒業して就職したりそのほかの目的を達成するためには，ICT スキルが必要である。大臣達はまた，雇用されるうえでの必要な技術を学校や VET で作り出す取り組みは，進歩しているとする。雇用されるうえでの技術は，既存の中学校のカリキュラムの範囲内にとどまったままで，National Training and Quality Council は，Industry Skills

Councils（ISCs）が雇用されるうえでの技術を，VET のために適正の枠組みを示す Training Packages に統合するよう要望した。
●ICT と教師
　Partnership in ICT Learning project は，技術関連のニーズに焦点を定め，オーストラリアの教員の異なるグループに申し入れてきた。教員たちは，先住民の生徒，体の不自由な生徒，孤立した場所の生徒らと一緒にいた人たちや，コンピュータの接続性の帯域が低い学校に勤める人たちを含む。
●The Le@rning Federation
　連邦，州，準州政府の共同イニシアティブ。全オーストラリア，ニュージーランドの学校に高品質のオンラインコンテンツの共同利用施設を作るのが目的だ。国中の学校で，オンラインカリキュラムの中身が入手できる。

州政府のイニシアティブ
サウスオーストラリア
●Department of Further Education, Employment, Science and Technology（DFEEST）の報告である「新しい時代，新しい方法，新しいスキル」には，2010 年までの州の経済と社会の未来を強いものにする 10 ポイントのアクションプランが描かれている（Technical and Further Education ― TAFE ― の観点から）。TAFE の各機関は，e ラーニングを，より高度な品質の学習経験を提供するのを確実にするための革新的な制度を促進する潜在的な方法と考えている。

ビクトリア
●ビクトリア州政府はポータルサービス「TAFE Virtual Campus」を，同州の住民に向けて導入した。このサービスは，住人はみなトレーニング機関へ登録しオンラインで履修をすることで，正式な認可を受けた TAFE のプログラムにアクセスすることができる。ポータルは，e ラーニングや職業教育，トレーニングに関連するさまざまな情報やリンクを含む（www.tafevc.com.au/default.asp）。
●Victorian Government through the Office of Training and Tertiary Education（OTTE）は，Frontiers-Building Capacity for Flexible Learning Innovation（www.tafefrontiers.com.au/）というトレーニングプロバイダと協業する。学習素材やプロの（専門家の）開発，情報・研究，ネットワークが最も力を入れる分野だ。

ブラジル
　高等教育の責任は，当然ながら教育省（連邦政府）が持つ。しかし州，あるいは地方政府が，州または地方大学のためにイニシアティブを起こす場合もあり得る。高等教育

の研究は2つの財団法人が支援する。教育省の下にある CAPES（Coordenação de Aperfeiçoamento de Pessoal de Nível Superior）と，科学技術省の下にある CNPQ（Conselho Nacional de Desenvolvimento Científico e Tecnológico）だ。これらは州や地方レベルでの e ラーニングのイニシアティブだ。この研究のため，我々はサンパウロ州/市のみを対象としている。我々と協調関係にある教育機関（University of Sao Paulo）が立地する場所だ。

●基盤/ネットワーク/共同作業

連邦政府は FUNTEVE（もともとは PRONTEL としてスタートしたもの）をサポートする。全州立大学が TV EXECUTIVO（テレカンファレンスサービス）に接続して，協業や学習モジュールのネットワーク/システムを開発してもらうためだ。

●e ラーニング開発のための特別資金援助

連邦や州レベルの政府機関は，e ラーニングの開始を促すため大学の予算を補助した。

●学習目的のレポジトリ，利用法の開発

通信省（www.mc.gov.br）は SBTVD Project（2003～2006年）を後援する。このプロジェクトはデジタルの双方向テレビのブラジル式システムを開発するためのものだ。e ラーニングは，トレーニング支援のための学習目的のレポジトリ，遠隔教育のためのインタフェース，利用者中心の考え方による利用法などの開発を進めるために，高度に統合される。

地方のイニシアティブ

サンパウロ州

●State of Sao Paulo Research Foundation は，政府，産業界，TIDIA project と呼ばれる研究コミュニティの間での共同プロジェクトを立ち上げた。インフラストラクチャ/ネットワーキングにおける応用コミュニケーションや e ラーニングの適用を促進し，インターネットのコンテンツのバーチャルなインキュベーター（保育器）となる。

サンパウロ市

●サンパウロ市政府は，大学とともに専門的な訓練を支援する。

カナダ

カナダでは，中等教育以後，および教育一般は10の州と3つの準州が責任を負い，それぞれが異なる政策を持つ。したがって，すべての州/準州の，第三次教育における e ラーニングのイニシアティブに注目するのは不可能である。この研究では，参加機関（University of British Columbia）の所在地であるブリティッシュコロンビアについて考えてみた。

●基盤／接続性

　連邦政府は CANARIE をサポートし，より高速で効果的なネットワークの拡大を促進することで，カナダの進んだインターネットの発展を加速する。

●学習目的のレポジトリ

　CANARIE Learning Program 下にある Industry Canada は，全カナダの共同プロジェクトとしての edusource プロジェクトをスタートした。リンクを張ることができ，相互運用可能な学習目的のレポジトリのテストベッド（実験網）を構築するためである。

●基盤／学習のリソース／共同作業／基準とスペック

　Multimedia Learning Group（MLG）は，Industry Canada の Information Highway Application Branch におけるカナダの SchoolNet の一部で，教育機関と連携してアクセスの増大と，ICT を学習環境へ統合することを進める。国内外の市場における e ラーニングのリソースを増やすため，ナレッジエコノミーに参画する力を持ち ICT スキルを有する人々を育成しなければならない。これは中等教育後の教育機関と共同で，その機関がオンライン学習を始めることによって実現できる。MLG は EduSpecs project（www.eduspecs.ca/index.htm）を立ち上げた。これは，包括性，知識共有，協業，持続可能性，革新的な発明と研究を介して，相互運用可能で国際的な e ラーニングの標準の採用を促進し，e ラーニングの発展を支援するものである。

●オンラインコースのコンソーシアム（連合体）／学習教材

　SchoolNet の一部 Industry Canada は，ポータルである Canada's Campus Connection（www.campusconnection.net/index.html）を立ち上げた。生徒をカナダのオンライン 4 年生大学や 2 年生大学のコースに接続させる。生涯学習を促進するための，スキル開発と個人の成長のためのリソースだ。カナダの中等教育以後の教育機関が，国内外でオンライン上における存在感を高め，オンラインコースや学習素材の新たなマーケットを開いてもらうのが目的である。

●生涯学習と ICT

　Office of Learning Technology は，1996 年に連邦政府が設立した。テクノロジーの利用を通して生涯学習の文化を植え付けるのが目的だ。プロジェクトは次のとおり。Community Learning Networks Initiative（CLN）は，ネットワーク技術を利用して生涯学習や地域での能力開発を可能にする。New Practices in Learning Technologies Initiative（NPLT）は，大学やカレッジ，教育の組合および／または組織を含む教育機関での成人学習者に対して，技術の革新的な実現性を知ってもらうものだ。Learning Technologies for the Workplace Initiative（LTW）は勤労者が技術を利用し，急激に変貌する世界のマーケットやニューエコノミーに効果的に適応できるよう手助けする。Research in e-learning Initiative（ReL）は，e ラーニングの実施や州との共同による

プロジェクト実施の研究を促進する[3]。
●質／消費者保護
　Human Resources Development Canada（HRDC）の Office of Learning Technologies（OLT）は，Canadian Association of Community Education（CACE）と協力して，「Consumers Guide to E-learning」を作成した。これは学習者がオンラインコースに申込金を支払う前にプログラムの評価を行うのを手伝うツールである。また「Canadian Recommended E-learning Guidelines」も用意。サービス／製品提供者が消費者の期待するものに見合ったeラーニングをデザインし，提供するためのツールだ。
●国際協業／可視性の増大
　Industry Canada は，カナダが進んだ情報・コミュニケーション技術を開発，利用する世界のリーダとしてみられるように，Connecting Canadians を政府のビジョン・計画としてサポートする。計画の一部として，Industry Canada は NetCorps Canada International を支援する。NetCorps Canada International は ICT の適切なスキルを持つ学生に，発展途上国でのボランティアインターンシップ（の機会）を提供する。インターンが就業するプログラムには，ハードウェア（人工衛星のインフラストラクチャ）やソフトウェア（生涯学習のためのeラーニング）の開発がある。

　地方（州／準州）イニシアティブ
　ブリティッシュコロンビア
●ブリティッシュコロンビア政府の中等教育後のイニシアティブである BC Campus は，数多くのサービスに接続するひとつの接続ポイントを学習者に与えようと設けられた。以下がサービスである。
　　◦ブリティッシュコロンビアの公的な中等教育後の教育システムを通じて，有効なすべての遠隔地教育コースやプログラム情報へのアクセス。
　　◦学生支援サービスのオンラインアクセス。入学申し込み，オンラインでのコース選択や登録，個人の学歴の追跡やオンラインでの学生に向けたヘルプデスクサービスの時間延長（24時間，週6日間）。
　　◦ある教育機関から別の機関へ，取得単位の移行が簡単に認められる。
　　◦幅広い種類のプログラム，コース，スケジュールや配信フォーマットに学習者がアクセスすることで，個人の選択の幅を広げる。生徒は自身のニーズに合った学習（コース）を選べる。

---

3) www.hrsdc.gc.ca/asp/gateway.asp?hr=/en/hip/lld/olt/Projects_at_a_glance/projects_funded_by year/summary_2003-2004.shtml&hs=lxt#126920

- すべてオンラインだけでプログラムを完了し，オンラインで単位を取得するという選択肢。
- 双方向の学生リソースへのアクセスとネットワークや情報共有，ピアサポートを促進するため「チャット」を行うことができる。

● 過去2年間，the BC Campus On-line Programme Development Fund（OPDF）は，ブリティッシュコロンビアの公的な中等教育後の26の教育機関における100のプロジェクトを認めてきた。OPDFは300万ドルを，120を超えるオンラインコースの開発，100以上の学習目的，2つのバーチャルラボ，さらにオンラインコース開発を支援するツールに投下してきた。第三次案ではさらに150万ドルが，2005年春に決められる予定だ。

● BCNET Optical Regional Advanced Network（ORAN）は，2001年，CANARIE projectを通してブリティッシュコロンビア州と連邦政府の間で，共同出資イニシアティブとして設けられた。全ブリティッシュコロンビア州の大学と，同州にある多くの政府・非政府研究機関は，互いにまた超高速のデータネットワークを経由して，CA*net4に接続し合う。

● British Columbia Ministries of Education and Advanced Educationは，共同イニシアティブであるProvincial Learning Network（PLNet）を運営する。これは州内の全コミュニティを学校やカレッジのサイトと結び，ブロードバンドのデータネットワークにつないでインターネットのアクセスをも提供するものだ。

英国

● ネットワーク，基盤，ほか

　United Kingdom Education and Research Networking Association（UKERNA）を通じて，Joint Information Systems Committee（JISC）はJoint Academic Network, SuperJANETを設立。高等教育機関，継続教育カレッジ，研究会のサイトに接続する（www.ukerna.ac.uk）。

　JISCは，Regional Support Centresを設立し，ラーニングプロバイダにeラーニング開発における基盤（整備），共同のネットワーク構築，スタッフ開発，変化に対するマネジメント（方法）などを助言する（www.jisc.ac.uk/index.cfm?name=about_rsc）。

　JISCはまた，英国の継続・高等教育を支援するために数多くのサービスに財政援助を行う。さらに詳しい情報は，www.jisc.ac.uk/index.cfm?name=about_servicesを参照のこと。

　ACL Connectivity Mappingは，中等教育後の成人・地域教育における接続性，ブロードバンド，インターネットのアクセスの「スナップショット」をとる。

●コース教材開発／実行

　National Learning Network（NLN）は，BECTA を基盤に NLN Materials Team を結成した。幅広い学科に関して高品質な電子学習教材の開発を取り扱うためだ。継続教育カレッジの専門家や商業開発者とパートナシップを結んでいる（www.nln.ac.uk/materials/）。

　BECTA は Post 16 セクターでコンテンツ戦略の開発を行っている。これらは，使用許諾（ライセンシング）の手配，地域の教材開発のためのツール，教材の入手，市場の開拓といった幅広い課題を考慮している。

　Teaching and Learning Technology Programme（TLTP）は，高等教育機関同士が協業を強化し，新しいテクノロジーがいかに教えることや学習することの質を改善するかを探ってもらうために作られた。第 1，第 2 段階では，コンピュータをベースにしたティーチング，ラーニングコース教材の開発に焦点が当てられる。第 3 段階では新テクノロジーの利用をいかに組み込み，その有効性をいかに評価するかにフォーカスする。

　JISC は JORUM の開発へ資金を注いでいた。JORUM は英国の全継続・高等教育に対するレポジトリサービスで，教材へのアクセスを提供し，教育スタッフの間で教材の共有や再利用，再目的化（re-purposing）することを奨励する。www.jorum.ac.uk/ を参照のこと。また RELOAD エディタと SCORM ツールは学習目的とサービスの構築，共有，再利用を促進する。www.reload.ac.uk/background.html 参照のこと。これらのツールは，JISC Exchange for Learning の開発プログラムのもとで作られた。さらに詳しい情報やこのプログラムで作られた別のツールについては，www.jisc.ac.uk/index.cfm?name=programme_x4l を参照のこと。

●スタッフの開発

　www.ccm.ac.uk/ltech//staffdev/default.asp を参照のこと。

　QUILT（Quality in Information and Learning Technology）Project は 5 年間の事業で，ICT の活用によるスタッフの開発を行うことで，継続教育の標準を引き上げた（1997～2002）。

- Joint Information Systems Committee（JISC）はさまざまなスタッフ開発プロジェクトを運営する。Recognition of ICT Skills of Staff（tRISSt）などがある。"Training and Staff Development" というトピックで助言や指導も行う（www.jisc.ac.uk/index.cfm?name=topic_training）。
- BECTA はまた，National Learning Network を通して，さまざまな変わった形式のスタッフ開発プロジェクトを展開し，ウェブサイトを通じてプロジェクト参加者にリソースやイベントをアレンジする。ウェブサイトは，www.nln.ac.uk/lsda/nln_events/resources。

- Learning and Teaching Support Network Generic Centre（現在は Higher Education Academy の一部）は，eラーニングプロジェクトを立ち上げた（www.ltsn.ac.uk/genericcentre/index.asp?id=17104）。そこでは，学術関係者のための双方向オンラインワークショップが実現した。
- BECTA は，JISC Regional Support Centres や National Learning Network（NLN）と連携して，Ferl Practitioners' Programme（FPP）（http://ferl.becta.org.uk/display.cfm?page=403; www.nln.ac.uk/viewproject.asp）を運営する。プログラムは，イングランド，ウェールズ，スコットランド，北アイルランドにわたって，継続教育における包括的なスタッフ開発を目的とする。

Joint Information Systems Committee（JISC）には，eラーニング開発プログラムがある。それはeラーニングのアプローチがいかに学習を促進し，（学習の）効果的な実現において助言を与えることができるかを明確にする目的がある。プロジェクトは，eラーニングの実施におけるケーススタディとして資金的な援助を受けている。プロジェクトはリソースの有効性に疑問を投げかけ，学習システムを設計し，相互運用性を促進するために枠組みの範囲内でeラーニングツールを開発し，eラーニングなどへの革新的なアプローチを考える。JISC はまたeアセスメントやeポートフォリオの分野でも，EU Diploma Supplement イニシアティブの枠内で活動している。JISC は国際的なeラーニングの枠組みを，オーストラリアの同業者らとともに開発しており，eラーニングツールの開発を支援する。http://elframework.org/ を参照のこと。

●リーダシップ

Centre for Excellence in Leadership（CEL）は，「リーダシップカレッジ」として，Post 16 の学習やスキルの分野のため 2003 年後半に設立された。主要な目的のひとつは，eラーニングの変化の可能性をもとにリーダシップへの理解とスキルを改善することにある。

●新たな実践／力

Association for Learning Technology（ALT）は，Joint Information Systems Committee（JISC）から資金援助を受け，英国全土に広がるような構造の開発を主導してきた。それは，高等教育や継続教育，産業の主体と協力して個人を「ラーニングテクノロジスト」として認定するものだ。www.ccm.ac.uk/ltech/benchmarking/intro.asp を参照のこと。

●質の保証，監査，基準の引き上げ，など

新しい Quality Assurance Agency（QAA）の Code of Practice は，特にeラーニングに取り組んでいる。
- LSDA はプロジェクトを運営し，ティーチングやラーニングでの技術の影響を評価

する（例えば，NLNプログラムの一部として）。
- BECTAが調整するRaising Standards Steering Groupは，監査職（の人々）と，鍵となるセクターの主体の間で討論会を主導する。セクターには，カレッジの「実践者」（訳註：教員のこと）や監査を行う職の代表者（例えば，Ofsted, Adult Learning Inspectorate, Quality Assurance Agency for Higher Education, Education and Training Inspectorate, Northern Ireland, University for Industry (Ufi), the Learning and Skills Council (LSC), the DfES）が挙げられる。
- Demonstrating Transformationは，無料のCD-ROMによる情報を提供して中等教育以後の教育で監査やeラーニングの指導を提案するプログラムだ。

● 学習センタ/生涯学習へのサービス

DfESは英国オンラインセンタを始めた。地域の人々にコンピュータのアクセスを提供し，テクノロジー面で新たなスキルを身に付けてもらう手助けをする目的を持つ。図書館やコミュニティセンタ，学校や教会に設置されているだろう。

Ufi, Limitedは政府のビジョンである「産業のための大学」を表すものだ。政府，公的，私的セクターと独特の連携を結び，Learndirect centersと呼ばれるオンライン学習サービスを作って雇用されるための能力を強化するのが目的だ。これらのセンタは，コースの80%をオンラインで提供。英国で公的に財政援助を受けるオンラインサービスのなかで最大だ。

● 基準と仕様

JISCはCETIS (Centre for Educational Technology Interoperability Standards) を通じて，国際的な基準の本体を扱う。www.cetis.ac.uk とUKOLN www.ukoln.ac.uk/ を参照のこと。

● 利便性（アクセシビリティ）と包括性

JISCはTechDis (www.techdis.ac.uk) に資金を与え，技術を用いて体の不自由なスタッフや学生を支援する。

● デジタル包括性

MyGuideの目的は，「今日，スキルや自信の欠如，肉体上や認知上での障害が理由でインターネットを利用しない，あるいはできない人々のために，インターネットアクセスを促進し教育機会を提供して，デジタルデバイドを減らす手助けする」。DfESとProject Managed by Ufi Limitedが所有するこのプロジェクトは，革新的な技術を用いて次に述べるような人々を助ける相互連携の施設を開発するのが目的だ。その人々とは，肉体上や認知上の障害，自信やスキル，モチベーションの喪失が原因で，オンラインサービスを使ううえで困難に直面している人々だ。このプロジェクトは，英国政府の，英国を包括的な社会にしようとの目的と一致する。つまり機会を創出し，障害を取り除い

て，あらゆる人が自分の潜在的能力を発揮できるのを保証するというものだ。Department's Skills Strategyとも一貫しており，成人に対して学ぶ，スキルを磨く，彼らの生活を豊かにするのを奨励し，可能にするのが目標だ。試験サービスは2005年12月に予定されている。完全なサービスは2006／07に開始予定だ。

フランス

●一般的な枠組みで

「4年契約」（教育省が整備する高等教育機関に向けて）の枠組みのなかで，各種プロジェクトが実施されている。中等教育後の教育機関を含む教育上の組織は，質の高いティーチングに関するプロジェクトにおいて資金援助を受けることができる。例えば，ICTの開発では，（教育）施設は次の項目において経済的な支援を受けることができる。すなわち教育と研究の基盤の開発，教育のリソースやサービスを得るうえでの改善，学習マネジメントの新しい方法の利用を行うこと，文書化の手法を近代的なものにすること，などだ。これは教育省との契約において実施される。

●キャンパスのデジタル化

教育省は「Campus numérique」（デジタルキャンパス）と呼ばれるプロジェクトを立ち上げた。高等教育機関に，新技術を介して距離の隔たりに左右されない中等教育以後のトレーニングを提供するのが目的だ。また高等教育（高い質の教育）において，柔軟で個人に合わせた方法を実施し，多様な教授法を組み入れて形成的評価法（formative assessments）を採用するのもねらいである。

●教育のリソース

教育省は，Manumプロジェクトという2年間の研究プロジェクトを，既存のデジタルリソース上で実施した。この調査研究は，専門的な基準を満たす製品のために業界標準を設けるための必要性を明らかにした。また，教材を配るよりよい方法をみつけるためのニーズを明確にし，ティーチング教材のデジタル図書館の開発を提言した（www.educnet.education.fr/chrgt/SDTIC-sup-BS.pps）。

Technology Directorate（教育省）が調整するThe creation of an Electronic Knowledge Base（前身はEspace numérique d'éducation européen"（ENEE）プロジェクト）は，今日，最初の開発段階にある。この目的は，より良質なコンテンツやサービスを一貫して広く持続可能な方法で供給することにある。

教育省は，Canal U（www.canal-u.education.fr/）と呼ばれる高等教育向けの「ウェブテレビ」プロジェクトを支援する。数多くの録画された講義や授業をストリーミング映像で配信する。インターネット経由でフランスの高等教育の可視性を高めるのがねらいだ。

教育省はFédération Interuniversitaire d'Enseignement à Distance (FIED) を支援する。「Audiosup」という，Inter-university Distance Learning Federationとそのパートナ機関に所属する大学が作るプログラムを聞ける，同省のラジオサービスプロジェクト上でのサポートだ。

教育省は，"Channel Five Lecture Hall" や "Les Amphis de France 5" (www.amphis.education.fr) というテレビシリーズのデジタル版もサポートする。このウェブサイトは，豊富な大学のトレーニングプログラムへのアクセスを可能にする。

●コンソーシアム

教育省は，コンソーシアムの設立を支援する。例えばCampus Numérique en Économie et Gestion (CANEGE)，Campus Virtuel des Technologies de l"information et de la Communication (CVTIC)，Université Médicale Virtuelle Francophone (UMVF)，CampuSciences，the IUTenligneが挙げられる。

●公と私のパートナシップ

PAGSIの目的を達成するため，公と私のパートナシップが数多く形成された。中等教育後の教育やトレーニングに関連するものもある。例えば3つの省（産業，研究技術，文化コミュニケーション）が運営するRIAM (Recherche et Innovation en Audiovisuel et Multimédia) プロジェクトや，新しい技術を持つ人を教育する訓練士を補助するSociété Digitale，遠隔地教育やトレーニングプログラムを提供するためのSociété Hewlett-Packard Franceなどだ。

●三者間パートナシップ

教育省は，同省と高等教育機関，地方政府それぞれに三者間で，Regional Digital Universities (UNR) プロジェクトのための契約を締結するよう促す。目的は，地域ごとにオンラインサービス（学生サービスと教員支援サービス）を提供することだ。

●センタの設立

教育省は，European Residence for Educational Technologies — the Villa Media — プロジェクトを支援する。このセンタは，マルチメディアを利用した新しい教授・学習法に独占的に注目を寄せるため設立された。人々がアイデアを共有し，研究やネットワーク（作り），創造的な開発を行える場所を提供する目的もある。

●国際化 (www.educnet.education.fr/eng/inter/offrefor.htm#acteurs)

教育省の "Campus Numérique" プロジェクトは，外国の（教育）機関と国際的なコンソーシアムを結成することで，フランスの海外のパートナが期待することを熟慮し始めている (www.educnet.education.fr/superieur/campusouvert.htm)。

HEAL (Higher Education E-learning Courses Assessment and Labelling) プロジェクト (www.heal-campus.org) は，実験的な欧州委員会のプログラムだ。ECTS (European Credit Transfer System）の枠組みのなかで，欧州の学生に（プログラムモビリティを通して）オンライン教育を提供するために作られた．今日参加している国は，ドイツ，フィンランド，フランス，イタリア，ポルトガルである．2004年10月に評価報告書が発行される．

●国際協力

ICT Education（La Formation aux Nouvelles Technologies）（www.diplomatie.gouv.fr/mediasociete/ntic/formation/index.html）の枠組みの範囲内で，外務省はアフリカに向け，教員訓練，職業訓練，教育におけるICTに関する資格の移行（capacity transfer）といった面での救援プロジェクトをサポートする．

外務省はRegional Management Education Programme Synergyに財政援助を行い，カンボジアやラオス，タイ，ベトナムでの教育プログラムの運営を支援する．プログラムは，eラーニングの要素も含む．これらの国々にあるセンタ同士や，欧州とこれらの国々の間においていずれでも行われるビデオ講義や，集まったオンラインコンテンツを共有するといったものだ．プラットフォームや技術，コンテンツ（特に観光の要素において）をシェアする目的がある．

ドイツ

ドイツでは，高等教育の責任は，Lander（州）における主権の強い伝統により，連邦政府と州政府が分け合う．大学は高度の自治権を持ち，社会的状況に依存する[4]傾向がある．当然ながら，連邦政府は金銭的な援助を行い，学位プログラムを統治し，人的資源を管理して，自ら教育と研究に関わる[5]．教育におけるICTに関して，連邦政府は所有地の権利，インターネットの利用，遠隔地教育と質に関連する権利においてLanderと責任を共有する．

●インフラストラクチャ／ネットワーク／アクセシビリティ（利便性）

BMBFのOnline-Offline-IT in Educationにより導入されたWireless Campus Networks（WLAN）プロジェクトは，学生や教授陣，大学職員がキャンパス内の学習・教授用教材に容易にアクセスできるよう促し，新しい形式の教授・学習法を奨励し，eラーニングでの無線ネットワークの可能性を学ぶ目的をもって立ち上げられた．

BMBFは，高等教育・研究機関に対して，国全体に広がるギガビットのDFN-Vereinの開発と拡張を支援する．

経済技術連邦省（Federal Ministry for Economics and Technology）が後援する

---

4) これはGrundgesetz（Basic Law of the Federal Republic）に保護されている．
5) この枠組みは，国のHochschulrahmengesetz（Higher Education Framework Law）が規定する．

Learnet Project は，教育用ソフトウェアを開発して中小企業や公的機関のeラーニングへのアクセシビリティを改善するために立ち上げられた。

●インフラストラクチャ／ティーチングとラーニング

Notebook University プログラム（2001～2003）は BMBF が資金を援助。選考された大学（ドイツの全大学が申請の資格を持つ）に，そこの学生が現代的な ICT（例えば，ノートや WLAN など）を臨機応変に使える便宜を図るのを目的とする。したがって焦点は，オンラインコースの開発よりもキャンパスのインフラストラクチャ（整備）のサポートだった。しかし申請の前提条件は，大学がウェブベースのマルチメディアの学習・教授戦略を準備することにあった。

●ティーチングとラーニングの質／新オンラインプログラム／国際マーケット

"Neue Medien in der Bildung"（教育でのニューメディア）プログラム（2000～2004）のもと，BMBF は教育におけるニューメディアと ICT の利用を促進するプロジェクトに金銭面で援助する。このプログラムの全般的なゴールは，ティーチング／ラーニングに付帯された価値を理解すること，教育分野の構造改革の促進を手助けすること，学習ソフトウェアの市場を強化すること，独立した国家の学習文化を維持すること，などである。プログラムは学校，職業訓練，高等教育をカバー。高等教育に特化した目標は，教授・学習の質を改善し，新しい遠隔地教育プログラムを作り，国際競争に遅れを取らず，国際的な規模において生涯学習のeラーニング市場を育成することだ。

●オンラインティーチングの開発／学習コース／コンテンツ共有

BMBF's Online-Offline-IT in Education が導入する Virtual Universities Project は，遠隔学習・教授の実験とマルチメディア教授・学習ユニットの開発を行う（複数の）プロジェクトが連携するものだ。

BMBF は，修士号を授与するバーチャルの専門的な学校プロジェクトをサポートする。国際的に認められた高い質を誇るオンラインコースを開発するのが目的だ。

BMWA は Content Sharing Project を支援。これは，制作者自身と教育機関の間での，学習コンテンツの商業的な変化のための新しい協力の形をねらいとする。

●公と私の連携

ドイツを情報社会へと移行するため，公と私の連携プロジェクト Initiative D21 が Landers，ビジネスセクター，社会コミュニティの協力によりスタートした。タスクフォースのひとつは，"Education, Qualification and Equality of Chances" の創設だ。4つの目標は ITC 能力（コンピテンシー）を保証する。目標はすなわち，学校や大学での教育の質を向上させる，ICT セクターにおける業務において性の不平等を克服する，さらなる教育を促す，そして地域経済を強化することである。

●評価／研究

BMBFは，評価/研究プロジェクトを始動した。教育市場におけるバーチャル大学の位置づけ，バーチャル大学の概念，高等教育機関によるeラーニング製品の提供のためのマーケットやビジネスモデル，ジェンダー（性）の主流，といったプロジェクトだ。

Notebook Universityプログラムの評価報告書，成功したイニシアティブの結果と経験は2004年7月に発行された（www.medien-bildung.net/notebook/notebook_3.php）。

● 文書化の学際的なプロジェクト

Dissertation Onlineプロジェクト（1998～2000）は，国立German Research Foundation（www.dfg.de）（DFG - Deutsche Forschungsgemeinschaft）に資金面の援助を受けた。5つの大学[6]と5つの学問分野[7]に関連する学術論文をオンラインで提供する，学際的なプロジェクトだった。このイニシアティブは，ドイツ国立図書館との国家イニシアティブになった。同図書館は図書館司書や研究者たちをまとめるセンタを設立した。

● 中央政府と連邦州との調整

The Bund-Länder-Commission for Educational Planning and Research Promotion（BLK）は，中央政府と連邦の州の間を取り持つ組織で，試験的なプロジェクトを実行し，次のような教育における技術利用の促進プログラムを促す。例えば「教育・学習過程におけるメディア，情報，コミュケーション技術の組織的な統合（SEMIK）」，「メディア世代の文化教育（KuBIM）」，「遠隔地学習」などだ。傾向として，中身（コンテンツ）の開発よりも能力開発や組織の開発を強化するように動いている。

● eラーニングサービス

BMBFは高等教育でのeラーニングサービスプログラムに資金援助している（www.e-teaching.org/news/ausschreibungen/foerderprogramme/）。

● eラーニング市場

BMWAはQuality Initiative eLearning in Germany（Q.E.D.）を支援。これは，より透明なeラーニング市場のために，新しく調和のとれた質のモデルを開発するのを目的としている。

Landerイニシアティブ

● Bund-Länder-Commission for Educational Planning and Research Promotion（BLK）は，教育での技術の利用を促すため，試験プロジェクトの実施やプログラムの促進を行う。プログラムには例えば，「教育・学習過程におけるメディア，情報，コミュケーション技術の組織的な統合（SEMIK）」，「メディア世代の文化教育（KuBIM）」，「遠隔地

---

6) Berlin, Duisburg, Erlangen, Karlsruhe, and Oldenburg
7) 化学，教育，情報科学，数学，物理

学習」などがある。
●各 Lander は，独自の高等教育 e ラーニングセンタを設立してきた。ELAN や，Hambourg の ELCH，UVM（現在の CeC），VHB，Virtuelle Hochschule Baden-Württemberg などがある。しかしこれらは連邦の試みからは切り離されている。またプログラムの資金援助を運営し，研究を実施し，コースを提供し，異なる大学間でいろいろな活動を取りまとめてきた。
●ハンブルグ州政府は "eGovernment Fahrplan 2004"（電子政府スケジュール 2004）という文書を発行した。電子政府やデジタル署名，e ヘルス，学校や高等教育での e ラーニングに関連する膨大な課題で構成されている。

個人基金
●Bertelsmann Stiftung / Heinz Nixdorf Stiftung（Bildungswege in der Informationsgesellschaft）Foundation は，e ラーニングプロジェクトを支援する。以前フォーカスしていたのはコンテンツやソフトウェアの開発だったが（www.big-Internet.de），最近では教育者の能力開発へと焦点が移ってきた（www.e-teaching.org）。
●Stifterverband der Wissenschaft（www.stifterverband.de）は，科学と経済学，政治学，教育などとの間で革新的，創造的，斬新なプログラム／プロジェクトを開発する。e ラーニングについていえば，VCRP（Virtual Campus Rhineland-Palatinate）という，数多くの e ラーニングプロジェクトを立ち上げてきたプログラムを支援する。例えば異なる学習シナリオを用いた学習マネジメントシステムの評価（webCT），大学の e ティーチングの適正設定，オンラインデータベースや講義ルームの開発などである。

日本

プログラム／プロジェクト
●インフラストラクチャ／接続性／教材／コンソーシアム
　メディア教育開発センタ（NIME）は，"IT Support for Higher Education" というプロジェクトを運営する。高等教育での IT の利用を促すため，コンソーシアムの促進，教育ネットワークの開発，マルチメディアの教育教材やリソースの供給を目的とする。
　これらのサブプロジェクトの一例として，"xGate"（eXtended GATE of the University of Tomorrow）プロジェクトがある。東京大学の研究プロジェクトだ。バーチャル大学の設立のため，システム／プラットフォームの設定を目指す。新しいサブプロジェクトは，国内のバーチャル大学のコースにアクセスを促すため，携帯電話用ソフトウェア（i モード）の開発，バーチャル大学でのビデオ講義のストリーミング制作，学習結果の評価などがある。

● インフラストラクチャ / 接続性

　国立情報学研究所（NII）は，ネットワーク SINET と Super SINET を構築し，高等教育機関と研究所をつないできた。Super SINET は大容量（毎秒 10G ビット）の送信のために設計され，基礎研究と情報技術に最も重きをおく。最近では，応用科学技術の5つの特定分野に研究所をつなげることに集中している。

● 品質保証

　MEXT は高等教育の品質保証における研究プロジェクトを作った。これは国境を超えた教育に応える目的を持つ。研究テーマのひとつは，高等教育における e ラーニングの品質保証が含まれる。

● e ラーニングの教材とコース

　科学技術振興機構（JST）は，Web Learning Plaza と名付けられた，科学と技術における開放された教育リソース（学習教材とコース）を開発した。技術者の継続的な専門性の開発をサポートするためだ。目的は，日本の技術分野での人的な力を高めるのに貢献することにある。

　MEXT は，生涯学習を促進するため，El-Net（www.opencol.gr.jp/）を経由してのオープンな学習プログラムを立ち上げた。コミュニティセンタや図書館で，無料で受講できる。

　総務省（MIC）は，IT リテラシを多くの人に広めるため，Information and Communications Human Resources Training Project を立ち上げた。既存の学校やコミュニティセンタ，図書館，博物館，大学などでトレーニングが行われる。

　MIC は，既存の施設をサポートセンタとして利用する，「未来の指導員」として人的資源を開発する，適切なコンテンツを作る，といったプロジェクトのさらなる発展の必要性を高めている。

　METI は，草の根レベルで e ラーニングを促進するプロジェクトを立ち上げるためワーキンググループを結成。プロジェクトは，日本の産業の競争力を高めると同時に若者の雇用を生み出して社会保障を確保するために，人的資源を開発するのが目的だ。MEXT や MHLW とも協業を目指す。

● 国際的な共同作業

　Asia e-learning Network（AEN）は，e ラーニングを通してアジア地域において経済発展と人的資源の訓練を促進するために，日本政府の主導で設立された。ASEAN＋3の経済閣僚会議で提案が承認された。目的は最新の e ラーニングの傾向や技術の情報共有，e ラーニングシステムとコンテンツの相互運用性とリソースの共有を促進すること，そして地域における e ラーニングの効果的な利用において，知識を広めるのを促すこと，である。

School on Internet (SOI) -Asia Project は，経済産業省や総務省が支援する，産業界と学術界の間で相互に交流的なプロジェクトだ。日本から質の高い高等教育を提供して近隣のアジア諸国の能力開発を助ける目的がある。人工衛星をベースとしたインターネットを利用して，これら（アジアの）諸地域にある大学に，インターネット環境が不十分な場所でのプロジェクトへのアクセスを可能にする。

Asia Broadband Programme は，アジアのために国際的にバランスの取れた IT 社会実現に向けて，総務省とほかの関係省庁が協力して立ち上げた。基本コンセプトのひとつは，アジア経済の協力強化と，発展途上国に対して次の分野において支援することだ。すなわち，ブロードバンド基盤の導入，デジタルコンテンツの流通，アジア地域を情報が自由に行きかうようにするための，多言語環境の互換性の促進，である。

メキシコ

インフラストラクチャ

メキシコ政府は Distance learning Conference System（DLCS），ビデオ会議プラットホーム，ソフトウェアの事業を開始した。これは，メキシコ中の大学が手頃に，信頼性をもって，柔軟な形で「1 対多」の遠隔学習プログラムに参加できることを目指す。

ニュージーランド

●標準化

教育省は，e ラーニングの推奨規格を提供するプロジェクトを始めた。これは e ラーニング標準概要（www.steo.govt.nz/download/Draft%20Standards%20Overview.pdf）と呼ぶドキュメントであり，これは既存あるいは今後の e ラーニング規格の概要を知るうえで役立つ。

●複数のテーマは政府プロジェクトの 2 つの基金から出資される。

共同のための資金。教育省は，e-learning Collaborative Development Fund（eCDF，2003〜）を設立した。これは，e ラーニングの配信能力を改善するためであり，また高等教育機関のなかで e ラーニングを協力して戦略的に実現するためである。最初の期間（2003）で，資金提供を受けたプロジェクトは，以下のとおりである。マオリ族の e ラーニングへのアクセスと参加の促進。e ラーニングの品質を保証するためのガイドラインと規格の開発。ニュージーランド国民（特にマオリ族と太平洋の民族）に適した，独自のニュージーランドオープンソースコースウェアの開発。スタッフ開発の支援。e ラーニングによる学位の設立，ニュージーランドの e ラーニング品質規格，フレームワークガイドラインの確立。その他である（www.tec.govt.nz/about_tec/mediareleases/release22.htm）。

研究資金。教育省は5つの研究プロジェクトに資金を提供し，ニュージーランドの学習者と学習提供者が，eラーニングを用いる現在の背景と将来の影響を調査する。

スペイン

2001年以来，スペインの高等教育における新しい活動は，la Ley Organica de Universidades（LOU）と呼ばれる機関が展開した。これは，中央政府の権利を17の地方行政（comunidad autonoma）に分散させたものである。これにはカタロニア自律政府（the Generalitat de Catalunya）が含まれている。これは，Open University of Catalunyaと呼ばれる団体が参加している。

●研究

科学技術省は，技術研究を促進するプログラムにおいて，教育ソフトウェアの生産と教育におけるICTの開発を促進する補助金を提供している。

●大学間の協同

単一のバーチャルなポータルを開発するため，Grupo9 Universidades（www.uni-g9.net/）が主導した。Grupo9はスペインの9の公立大学で構成され，eラーニング提供される科目の共同提供が含まれる。

地方

Generalitat de Catalunya（カタロニア自律政府）が以下を率先している。
●EducampusプロジェクトがGeneralitat de Catalunyaによって開始され，教員 — 学生間の教育的・対話的・協同的な作業の革新的なプラットホームを作成した。
●edu365.comのポータルは，大学によらない生涯学習や，学生や家族への専門教育を行うため，Department of Education of the Generalitat Catalunyaによって構築された（www.edu365.com/）。このポータルは，ARGOプロジェクトと密接に関連する。これは，大学局によって運営され，Department of Universities, Research and Information SocietyのSecretariat of Telecommunications and Information Societyと共同して行われている。

スイス

スイスでは，高等教育に対する責任は地方行政（州）と中央政府（同盟）の間で共有される。一般に，大学には，高い自治がある。しかしながら，この自治は組織のタイプと研究のレベルによって異なる。同盟（国）には，大学に対する高度な職業訓練と応用科学の責任がある。さらに，国は2つの州立工科大学を管轄しており，その研究を促進し，財政補助金を提供する。国が主導するものに加え，チューリッヒ州における制度上

のイニシアティブが含まれる。そこでは，参加する組織が位置づけられている。
●教育における ICT 向け協同基金
　Swiss Virtual Campus プログラムは，高等教育機関における技術利用の発展を奨励するために実行された。例えば，キャンパスなどで e ラーニングを促進するために特別な組織を立ち上げ，e ラーニングコースを開発する。この目的は，教育と研究を開発した団体を同定し，ほかの団体と調整することである。事実，政府は，提案は最低3つの組織が関係すべきという条件を出すことによって，より多くの共同開発を求めた。
●インフラストラクチャ／接続性／ネットワーク
　国と8つの大学州は SWITCH 財団を設立した。これは，データ伝送の最新の方法を促し，大学と研究機関のネットワークを設立するためである（www.switch.ch）。
　2つの州立工科大学が Telepoly プロジェクトに加わった。これは，ハイテク同期遠隔教育の提供を目的とする。
　研究開発プロジェクト Classroom2000 は，技術者向けに，コースモジュール（インフラストラクチャから教育方法まで）を開発するために始められた。このプロジェクトは，連邦工科大学，NDIT／FPIT，スイスの大学，応用科学大学，私企業らの協力により開始された。
●技術面・教育面のコンサルタント業務
　Educational Technology Network（NET）は，教育における，ICT の統合を促進するために設立された。それは，Federal Institute of Technology in Zurich の Centre for Continuing Education と Centre for Teaching and Learning（Didaktikzentrum）によって始められた。これは現在，恒久的なセンタになっており，学習プラットホーム，ソフトウェア，および教授法の情報，コンサルティング，およびサポートを教員に提供する。
　University of Zurich の e-learning Centre（教務副学長室の一部である）は，e ラーニング開発者のコンサルティング，大学教員向けトレーニング，e ラーニング革新に関するプロジェクトのための資金提供を行う。
　Swiss Centre for Innovations in Learning（SCIL）が設立されている（www.scil.ch/about/index-en.html）。
●バーチャルコミュニティスペースの創造
　Federal Institute of Technology Zurich は，"ETH world" と呼ぶプロジェクトを開始した。これは，コミュニケーションと共同作業のプラットホームがあるバーチャルキャンパスを作るものであり，大学で働き，また研究する人々の活動をサポートする。多くのサブプロジェクトが "ETH world" のもとで実行されている。例えば，e ラーニング，研究ツール，情報管理，インフラストラクチャ，e ラーニングのための共同体形成

などの開発である。

タイ

●センタの設立

National e-learning Centre の設立は，大臣の Council によって認可されて，文部省（MOE），Ministry of University Affairs（現在 MOE に組み込まれている）と，National Economic and Social Development Board（NESDB）によって設立された。このセンタは，知識社会としてのタイの社会を確立するための，e ラーニングと e トレーニングのサービスを提供し，e ラーニングの実践で教育の質を高めることを目的とする。

●I インフラストラクチャ／接続性／コースウェア開発／デジタルライブラリ／教員教育

巨大な National Education Network（EdNet）の一部として，高等教育ネットワークである Interuniversity Network Project — UNINET（www.uni.net.th/en/About/members.htm），が設立された。これは Ministry of University（現在の MOE の一部），および Office of Information Technology Administration for Educational Development によって管理されている。これは，タイのすべての大学と高等教育機関をサポートすることを目的とし，教材やトレーニングのネットワーク化，研究，開発を行う。

●品質保証

オンライン学習プログラムのために，教育省がある規則を提案している。これは教育大臣提案の規則で，タイの大学向けのインターネットベースプログラムのための標準規格と呼ばれる。これにより，大学間でインターネットベースのプログラムを立ち上げる。

●e ラーニングコース／ソリューションの提供

The National Science and Technology Development Agency（NSTDA）は，Thailand Graduate Institute of Science and Technology（TGIST）と協同で，LearnOnline（www.learnin.th/）と呼ぶプロジェクトを立ち上げた。これは，大学院の学生と職業人を主な対象としてウェブベースのコースを提供する。また，The National Science and Technology Development Agency（NSTDA）は Online learning Project（NOLP）と呼ぶプロジェクトも立ち上げている。これは教育機関や企業に対して e ラーニングサービスを提供する。

●ローカリゼーション

The National Electronics and Computer Technology Centre（NECTEC）は，日本の ITEC と提携し，IT 技能試験の準備のための e ラーニングコースを運営している。タイの環境における多言語の e ラーニングコースを運営する際の可能性と挑戦が試されている。

米国

米国では，教育は，主として州と地方の責任である。すべての種類の公立・私立の学校と大学を設置し，カリキュラムを開発し，履修登録と卒業の要件を決定するのは，州とコミュニティである。したがって，政府主導より，個人やコミュニティが主導したものが多い。しかし，連邦レベルの Department of Education は，教育への平等なアクセスを確実にするためにプログラムを操作し，米国国内で教育上の長所を促進する任務を持つ。この調査における州の主導権の調査に，我々は California (University of California, Irvine and University of California, Los Angeles Extension)，State of Maryland (University of Maryland University College) と Commonwealth of Pennsylvania (Carnegie Mellon University) を含めた。

● インフラストラクチャ

National Information Infrastructure (NII) は，市民の情報ニーズを満たすために開始された。それは，国家の経済競争力を機能をアップし，クオリティオブライフを改良することを目指した。Advisory Council (1995) による最初のレポートは，5つの原則を示した。原則のひとつは生涯学習のための教育である。NIIがねらいとするのは，学校，単科大学，総合大学，図書館，およびあらゆる年代を対象としたほかの教育機関で情報と学習教材を利用できるようにし，教育の質を高めることである。

● 遠隔教育

米国教育省の Educational Technology Office は，連邦の交付金プログラム高等教育組織，技術会社，雇用主，業界団体，あらゆるほかの関連団体のなかで，パートナシップによるオンラインかつ非同期な遠隔教育をサポートするため，「どこでもいつでも，パートナシップを学ぶ」ころをサポートする。

● 技術革新

米国教育省の Educational Technology Office は，学区，大学，ビジネス，ライブラリ，ソフトウェア設計者，およびほかのものに交付金を与えることによって，教育工学の革新的な用途を促進するために Technology Innovation Challenge Grants をサポートする。

● 技術支援

米国教育省の Educational Technology の Office は，向上する技術の使用のプロの開発，技術支援，および情報を提供するために州，学区，成人トレーニングプログラム，およびほかの教育機関に教え，学びながら，Education Consortia で地域の技術支援を行う。

● 仕様/規格化

IMS Global Learning Consortium は EDUCAUSE National Learning Infrastructure Initiative のもとで設立された。Consortium は，インターネットなどの技術を利用する

分配された学習を支援するために仕様を開発する。それは，eラーニング製品のためのオープンアーキテクチャ相互運用性仕様を定義し，配信する。Advanced Distributed Learning Initiative（ADL）は，国防長官（OSD）とホワイトハウス科学技術政策局によって着手された，政府，産業，およびアカデミーとともに協力して働く規格化機構である。それは，世界的規模でeラーニングの分野の教育資源の教材，授業内容，およびリポジトリの相互運用性を可能にする学習技術を確立することを目指す。

●教材

オンラインのオープン教材（OER）が増加しており，組織のレベルにある。例えば，MITのOpenCourseWare, Carnegie MellonのOpen Learning Initiative, Rice UniversityのConnexions, Utah State UniversityのOpen Learning Support（生物と利水工学に特化している），Eastern Oregon UniversityのEduResources Portal, コミュニティカレッジ向けのSharing of Free Intellectual Assets（SOFIA）（2005年開始予定）がある。これらはWilliam and Flora Hewlett財団（ヒューレット財団）やWestern Cooperative for Educational Telecommunications（WCET）がサポートする。William and Flora Hewlett財団は，非営利団体もサポートしている。Monterey Institute for Technology and EducationはNational Repository of Online Coursesを開発しており，これは各組織が教材を共有する仕掛けである。Sloan Foundationは教材交換のためのLeague for Innovation in the Community Collegeや，Specialty Asynchronous Industry Learning（SAIL）をサポートしている。

●ソフトウェア開発

大学間の協同プロジェクトが発展している。例えば，University of Michigan, MIT, Stanfordが協同するSakai Project, uPortal Consortium, Open Knowledge Initiative（OKI）とAndrew W. Mellon Foundationなどである。このプロジェクトは，相当の教育用ソフトを統合し連動させ，オープンソースツールに向けて統合することを目指す。Sakai Educational Partners Programmeは，世界中の大学にこの共同体を広げる。これはWilliam and Flora Hewlett財団によってサポートされる。

カリフォルニア

● Department of Personnel Administrationは，インターネットを通してState Training Centreで一般に教えられたコースのいくつかを利用可能にするようにバーチャルキャンパスを立ち上げた。コースはインストラクターによってCalifornia State University, Sacramento（www.dpa.ca.gov/tcid/stc/virtual/virtual1.shtm#CEUs）から教えられる。

ペンシルバニア

● Penn State University の World Campus は 30 以上のオンライン単位と証明書プログラムを提供する。また，Penn State は 1986 年に遠隔教育の情報を研究して，広めるために設立された American Centre for the Study of Distance Education の本拠地である。

Maryland
●教育省の Distance Education Demonstration Programme の関係者として，団体が提供できる遠隔教育の量を制限して，連邦の財政援助プログラムに参加するために適任を保有するいくつかの法の権利放棄はメリーランド大学のユニバーシティカレッジに承諾された。MarylandOnline は University of Maryland University College と大学の州全体の相互セグメントの共同体である。

MarylandOnline は，遠隔教育で提供された，明確に話されたコース，証明書，および課程への学生のアクセスを容易にして，ウェブベースの学習における素晴らしさを支持するためにトレーニングとリソースを教授陣に提供する。メリーランドは個人的なキャリアによって全体または一部遠隔教育で提供されたプログラムのために最低基準を確立した。

3 教育および e ラーニングにおける ICT に関する主なポータル / データベース

国	ポータル / データベース名	管理者	掲載されている情報	URL
オーストラリア	Education Network Australia (EdNA) Online	Australian Ministers of Education and Training が所有する国有企業である Education.au と，States and Territories of Australia	オーストラリアのすべてのレベルの教育で，国立のデジタル情報データベースを開発する。このデータベースでは，高等教育のための e ラーニング情報とリソースが利用可能。	www.edna.edu.au/edna/page2409.html
	Australia Flexible Learning Framework	オーストラリア政府による Australian National Training Authority	大規模な情報とすべてのプロジェクトと活動へのリンクを含む。包括的なリソースデータベースがあり，品質が保証された柔軟な学習リソースの検索とアクセスを保証する。これらは過去 4 年間，Australian Flexible Learning Framework's プロジェクトによって作られた。柔軟な学習 / 研究，ケーススタディ，ガイドライン，教育・学習リソースなどの情報を発見できる。	http://resources.flexiblelearning.net.au/

国	ポータル／データベース名	管理者	掲載されている情報	URL
ブラジル	Universidade Virtual Pública Do Brasil（Brazil's Public Virtual University）	ブラジルの70の高等教育機関のコンソーシアム。Ministry of Education and Ministry of Science and Technology (MCT) から資金援助を受けている	大学生，卒業生，社会人教育，および継続教育のレベルでコースを提供することによって教育の質へのアクセスを保証するために使用される。	www.unirede.br
	e-learning Brazil	ポータルは"Micro-Power"と呼ぶ民間企業が運営。これは教育テクノロジー領域のビジネスを展開する会社である	ポータルであるE-learning Brazilはeラーニングコース，研究，学会，およびワークショップへの情報源として機能する。	www.elearningbrasil.com.br/
カナダ	International Gateway to Education in Canada	カナダのCouncil of Ministers of Education (CMEC) が資金援助する情報ソース。教育を管轄する，州と高等教育省と部局	カナダの教育を国際社会に公表する。このポータルサイトは，地方や州の教育制度と組織の情報，そして国の学習システムの潜在的学生，教師，および専門家を対象として設計され，カナダでの遠隔教育の情報を提供する。ICTはカナダにおいて極めて重要な役割を果たしている。	http://educationcanada.cmec.ca/
	Canlearn Interactive Canada	CanLearnはHuman Resources and Skills Development Canadaのイニシアティブである	学習とキャリアゴールの追求を支援することを目的とした製品やサービスの情報を提供する。地方や州の政府，25以上の学習／キャリア開発組織の参加により，カナダの高等教育機関におけるコースやプログラムのデータベースがある。オンラインコース用のサーチエンジンもある。	www.canlearn.ca
	Campus Canada	政府と高等教育機関のパートナシップ	Industry CanadaはCampus Canadaをサポートしている。これはオンラインや遠隔でのコースやプログラムを紹介するもので，学習者がオンライン学習によって大学や短大の卒業認定をとりやすくしている。	www.campuscanada.ca

国	ポータル／データベース名	管理者	掲載されている情報	URL
カナダ	Edusource Canada	Learning Programme のフレームワーク中の CANARIE。Industry Canada から支援を受けている	カナダ全体で互換性のある学習オブジェクトのリポジトリの促進を目指す。ツール，システム，プロトコル，および実際の学習に関する情報を提供する。	www.edusource.ca/
	The Pan-Canadian On-Line Learning Portal (PCOLP)	CMEC	認可されたユーザに対する，フランス語と英語で利用可能な単一アクセスポイント。現在，大臣，大臣代理，省のスタッフ，CMEC 事務局のスタッフ専用。ディレクトリと検索メカニズムにより，ユーザはコンテンツをキーカテゴリと記述子（リソースタイプ，科目範囲，教育レベル，管轄など）をもとにデータベースから発見できる。将来，より多くの内容を加え，対象を学習者／学習プロバイダ／教員／学科／保護者／研究者／利害関係者／一般人に拡大する。	http://cmecportal.learning.gov.ab.ca
英国	e-learning strategy	Department for Education and Skills	The Department for Education and Skills は e ラーニング戦略を共有するポータルを管理している	www.dfes.gov.uk/elearningstrategy/index.cfm
	Further Education Resources for Learning (FERL)	Learning and Skills Council (LSC) による。British Educational Communications and Technology Agency (BECTA) が管理	これは，義務教育修了後の教育機関で働くスタッフ向けの情報サービスである。「対象者の需要を満たすため，オンラインリソースの使用と同時に，管理，技術，および教育アプローチまで範囲を広げた」。FERL は，ICT 教育と学習を有効利用する情報を共有するためのポータルを管理している。	http://ferl.ngfl.gov.uk/

国	ポータル／データベース名	管理者	掲載されている情報	URL
英国	The National Grid For Learning	Department for Education and Skills が資金提供し，Educational Communications and Technology Agency (Becta) が管理。	インターネット上の教育リソースへのゲートウェイである。高品質のコンテンツと情報を提供するウェブサイトへの選ばれたリンクのネットワークを提供する。NGfL ポータルは 1998 年 11 月に Government's National Grid for Learning Strategy の一部として開始され，英国の学習者と教育者が ICT の恩恵を受けられるようにしている。	www.ngfl.gov.uk/
	National Learning Network	Becta, DfES, JISC, lSC, LSDA, NIACE, NILTA, and UKERNA などのパートナで構成されるネットワーク	National Learning Network は，post-16 education の学習に埋め込むために展開している基盤，リソース，サポートにおけるさまざまな活動を実現した。	www.nln.ac.uk
	National Learning Network	同上	The National Learning Network は英国の高等教育セクター向けのeラーニング教材を委託されている。	http://nln.mimas.ac.uk/login.jsp
フランス	Educe Net	Ministry of Education, Higher Education and Research – Technology directorate	学習リソースを一般に利用可能にし，教育における ICT 使用のためにすべてのレベルで授業実践を広めることを目指す。このサイトは高等教育のポータルを含む。	www.educnet.education.fr/superieur/default.htm
	Educasource	Centre National de Documentation Pédagogique (CNDP)	目的は，教員と教員養成教員の基礎的なオンライン／オフラインのリソースを提供することである。	www.educasource.education.fr/
	Educasup	Centre de Ressources et d'Informations sur les Multimédias pour l'Enseignement Supérieur (CERIMES)	高等教育の特定分野で利用可能なマルチメディア教育リソースを指定する。研究者と教員からのレビューとコメントが付与される。	www.educasup.education.fr/
	Formasup	Ministry of Education	eラーニングを含むフランスの高等教育における，オープン／遠隔トレーニングに関するすべての入手可能な情報（ニュース，研究，分析など）を含む。	www.formasup.education.fr

国	ポータル/データベース名	管理者	掲載されている情報	URL
ドイツ			高等教育におけるeラーニングとe教育の情報のための国のポータルが利用可能である。Bertelsmann Foundation と Heinz Nixdorf Foundation によって支援される。2007年まではBMBFも支援する。	www.e-teaching.org
			eラーニングのプロジェクトをリンクするネットワークポータルが開発された。これはBMBFのNew Media in Educationの一部である。	www.medien-bildung.net/
	Within the German Education Server (Eduserver)	連邦政府と Landers	マルチメディア・バーチャル大学の研究コース情報向けに開発されたポータル。	www.bildungsserver.de/zeigen_e.html?seite=1159
	Manual eLearning 2004		連邦政府プログラム "Neue Medien in der Bildung" (New Media in Education) が支援するすべてのeラーニングプロジェクトプロジェクトを列挙する。プロジェクトの目的、コンテンツ、開発された教材やコース、使用料（適用する場合）、プロジェクトパートナに関する短い記述を含む。	www.medien-bildung.net/
日本	The National Information Centre for Educational Resources (NICER)	国立教育政策研究所 e-Japan戦略として文部科学省、経済産業省、総務省の連携により推進されている。	日本の教育リソースの主要な情報を提供するウェブサイトやデータ。子供、十代、教員、高等教育、および生涯学習という5つのカテゴリによって構成される。オープンな教育リソースに関するデータベースがある。	www.nicer.go.jp/
	Portal Site of Multimedia Education (NIME Educational Information for Higher Education)	メディア教育開発センタ	コンテンツ、ツール、シラバスなどの教育リソースのためのポータルサイト。高等教育機関で共有する目的を持つ。NICERサイトでの調整が計画されている。	www.ps.nime.ac.jp/ www.ps.nime.ac.jp/english/index.html

国	ポータル/データベース名	管理者	掲載されている情報	URL
ニュージーランド	eLearn portal	New Zealand 政府, Ministry of Education, Career Services, e Government Unit (State Services Commission), Inland Revenue, Department of Labour, New Zealand Qualifications Authority, Ministry of Social Development (StudyLink), Tertiary Education Commission が共同参加するポータルであり, e ラーニングで利用可能な情報資源とサービスを扱う。	ニュージーランドの高等教育機関でeラーニングの情報共有を支援するために設計された。対象は学生, 高等教育機関のスタッフである。異なるセクター, すなわち官庁, 教育共同体, 企業を結ぶ活動を奨励ことも目指す。eLearn ポータルの開発における次のステップは, 協力的な共同体の開発環境の統合である。Eduforge.org がソースを提供する。	www.elearn.govt.nz/index.jsp
	Ted (New Zealand's Tertiary Education portal)	複数の政府・非政府の組織	学習者のニーズに焦点を合わせたポータル。学習者や学生, 高等教育機関スタッフの両方に提供することを目指す。包括的な情報と New Zealand での高等教育に関連するサービスに関する情報へのアクセスを行う。	www.ted.govt.nz/ted/ted.portal
スペイン	The CNICE (Centro Nacional de Información y Comunicación Educativa)	The Ministry of Education	すべての自治体での教育でICTの円滑な開発と一様な展開を目指す。	www.cnice.mecd.es/
スイス	Educa	連邦と Cantons の共同プロジェクト	国のICT活動の情報を共有するために開始された。スイスの人々に, 情報社会の挑戦への関心を高めるためである。	www.educa.ch/dyn/1818.htm
米国	The Gateway to the Educational Materials (GEM)	US Department of Education が資金提供する	教員, 両親, 管理者のためのウェブサイト (データバンク)。高等教育を含む, 教育のすべてのレベルでの授業プラン, 活動, プロジェクトを含む教材を含む。	www.thegateway.org/welcome.html

国	ポータル/データベース名	管理者	掲載されている情報	URL
Specific to higher education	The Multimedia Educational Resource for Learning and Online Teaching (MERLOT)	National Science Foundation が部分的にサポートする	主として高等教育のために設計されたオープンリソース。教材はピアレビューやメンバーのコメントなどの注釈を含む。	www.merlot.org/Home.po
Specific to decision-makers in education	EduTools	Western Cooperative for Educational Telecommunications (WCET) が開発し，William and Flora Hewlett 財団が支援する	意思決定者に客観的な情報ソースを提供するポータル。コース管理システムに関する比較，レビュー，分析，意志決定のツール，学生サービス，eラーニング政策などの情報を含む。	www.edutools.info/
Specific to higher education e-learning	Educause		分野ポータル。プロフェッショナル開発の活動，研究，政策，教育や学習のイニシアティブ，共同参画，刊行物の情報を含む。	www.educause.edu/

| 索引 |

英数字

Advanced Distributed Learning Initiative ……104
Advanced Learning Technologies Unit ……103
ALN（Asynchronous Learning Networks 非同期な学習ネットワーク）……89
Asia Europe Meeting e-Education Hub ……158
Asia Internet Interconnection Initiative ……161
Asian Institute of Technology……ix, 43, 76, 190
Asia Pacific Initiative……158
Athabasca University……110
Blackboard……117
building-block……105
Canadian Recommended E-learning Guidelines……211
CANARIE……110
CAREO……103
Carnegie Learning……195
Carnegie Mellon University……ix, 43, 76, 190
Centra……123
Centre for Academic Transformation ……113
Claroline……123
Code of Practice……211
Cognitive Tutors……195
Connexions……108
Consumers Guide to E-learning……211
CORDRA（Contents Object Repository Discovery and Resolution Architecture）……104
Distance Education and Technology Centre ……111
D-Space……103
eCDF……191
EDUCAUSE……109
Eduforge……191
Eduresources Portal……108
Edusource……109, 110
edutools……126
e-Learning Collaborative Development Fund……191, 209
EPIC……151
ERPシステム……141
European Networked University……156
eエデュケーションブーム……195
e戦略……67
eティーチングポータル……184
eブック……5
eラーニング……1, 11, 213
eラーニングコーディネータ……109
eラーニング戦略……3, 62
eラーニングユニット……97, 99, 169
Federal Office for Education and Science ……206
FernUniversität……ix
FernUniversität Hagen……43, 76, 190
First Class……123
French PAGSI 2000 Report……211

Global University Alliance……157
Greater Making Sub-Region Virtual University（GMS-RVU）……159
Greater Mekong Sub-region Virtual University……94
HEAL（Higher Education E-learning Courses Assessment and Labelling）……58, 94, 160
iCarnegie……195
IMS Enterprise……104
IMS Global Learning Consortium……104
IMS（Instructional Management Standards）……104
Information Society Germany 2006……211
Instructor Development プログラム……184
IT ネットワーク……132
Iwebfoil……137
Japanese Space Exploration Agency……161
Joint Information Systems Committee（JISC）……129, 205
LAMS……6, 127
LAMS Foundation……128
LAMS International……128
Learning Activity Management System（LAMS）……127
Learning and Teaching Solutions Unit（LTSU）……171
Learning Materials Design Group……99
Learning Technologies and Teaching Committee……194
LearnWISE……123
Libraries Australia……151
Linking Digital Libraries with Virtual Learning Environments……129

LMS の課題……125
LMS の利用……116
LMS マネージャ……177
LON-CAPA……123
Macquarie University……128
Macquarie University E-learning Centre of Excellence（MELCOE）……128
Media Account Manager……171
Melbourne-Monash Grant Schemes……161
MERLOT……108
MERLOT；the Multimedia Educational Resource for Learning and Online Teaching……156
Monash University……ix, 43, 76, 190
Moodle……99, 117, 192
Multimedia Kontor Hamburg……ix, 43, 76, 190
National Centre for Academic Transformation……97, 197
National E-Journal Initiative……149
National Learning Infrastructure Initiative（NLII）……109
National Science Digital Library……108
National Science Foundation……150
Netera……110
New Media Consortium……161
Next Generation Internet New Zealand……132
NZOSVLE プロジェクト……191
OBHE 調査……17
OECD／CERI 調査……13
OECD 教育研究革新センター（OECD／CERI）……vii, 188
Office of Industry Liaison……193
Office of Learning Technology……180

OLI……**105**
Online Campus……**117**
OnlineLearning.net……**192**
Open Courseware……**107**
Open Learning Initiative (OLI)……**162, 190**
Open Learning Support……**108**
Open Polytechnic of New Zealand……**43, 76, 190**
open source development……**190**
Open Source Virtual Learning Environment (NZOSVLE)……**127, 191**
Open Universities Australia……**190**
Open University of Catalunya……**ix, 43, 76, 190**
OSPIシステム……**137**
Pew Charitable Trusts（米国の主要な基金団体）……**96**
QA能力……**92**
Renneslaer Polytechnic Institute……**113**
Roadmap to Redesign……**96, 160**
Sakai……**6, 117, 127**
SCORM (Shareable Contents Object Reference Model)……**103**
SD（スタッフデベロップメント）……**168**
Sloan Consortium……**89**
Sloan Foundation……**89**
Sofia Open Content Initiative……**108**
Space Collaboration Consortium (SCC)……**162**
Standard Criteria for Establishing Internet-Based Program of Studies by Thai Universities……**211**
Story-Centred Curriculum (SCC)……**88**
Student Focus Group3……**94**
Swiss Rector's Conference……**206**

Swiss Virtual Campus initiative (SVC)……**206**
Tecnológico de Monterrey……**ix**
TeleEducation NB……**110**
The Open Polytechnic of New Zealand……**ix**
The Open University……**ix**
U21 Global……**156**
UCLA Extension……**43, 76, 189**
UK Association of Learning Technology……**184**
UK eUniversities Worldwide……**157**
UK Open University……**43, 76, 189**
UK Quality Assurance Agency……**211**
UNESOC / OECD……**211**
United States Campus Computing Survey……**166**
Universitas21 (U21) Global……**156**
University of British Columbia……**ix, 43, 76, 190**
University of California, Irvine……**ix, 43, 76**
University of California, Los Angeles, Extension……**ix**
University of Illinois……**196**
University of Maryland University College……**ix, 43, 76, 189**
University of Maryland University College/Verizon Virtual Resource Site for Teaching with Technology……**193**
University of Paris X-Nanterre……**ix**
University of Paris Nanterre……**43, 76**
University of Sao Paulo……**ix, 43, 76**
University of South Australia……**ix, 43, 76, 190**

索引　299

University of Waterloo……110
University of Zurich……ix, 43, 76, 189
University System of Georgia……103
Vignette ポータル……134
Virtual University of Tec de Monterrey
　……43, 76, 199
WCET……126
WebCT……117, 190
WebCT Institute……180
William and Flora Hewlett 財団（ヒューレット財団）……107, 190
XanEdu……106

あ

アウトソーシング……115, 163
青山学院大学……ix, 43, 76, 200
新たな海外市場（New international markets）
　……80
インストラクショナルデザイン……6
インフラストラクチャ……14, 56
ウェブデザイナ……177
遠隔学習（Distance Learning）……78
オープンスタンダード……8, 129, 210
オープンソース……5
オープンソースプラットフォーム……6, 217
オンライン学習序論……100
オンラインジャーナル……5
オンライン戦略……68
オンライン補完型……28
オンライン利用度……1, 25

か

外部資金……189
価格設定……201
学習オブジェクトモデル……4, 10, 86, 215

学習管理システム（LMS）……1, 115
学習技術ベストプラクティスネットワーク
　……161
学生の満足度……91
学生向けポータル……5
学務管理……138
学務管理システム……140
学務・事務システム統合……115
完全なオンライン型……3, 27
機関内開発……115
キャンパスでの学習の充実（On-campus learning）……78
教育機関の戦略……14
教員開発（FD）……207
教材オーサリング……103
京都大学……ix, 43, 200
京都大学協会……159
局所的戦略……64
グッドプラクティス……10, 13, 174
ゲートキーパー……99
権限委譲モデル……130
国際的な相互運用のための規格……143
コスト削減（Cutting costs）……7, 74, 80
コスト評価……200
コースパック／電子コースパック……103
コースマネージャ……177
個別的戦略……68
混合型学習……3, 66
コンテンツ管理システム……5, 103

さ

社会的評価……73
情報コミュニケーション技術（ICT）……11
職員開発（SD）……207, 218
職員教育……6

人材管理・財務管理システム……**139**
ストーリ中心カリキュラム……**88, 89**
西部教育技術共同組合……**158**
政府の役割……**204**
成文化（Condification）……**63**
先進的な分散学習……**104**
戦略的文書……**64**
組織改革……**170**

た

大学間遠隔学習連盟……**158**
対面型セッション……**89**
中央集権アプローチ……**131**
中心的戦略……**63, 66, 82**
著作権管理者……**112**
著作権担当役員……**112**
デジタル書籍アーカイブパートナシップ……**151**
統合的戦略……**64, 68**
トップダウン……**63**

な

内部資金……**189**

は

バーチャルキャンパス……**11**
バーチャル・ユニバーシティ……**63**
バッドプラクティス……**10**
費用対効果……**202**
品質保証……**57**
品質保証のプロセス……**92**
プラットフォーム……**14**
文化的適応……**57**
ベストプラクティス……**7, 10**

包括的戦略管理ツール Balanced Scorecard……**170**
ポータル……**129, 134**
ボーダーレス高等教育研究所（OBHE）……**viii, 200**
ボトムアップ……**63**

ま

メタデータ……**4**

や

ヨーロッパ遠隔学習／eラーニングネットワーク……**158**
ヨーロッパ遠隔授業大学協会……**158**

監訳者紹介

清水 康敬（しみず やすたか）
東京工業大学工学部電気工学科卒業，同大学大学院理工学研究科修士課程修了。企業に3年勤めた後，工学博士。東京工業大学の助手，助教授，教授，教育工学開発センター長，大学院社会理工学研究科長を経て，定年退職，東京工業大学名誉教授。2001年4月から国立教育政策研究所・教育研究情報センター長。2004年4月から同センター長を兼務しながら，独立行政法人メディア教育開発センター理事長（現在に至る）。2006年4月からは国立教育政策研究所顧問を兼務。日本教育工学協会会長，日本教育工学会会長等を歴任。中央教育審議会の大学分科会大学院部会専門委員，大学設置・学校法人審議会大学設置分科会専門委員等。専門は教育工学，電磁波工学，弾性表面波工学。現在，eラーニング用コンテンツの開発と，国際標準に基づいた国レベルのLOM検索システムである「教育情報ナショナルセンター（NICER）」と「能力開発学習ゲートウェイ（NIME-glad）」の構築，高等教育の質保証，教育用電子式著作権の合意形成等の研究開発に力を入れている。

訳者紹介

伊藤 健二（いとう けんじ）
慶應義塾大学 デジタルメディア・コンテンツ統合研究機構（DMC機構）・助教授
国内外のeラーニング政策，国内外のeラーニング市場，システムやコンテンツの標準化などに関して，先進学習基盤協議会（ALIC），アジアeラーニングネットワーク（AEN），草の根eラーニングなどの事務局を運営することを通して，産官学で連携し調査研究。主な著書に，『eラーニング白書2001／2002年版』～『eラーニング白書2004／2005年版』（オーム社）の企画・取りまとめ，他がある。
［要旨，序章，第2章，第5章，第6章，付録，全体編集担当］

福原 美三（ふくはら よしみ）
慶應義塾大学 デジタルメディア・コンテンツ統合研究機構（DMC機構）・教授
NTT研究所においてWBT・分散教育環境の研究・開発に従事後，株式会社NTT-X（現・NTTレゾナント株式会社）に設立と同時に参加し，事業部長・担当役員としてeラーニング事業化を統括。ALICにも発足

時より参加し，eラーニングの普及に貢献。現在は日本 OCW コンソーシアム代表幹事としてオープンコンテンツの普及に従事。主な著書に，『情報ネットワーク社会の未来』（富士通経営研修所：共著），『新ブロードバンド教科書』（IDG：共著）がある。
[第 4 章，付録]

田村 恭久（たむら やすひさ）
上智大学 理工学部・助教授。博士（工学）
コンピュータを利用した協調学習（Computer Supported Collaborative Learning: CSCL）支援環境，Web サービスを用いた分散 e ラーニング環境，同期型 e ラーニングの教授法などを研究。主な著書に，『e ラーニングの理論と実際』（丸善），『情報リテラシー』（オーム社）がある。
[第 3 章，付録]

寺田 佳子（てらだ よしこ）
株式会社 ID コンサルティング・代表取締役。株式会社ジェイ・キャスト常務取締役。日本イーラーニングコンソシアム理事。eLP（e ラーニングプロフェッショナル）研修委員会委員長。
インストラクショナルデザインの研究に従事。三井化学株式会社などの企業のラーニング＆パフォーマンスコンサルタント，サイバー大学などのインストラクショナルデザイナーとして活躍。主な著書に『インストラクショナルデザイン入門』（東京電機大学出版局）がある。
[第 7 章，第 8 章，付録]

堂下 恵（どうした めぐみ）
金沢星稜大学・講師
慶應義塾大学 DMC 機構に在職した 2005 年度は日本 OCW 連絡会事務局を担当，慶應義塾大学 OCW プロジェクトにも携わった。主著に，堂下恵・福原美三（2006）「大学における講義情報公開―慶應 OCW における課題の抽出と分析―」『日本教育工学会研究報告集』JSET06-2, 109-116. がある。
[第 1 章，付録，編集支援]

高等教育におけるeラーニング　　国際事例の評価と戦略	
2006年9月10日　第1版1刷発行	編著者　OECD教育研究革新センター 監訳者　清水康敬 訳　者　慶應義塾大学DMC機構
	学校法人　東京電機大学 発行所　東京電機大学出版局 　　　　代表者　加藤康太郎
	〒 101-8457 東京都千代田区神田錦町2-2 振替口座　00160-5- 71715 電話（03）5280-3433（営業） 　　　（03）5280-3422（編集）
印刷　新日本印刷㈱ 製本　新日本印刷㈱ 装丁　鎌田正志	ⓒ Shimizu Yasutaka, Research Institute for Digital Media and Content, Keio University　2006 Printed in Japan

＊本書の全部または一部を無断で複写複製（コピー）することは，著作権法上での例外を除き，禁じられています．小局は，著者から複写に係る権利の管理につき委託を受けていますので，本書からの複写を希望される場合は，必ず小局（03-5280-3422）宛ご連絡ください．

＊無断で転載することを禁じます．

＊落丁・乱丁本はお取替えいたします．

ISBN 4-501-54190-3　C3037